SOUVENIRS

DE

LA FIN DU XVIIIᵉ SIÈCLE

ET

DU COMMENCEMENT DU XIXᵉ,

OU

MÉMOIRES

DE

R. D. G.

TOME DEUXIÈME.

A PARIS,

CHEZ FIRMIN DIDOT FRÈRES, LIBRAIRES,

RUE JACOB, Nº 24;

DELAUNAY, PALAIS-ROYAL;

WARÉE JEUNE, QUAI VOLTAIRE, Nº 21.

1836.

TYPOGRAPHIE DE FIRMIN DIDOT FRÈRES,
RUE JACOB, N° 24.

SOUVENIRS

DE

LA FIN DU XVIIIe SIÈCLE

ET

DU COMMENCEMENT DU XIXe.

SECONDE PARTIE.

CHAPITRE PREMIER.

Marseille, au moment où l'auteur de ces Mémoires y débarque (mai 1789), est dans une grande agitation. — L'entrée des troupes produit à la fois du calme et de l'irritation, résultats du caractère différent et des procédés des généraux qui commandaient. — Conduite opposée du comte de Caraman et du marquis de Miran. — La municipalité, protégée par l'ascendant du commandant en chef de la province, se réconcilie, au moins en apparence, avec ses administrés. — M. Collé, et sa bonne intervention dans mes intérêts. — Voyage de Marseille à Montpellier par Aix, Avignon, Villeneuve-sur-le-Rhône, Nîmes et Lunel.

MARSEILLE avait alors plus de 100,000 habitants, et depuis dix ans sa population allait toujours en croissant. Cette colonie de Pho-

céens, fondée plus de 6oo ans avant J.-C., et
surtout très-embellie depuis Louis XIV, offrait
des choses très-remarquables, telles que son
hôtel-de-ville, son arsenal, sa salle d'armes, un
beau cours, d'autres belles promenades, d'immenses rues bien bâties et alignées au cordeau,
des places publiques, des marchés et un théâtre
digne d'une grande et riche capitale, à quoi il
faut ajouter un beau port, qui passait pour le
plus commerçant de la France.

Le lendemain du jour où j'avais pris terre et
m'étais logé sur le port, assez près de l'hôtel-
de-ville et de M. le pharmacien Collé, pour
lequel le marquis Hippolyte Durazzo de Gênes,
amateur des sciences, m'avait donné une lettre,
je m'aperçus d'un mouvement insolite et subit,
comme celui qui aurait lieu dans une ville surprise par l'ennemi au milieu d'une profonde sécurité. Il ne s'agissait cependant ici que d'une
occupation militaire inattendue par la population, car la suite me parut prouver que les magistrats municipaux étaient prévenus. Dans ce
moment, en effet, le comte de Caraman, commandant en chef en Provence, arrivait par la
route d'Aix avec plusieurs corps de cavalerie,
et les logeait dans le faubourg, tandis que, du
côté opposé, le marquis de Miran entrait par
la porte de Rome, l'épée à la main, et suivi de

plusieurs régiments d'infanterie , précédés de canons mèche allumée.

Quand la tête de cette épaisse et imposante colonne vint à déboucher du cours sur la Cannebière , elle fut reçue par le corps municipal en robes et en chaperons, et après quelques paroles échangées avec le général, la masse des troupes se partagea et marcha dans diverses directions pour occuper les forts et tous les postes de sûreté et jugés militaires.

Ce fut dans cet instant que je vis, pour la première fois, le marquis de Miran ; je ne sais s'il était lieutenant-général ou maréchal-de-camp, mais il était bien sûrement sous les ordres du comte de Caraman. Plus jeune au moins de quinze ans que ce dernier , le marquis, à son uniforme près, avait tout-à-fait l'air et les manières d'un militaire prussien, ce qui était fort à la mode depuis quelque temps. Il paraissait impétueux et très-dur. M. de Miran était fort connu à Marseille, où l'on prétendait qu'il avait beaucoup de dettes, aussi entendait-on dire sur son passage : « Voilà une jolie manière de s'acquitter des sommes qu'il doit ici... » M. de Caraman , accompagné d'un commissaire des guerres et de deux aides-de-camp, était arrivé au milieu de Marseille dans une berline conduite par la poste, et était descendu à son logement ordinaire. Une heure après, il vint à l'Hôtel-de-ville entouré d'une députation des consuls. Le costume du comte, et surtout sa coiffure, étaient ceux des lieutenants-généraux sous le règne de Louis XV. Il avait le chapeau à plumet sous le bras, et était en bas de soie; mais il avait son cordon rouge ou de commandeur de l'ordre de Saint-Louis par-dessus son habit. Tous les traits de la noble figure de M. de Caraman annonçaient la bienveillance, et ses beaux cheveux blancs et la sérénité de son front inspiraient le respect et la confiance. Le comte resta plus de deux heures à l'Hôtel-de-ville, et quand il en sortit, aux flambeaux, j'entendis un habitant assez bien mis dire très-haut : « Nos consuls sont bien heureux d'être dans la compagnie de M. de Caraman; car, après avoir brûlé, il y a quelques jours, la maison de l'un d'entre eux, on pourrait bien leur cracher dessus et l'essuyer avec des pierres. »

J'étais entré chez M. Collé qui m'avait conduit tout au haut de sa maison, dans son cabinet d'étude, et me faisait voir sa riche et rare collection de coquillages, quand on vint le demander. Il descendit, remonta au bout d'un quart d'heure, et m'annonça que la police, ou plutôt les patriotes qui m'observaient, demandaient des renseignements sur mon compte. M. Collé m'offrit,

‑e que j'acceptai, de m'accompagner à l'Hôtel-
de-ville, d'où je sortis après avoir reçu beaucoup de politesses; mais j'appris que j'avais été
sur le point d'être jeté dans la mer pour abréger
les informations.

M. Collé me rendit plusieurs autres services,
et j'ai beaucoup regretté cet homme instruit,
habile et loyal, quand j'ai su qu'il avait péri sur
l'échafaud, en 1793, sous le prétexte d'avoir
fourni plusieurs caisses de médicaments à l'armée
des fédérés, encore bien qu'il pût prouver par
ses registres de commerce qu'il ne les avait données ni vendues, et qu'elles avaient été enlevées
de chez lui par voie de réquisition.

J'arrivai à Aix la veille de la Fête-Dieu, et
logeai à la Mule, auberge de rouliers, isolée,
hors de la ville, mais alors entourée de hangars
immenses et de centaines de baraques et de
tentes pour la tenue d'une foire très-célèbre, et
pour donner un abri aux populations voisines
qui accourent à la procession du bon roi René.
Dans cette antique et brillante solennité, je vis
représenter, à la fois, dans des danses les plus
animées, au son du galoubet et du tambourin,
quelques traditions de la mythologie grecque,
comme l'histoire du Minotaure, et les croyances
figurées des chrétiens sur la chute de l'homme,
le purgatoire et les enfers. C'est une chose assez

remarquable dans l'histoire des peuples, que
l'attachement constant des Provençaux pour la
mémoire du roi René, mort en 1480, au milieu
d'eux, à 72 ans. L'imagination ardente de ces
méridionaux leur retrace les souvenirs de la valeur, des talents variés, de la loyauté, de la résignation dans l'infortune, et de la bienfaisance
de cet excellent souverain; et enfin, ils en parlent avec le même attendrissement que s'il n'eût
cessé de vivre que depuis quelques années.

Aix, alors la capitale de la Provence et le
siége d'un parlement et de plusieurs autres juridictions, est une belle ville située dans une admirable bassin planté de beaux oliviers, et à peu
de distance de la petite rivière d'Arc. Aix, peuplé
par 24 ou 25,000 habitants, et qui en renfer-
merait commodément 30,000, offre un très-beau
cours, bien planté, orné de très-belles fontaines
d'après les dessins du Pujet, et bordé par de
très-beaux hôtels. Enfin, les bains de Sextius,
a maison de ville, l'église de l'Oratoire, ainsi
que les fondements d'un immense palais de justice, et qui ne font que sortir de terre, sont ce
qu'il y a de plus remarquable dans cette ville.

Avignon, grande et assez belle ville des états
de l'Église (1789), a 25,000 habitants, et est la
résidence d'un vice-légat. On voit aux cordeliers les tombeaux de Laure de Norves, épouse

de Hugues de Sade, et celui du brave Crillon, de l'illustre famille des Balbi d'Italie. La fontaine de Vaucluse coule au milieu d'Avignon sous le nom de rivière de Sorgues (1).

D'Avignon je m'acheminai vers Montpellier par une lourde messagerie, ce qui indique que je la suivais, ou plutôt que je la devançais toujours à pied. Je traversai, pour passer de la rive

----

(1) Ce fut dans cette même église des cordeliers que Pétrarque vit pour la première fois, et un vendredi-saint, la belle Laure, comme nous l'apprenons par l'admirable sonnet suivant :

> Era 'l giorno ch' al sol si scoloraro
> > Per la pietà del suo fattore i rai :
> > Quand' io fui preso, e non me ne guardai,
> > Che i be' vostr' occhi, donna, mi legaro.
>
> Tempo non mi parea da far riparo
> > Contra colpi d'amor; però n'andai
> > Secur, senza sospetto; onde i miei guai
> > Nel comune dolor s'incominciaro.
>
> Trovommi Amor del tutto disarmato,
> > Ed aperta la via per gli occhi al core;
> > Che di lacrime son fatti uscio, e varco.
>
> Però, al mio parer, non li fu onore
> > Ferir me di saetta in quello stato,
> > E a voi armata non mostrar pur l'arcò.

gauche sur la droite, le Rhône, qui est très-rapide entre Avignon et Villeneuve; il faut aussi aux bateliers beaucoup d'adresse et de force pour éviter les ruines d'un pont qui sont en partie à fleur d'eau (1789).

Obliquant sur la droite de la route de Nîmes et à 4 lieues en avant de cette ville, j'allai voir le fameux pont du Gard, bâti sur la rivière du Gardon, et entre deux montagnes escarpées qu'il réunit. Ce précieux monument de l'antiquité fut élevé par les Romains sous le règne d'Auguste, pour conduire à Nîmes les eaux des fontaines d'Euse et d'Airain. Le pont aqueduc dont nous parlons est composé de trois rangs d'arcades superposées à plein cintre, et d'ordre toscan; il a 150 pieds de longueur. On attribue cet admirable ouvrage à Agrippa, qui l'éleva lorsqu'il vint en Languedoc (l'Occitanie des anciens), 19 ans avant la naissance de J.-C. On sait que ce vertueux favori du maître du monde, auquel il conseilla vainement de rétablir la république, prit, dans la dédicace de plusieurs monuments, le titre de : *Curator aquarum perpetuus.*

Nîmes, situé dans une plaine délicieuse entourée de collines, et que l'on voit encore avec un vif plaisir en sortant d'étudier l'Italie, est une ville ancienne et florissante que l'on croit fondée par les Phocéens, et qui portait, au temps des Romains, les noms de *Nemausus* et de *Colonia Nemausensis*.

Nîmes, en 1789, comptait plus de 50,000 habitants, et d'après l'activité plus ou moins grande des fabriques de soieries, il faut ajouter à ce nombre une population flottante de 12 à 15,000 ouvriers.

Des réparations à la voiture et un nouveau chargement à faire me permirent de passer vingt-quatre heures à Nîmes, d'en voir les monuments, et de remettre une lettre dont M. André m'avait chargé à Gênes pour sa famille.

Le premier des monuments antiques que j'allai voir fut l'amphithéâtre, assez bien conservé, mais encombré et défiguré par des masures (1789). C'est une ellipse de 67 toises dans son grand axe, et de 52 dans le petit; l'architecture en est irrégulière, elle offre un ordre qui tient le milieu entre le toscan et le dorique purs. L'édifice, qui a 66 pieds de haut, avait 32 rangs de siéges, dont il ne reste plus que 17, et 3 rangs de vomitoires ou issues des escaliers qui soutenaient des portiques. En accordant 20 pouces d'emplacement pour chaque spectateur, cet amphithéâtre devait contenir 17,000 personnes.

Dans le beau temple d'ordre composite, qui porte le nom de Diane, et fut probablement un

Panthéon, on a trouvé, parmi des ruines, ce fragment d'inscription : *Item dedicatione templi Isis, Serapis, Vestæ, Dianæ, Somni...*

La tour Magne, que l'on suppose avoir été un mausolée ou plutôt un phare, d'abord haute de 17 toises, est réduite à 13.

La fontaine publique, récemment restaurée avec beaucoup de goût, offre une délicieuse promenade. On a trouvé, en faisant des fouilles pour de nouvelles constructions, des vestiges d'anciens bains romains dont les chambres ont été conservées. La frise du stylobate (ou grand piédestal au milieu du premier bassin) est très-jolie, et copiée exactement d'après l'ancien stylobate, dont on voit des fragments dans le temple de Diane. On a mis au-devant des chambres une suite d'élégantes colonnes qui soutiennent une corniche en saillie.

Mais le monument d'antiquité le plus beau et le mieux conservé, non-seulement à Nîmes, mais dans l'Europe entière, est celui que l'on appelle la *Maison carrée.* C'est un temple d'ordre corinthien, d'un goût exquis, élevé vers l'an 754 de Rome.

Je vis aussi l'académie de Nîmes, et je ne songeais pas alors qu'un jour je contribuerais à répandre l'histoire de cet établissement, et pourtant voici ce que j'ai publié en 1811 (Éloges des

académiciens de Montpellier, pour servir à l'histoire des sciences dans le 18ᵉ siècle): « Après la
mort du marquis Maffei, M. Seguier n'ayant plus
rien qui l'attachât à l'Italie, revint à Nîmes, où
la gloire des sciences et celle de sa patrie l'occupaient uniquement. Il porta ses regards sur
les monuments antiques qui décorent cette ville,
et par les vestiges des lettres de l'inscription de
la Maison carrée, par les trous qu'ont formés
les clous qui ont servi à les fixer, il découvrit
que ce monument avait été consacré à Caïus et
Lucius, princes de la jeunesse, fils d'Agrippa,
et petits-fils d'Auguste (1)... M. Seguier avait
aussi sur le temple de Diane et sur d'autres antiquités, des idées particulières, mais il ne les
a manifestées dans aucun ouvrage imprimé...
Son cabinet, où se trouvaient rassemblés une
infinité de fossiles, de coquillages, de poissons
pétrifiés, de médailles, de pierres gravées, fit
bientôt l'admiration de tous les étrangers, auxquels M. Seguier offrait un spectacle plus intéressant encore. Il a laissé à l'académie de Nîmes
ce superbe cabinet... »

J'allai porter chez M. Jean André la lettre que

----

(1) Voici comment M. Seguier rétablit l'inscription qui
était sur la frise : *C. Cæsari Augusti F. Cos. L. Cæsari
Augusti F. Cos. designato , principibus juventutis.*

son frère, établi à Gênes, m'avait remise pour lui. Ne le trouvant point rue Dorée, où il demeurait, on m'engagea à me rendre chez l'un de ses frères qui habitait une fort agréable maison , ou un pavillon près de la Fontaine, et où l'aîné de la famille devait se trouver et se trouva en effet. La lettre remise et ouverte, il se trouva qu'elle renfermait un quiproquo assez plaisant (1). M. André (le banquier actuel de Paris), fils de Jean, et qui avait fait la lettre pour son oncle, entendant le docteur Batt parler beaucoup de M. Fouquet, et ignorant mon nom, m'avait annoncé de manière à me faire prendre pour le vénérable sexagénaire et fameux praticien de Montpellier. Tout cela s'expliqua par la suite de la lettre, dans laquelle il était question de mon long séjour en Italie, de mes connaissances prématurées et autres politesses d'usage.

Il y avait chez M. André une nombreuse compagnie, plusieurs tables de jeu dans le salon, et des promeneurs dans le jardin. Une partie des hommes était en uniforme, car le Languedoc s'était couvert tout à coup de milices nationales qui veillaient à la sûreté générale, simultané-

---

(1) Un quiproquo est une expression empruntée du latin pour signifier une méprise.

ment ou sans le concours des troupes régulières.

Ce fut dans cette réunion que je vis M. Paul Rabaut, le dernier des ministres protestants qui ait porté le nom de pasteur du désert, en mémoire des persécutions dont les sectateurs de la réforme de Calvin furent long-temps l'objet, et que fit cesser un édit de Louis XVI de la fin de 1787.

M. Rabaut avait alors environ 75 ans. Les traits principaux de sa physionomie annonçaient la bienveillance, le calme et la persévérance. Ce pasteur jouissait depuis plus d'un demi-siècle de la considération, et il faut même dire, de la vénération de ses coréligionnaires. Autour de ce vieillard, et formant en quelque sorte un faisceau, venaient se grouper les mérites de ses fils, Rabaut de Saint-Étienne, Rabaut-Pommier et Rabaut-Dupuis, dont le premier a joué un rôle principal sur la scène politique.

Dans le même cercle se trouvait un homme encore jeune, M. Pieyre, qui avait débuté, il y avait peu d'années, avec un grand succès, dans le monde littéraire, par la comédie de *l'École des pères*, jouée d'abord à Montpellier et à Nîmes en 1782, et reçue au Théâtre-Français à Paris, en 1787.

La famille André, qui m'avait reçu avec une extrême bonté, me procura une lettre pour M. Allut l'aîné, négociant fort riche et très-considéré à Montpellier, et qui avait épousé l'une des filles de M. Jean André.

Entre Nimes et Montpellier, et à peu près à moitié chemin, on trouve Lunel, ville de 5,000 habitants, située sur un territoire très-renommé par ses excellents vins muscats.

CHAPITRE II.

Montpellier en 1789, ou premier aspect de cette ville. —
MM. Broussonet père, Gouan, Fouquet et Chaptal. —
Mon établissement. — Ma thèse et autres actes servant
de préliminaires au doctorat et aux bizarres cérémonies
qui l'accompagnent. — Je suis un moment un objet de
curiosité, ce qui me fait connaître le comte de Périgord,
le vicomte de Cambis d'Orsan, commandants en chef
et en second, et M. de Ballainvilliers, intendant de
la province. — L'intendante et le P. Venance, capucin-
poète. — La marquise de Lezai-Marnésia et Adrien son
fils. — L'abbé Gigot. — Retentissement des événements
politiques et leur couleur dans le Midi. — La cour des
aides de Montpellier, qui avait voulu comprimer les
premiers mouvements de la révolution, lui donne des
chefs. — Intervention insolite des étudiants dans les
affaires publiques. — Arrivée de M. de Barthez à Montpellier, où son génie, sa gloire, et plus que tout cela,
la franchise de son caractère, forcent à le respecter.
— L'abbé Bertholon. — Mes relations avec l'ex-chan-
celier de l'université. — Injection des vaisseaux lymphatiques, et leur démonstration, importée à Montpellier
par l'auteur de ces Mémoires.

J'arrivai à Montpellier de fort bonne heure,
et en longeant la belle promenade de l'esplanade
et passant devant le théâtre, je gagnai l'hôtel
du Cheval blanc, dans la Grande-Rue, parce que

je venais de lire dans l'Itinéraire de Dutens que l'auberge du Petit-Paris était un mauvais gîte, et il eût pu ajouter, placé dans une rue très-mal famée.

Montpellier, ville du second ordre et renfermant une population de 30 ou 35,000 habitants, est située à deux lieues de la mer, sur le penchant d'une colline. On peut considérer Charlemagne comme le fondateur de Montpellier. En effet, ce souverain, à son retour d'Espagne, fit raser Magdelone comme étant trop exposée aux insultes des Sarrasins. Ayant été frappé de l'aspect de deux villages situés sur un agréable monticule, et nommés, l'un Montpellier et l'autre Monspelibet, il ordonna de les réunir et d'en faire une ville qui reçut le nom de Montpellier. Elle fut ensuite entourée de murailles par un pape. Cette ville nouvelle eut bientôt des relations très-étendues de commerce avec l'Italie, l'Espagne, le Levant, et particulièrement Constantinople.

La douceur du climat et la juste célébrité de son école de médecine sont aussi l'une des sources de la prospérité de Montpellier dans les temps modernes.

J'eus le loisir, avant souper, d'aller voir la place du Peyrou qui a mille toises de longueur, et offre l'un des plus beaux spectacles du

monde. D'un côté on voit les montagnes des Ce-
vennes, le mont Ventoux, détaché de la chaîne
des Alpes; de l'autre, un beau vallon et les Pyrénées, et enfin la mer Méditerranée. C'est aussi
sur cette place qu'aboutit, dans un élégant château d'eau, le magnifique aqueduc de Saint-Clé-
ment. Au milieu de la place du Peyrou, on voyait
une très-belle statue équestre de Louis XIV, par
Coysevox, avec cette inscription :

LUDOVICO

MAGNO

COMITIA

OCCITANIÆ

INCOLUMI

VOVERE

EX OCULIS

SUBLATO

POSUERE

MDCCXVII

Une autre inscription, placée deux ans auparavant sur la porte, ou mieux l'arc triomphal dit
du Peyrou, et faisant partie des murs d'enceinte
de Montpellier, mérite encore mieux d'être copiée. La voici :

LUDOVICO MAGNO LXXII AN. REGNANTE
DISSOCIATIS REPRESSIS CONCILIATIS GENTIBUS
QUATUOR DECENNALI BELLO CONJURATIS
PAX TERRA MARIQUE PARTA (1715.)

On a dû détruire pendant la révolution cette inscription historique et de la plus grande beauté, que l'on eût pu conserver.

Ce que l'on a bien fait d'effacer, ce sont des bas-reliefs d'un assez mauvais goût, et qui retraçaient quelques-uns de ces actes de fanatisme qui ont flétri le grand siècle.

Un séjour de plus de deux ans à Montpellier m'a permis de voir et d'étudier en détail les richesses de cette ville sous le rapport des arts d'imitation, et plus spécialement de la peinture. Je reviendrai donc sur les productions de Sébastien Bourdon, de Raous, de Vien, de David et autres grands maîtres, ainsi que sur les monuments élevés par l'architecte Augustin-Charles d'Aviller, collaborateur et rival des deux Mansart sous le règne de Louis XIV.

Le soir même du jour de mon arrivée à Montpellier, je me présentai chez M. Broussonet comme l'ami d'Auguste, son fils aîné, et je trouvai chez lui son neveu, M. Chaptal, professeur de chimie des États de Languedoc, et MM. de Grimaud et Lafabrie.

Dès que j'eus fait connaître à M. Broussonet l'objet de mon voyage à Montpellier, qui était de prendre des grades en médecine, cet excellent homme s'occupa de mon établissement à la fois économique et décent, en entrant dans les plus petits détails, dont il confia l'exécution au docteur Lafabrie, qui m'a donné, le reste de sa vie, des témoignages d'attachement.

Le bon accueil de l'oncle détermina celui du neveu, et dès la première entrevue, M. Chaptal m'offrit l'entrée de son laboratoire et une place choisie et très-commode à ses cours, qui étaient très-suivis et qui pouvaient, sous plusieurs rapports, rivaliser avec ceux de Fourcroy. Le professeur de Montpellier, que j'accompagnai aussi plusieurs fois dans les ateliers où il fabriquait en grand pour le commerce l'acide sulfurique, me chargea en outre, de concert avec le naturaliste Dorthez, de veiller à l'impression de ses Éléments de chimie, qui parurent en 1790. Nous n'étions guère propres l'un et l'autre à ce genre de travail, mais nous rendions avec plaisir ce service à M. Chaptal, qui écrivait si mal qu'il avait souvent de la peine à déchiffrer ses propres caractères.

M. de Grimaud, silencieux et souffrant, portait un mouchoir devant sa bouche. Cet estimable professeur était dans un état très-avancé de phthisie pulmonaire, et de fréquents paroxismes de crachements de sang faisaient craindre à chaque instant pour ses jours. Il alla mourir, le 5 août 1789, à Nantes, où il était né en 1750.

2.

Dès cette première visite, M. Broussonet m'engagea à venir le voir fréquemment, sûr que je pouvais être de le trouver toujours chez lui, à cause des soins qu'il était forcé de donner à sa santé, et parce que sa famille et quelques amis lui formaient assidûment la plus agréable compagnie. « Je ne sors de ma maison, me dit encore M. Broussonet, que pour aller à l'université, à la société royale des sciences, qui est à ma porte, et fort près de là, chez le libraire Rigaud, où se réunissent journellement des gens distingués, tels que MM. de Ratte, Poitevin, Tendon, et quelques autres académiciens que je vous ferai connaître. Quand il fait très-beau et que le temps est sûr, je vais quelquefois faire un tour à l'esplanade, où je me promène d'ordinaire avec l'ancien procureur-général Duché, le lieutenant-criminel de Surate, et l'avocat Gauthier. Parfois je rejoins mon frère le chanoine, avec lequel vous dînerez après-demain, et qui se promène ordinairement avec M. de Grainville le grand-vicaire, et l'abbé Gigot, chanoine de la cathédrale, ancien recteur de l'université de Paris, et qui sont Normands ainsi que vous. »

Je remis à M. le professeur Gouan la lettre que M. le commandeur de Dolomieu m'avait donnée pour lui, et dès ce jour commença cette tendre amitié dont il m'honorait, et dont j'ai

cherché à retracer les charmes dans les lignes
que j'ai consacrées à sa mémoire (1).

J'allai également voir M. Fouquet, pour lequel
j'avais plusieurs lettres. Celui-ci, dont l'extérieur
et la figure valaient, au dire de Barthez, trente
mille livres de rentes, me reçut avec une affabilité mêlée de dignité. Au bout de quelques
instants, je m'aperçus qu'il était préoccupé d'une
idée que son grand usage du monde et la finesse
de son esprit n'avaient pu lui apprendre à dissimuler.

« Vous pouvez croire, me dit-il, monsieur,
que je dois avoir atteint, à 65 ans, tout ce que
les hommes ont le droit d'attendre d'une vie
longue, pénible et studieuse; et pourtant tel
n'a point été mon sort.

« J'ai débuté, en 1759, dans l'université, qui
comptait alors parmi ses professeurs Fizes, de
Sauvages, Lamure, Venel et Leroy. Ma thèse pour
le baccalauréat traitait de la nature de la fibre,
de ses forces et de ses maladies dans le corps
animal. Cet écrit, réimprimé dans des collections
estimées, prouve que mes premiers pas dans la
carrière médicale furent ceux d'un homme qui

---

(1) Voyez l'article Gouan (Ant^e) dans la Biographie faisant suite au Dictionnaire des sciences médicales, tome iv,
page 492 et suivantes.

se proposait de marcher dans les sentiers de l'observation, en prenant pour guide les lois de l'organisme vivant, et je ne me suis jamais écarté de cette route (1).

« Comme il y avait à Montpellier presque autant de médecins que de malades, j'allai m'établir à Marseille, où j'obtenais des succès au-delà de mes espérances, quand la mort de Fizes détermina un concours qui s'ouvrit en 1766, et me ramena dans ma ville natale. J'eus alors pour concurrents MM. René, Cusson, Vigarous, un M. Collet, un M. Masson, dont les noms sont aussi inconnus aujourd'hui que méritaient de le rester ceux de MM. Sabatier et Estève. Je ne veux et ne pourrais cependant refuser à ces deux derniers une dose d'esprit assez piquante, qui est en quelque sorte un produit ou un attribut de ce pays-ci. Jamais lutte académique ne fut plus orageuse et parfois plus indécente. M. de Sauvages étant mort pendant cette dispute, il se trouva ainsi deux chaires vacantes, ce qui animait de plus en plus l'ardeur des concurrents, lorsque la cour, pour faire cesser des débats de plus en plus passionnés, ordonna la clôture du concours, et nomma professeurs MM. René et Gouan.

---

(1) *De fibræ natura, viribus et morbis in corpore animali.* Montpellier, 1759, in-4°.

« Malgré cet échec, je pris la résolution de me fixer à Montpellier, où je fus bientôt nommé médecin de l'hôpital militaire et de la citadelle. Peu après je fournis à l'Encyclopédie les articles *Sensibilité* et *Vésicatoire*. Résistant, dans le premier, à l'entraînement général pour la doctrine absolue de l'irritabilité, je distinguai les propriétés qui appartiennent à la fibre charnue de celles qui sont essentiellement dévolues à la fibre nerveuse, et j'avançai que l'irritabilité n'était peut-être qu'une branche égarée de la sensibilité. Dans l'article *Vésicatoire*, je crois avoir indiqué toutes les nombreuses et précieuses ressources qu'il offre à la thérapeutique.

« On m'a attribué, mal à propos, l'article *Sécrétion*. Mon essai sur le pouls, qui a été pour moi la cause de bien des tribulations, parut comme faisant suite aux observations de Galien, de Solano, de Nihel, et surtout de Bordeu, mon ami et mon maître (1).

« Je lus, dans une assemblée publique de notre société royale des sciences, en 1771, des Recherches sur la topographie de Montpellier et de ses environs.

« La petite vérole, toujours funeste dans notre

---

(1) *Essai sur le pouls considéré par rapport aux affections des principaux organes.* Montpellier, 1768, in-8°.

ville, d'après des observations qui remontent à 200 ans, ayant éclaté épidémiquement en 1770, je crus me rendre utile à mes concitoyens en publiant un ouvrage sur cette maladie (1).

« A la fin de 1774, je lus aussi à la société royale des sciences un Mémoire sur l'utilité des bains de terre, dans quelques espèces de phthisie, le scorbut et autres maladies.

«Je fis aussi paraître, en 1774, une thèse bien accueillie, sur le corps cribreux d'Hippocrate, ou tissu muqueux de Bordeu, qui fut présentée et soutenue à notre faculté par un M. Abadie (2).

« Dix ans s'étaient écoulés depuis le dernier concours, quand la mort de Venel en fit ouvrir un autre en 1776, et je ne fus pas plus heureux cette seconde fois que la première ; j'ai même eu le désagrément de voir devenir professeurs, et à peu de distance, MM. Vigarous, Sabatier et Brun. Pour me réhabiliter en quelque sorte devant le public médical, j'ai publié mes Préleçons, ce que mes adversaires n'ont osé faire (3).

----

(1) *Traitement de la petite vérole des enfants, suivi de là traduction de la méthode d'inoculation de Dimsdale.* Amsterdam (pour Montpellier), 1772, in-12.

(2) *De corpore cribroso Hippocratis, seu de textu mucoso Bordevii.* Montpellier, 1774, in-4°.

(3) *Prælectiones medicæ decem, habitæ in Ludovicæa*

« J'eus aussi à soutenir douze thèses qui ont été imprimées. Le titre de la première était : *Quantum distet principium vitale hominis ab anima cogitante.* Vous sentez combien je dus me trouver embarrassé, car je voulais être orthodoxe, ménager Barthez, dont le caractère, soit dit entre nous, est si difficile, et ne pas sacrifier entièrement quelques idées qui m'étaient propres. Aussi, m'adressai-je plus d'une fois, en rédigeant et soutenant cette thèse, le passage d'Horace :

> Periculosæ plenum opus aleæ
> Tractas et incedis per ignes
> Suppositos cineri doloso.

« Je rédigeai, en 1778, sur quelques affections convulsives de l'œsophage, une thèse qui fut soutenue par M. Courant, mon parent.

« En 1780, je fis paraître mon travail sur Lind (1).

Monspeliensi, pro regia cathedra vacante per obitum N. D. Gabrielis-Francisci Venel. I. De certis et dubiis in systemate Harveiano de circulatione sanguinis. II. De veterum doctrina circa sanguificationem. III, IV et V. De vulneribus complicatis. VI. De usu medico ferri. VII. De aquarum mineralium martialium natura. VIII. De usu medico aquarum mineralium martialium. IX et X. De antisepticis proprie dictis. Montpellier, 1777, in-8°.

(1) *Mémoire sur les fièvres et sur la contagion, par*

« J'eus le bonheur, en 1782, de traiter avec des succès non contestés, la suette qui régna à Toulouse et ses environs, et que j'ai toujours regardée comme une épidémie non contagieuse. C'est à cette circonstance que j'ai cru devoir attribuer une distinction qui me flatta beaucoup. Je fus nommé, dans la même année 1782, par lettres-patentes du roi, pour suppléer dans leurs leçons MM. Imbert et Barthez, chancelier et vice-chancelier, fixés tous deux dans la capitale par d'importants emplois.

« En 1783, j'ai encore donné une dissertation sur le diabète, qui a été soutenue par M. Dautane.

« J'étais, depuis ce temps-là, livré exclusivement à la pratique de la médecine, quand M. Sabatier est venu à mourir pour l'honneur de l'école, et voilà un nouveau concours ouvert!... L'espoir de devenir enfin professeur titulaire s'est réveillé dans mon cœur... J'ai voulu combattre cette idée, mais inutilement, et j'ai cru pouvoir affronter les fatigues et les chances dangereuses d'une lutte nouvelle. Sourd aux avis d'amis prudents, et aux prières de madame Fouquet, cette

---

M. Jacques Lind, ouvrage traduit de l'anglais, et augmenté de plusieurs notes par M. Henri Fouquet. Montpellier, 1780, in-12.

douce compagne de ma vie, qui veille comme
un génie protecteur sur ma faible organisation,
je vais entrer en lice.

« J'ai pourtant dit à ma frêle barque ce qu'Horace disait au vaisseau de l'état :

> O navis, referent in mare te novi
> Fluctus ! O quid agis ? fortiter occupa
> Portum. Nonne vides ut
> Nudum remigio latus,
>
> Et malus celeri saucius Africo,
> Antennæque gemant, ac sine funibus
> Vix durare carinæ
> Possint imperiosius
>
> Æquor ?

« Mais où sont, me disais-je, en cherchant à
me rassurer, où sont ces vents impétueux qui
pourraient me menacer d'un nouveau naufrage ?...
La mort m'a fait raison de quelques-uns de mes
rivaux, et l'ambition des autres est satisfaite...
Les jeunes gens ont encore plus de générosité
que d'audace... La honteuse cupidité de Sénac
n'est plus à redouter avec un savant aussi délicat que le premier médecin, M. Lemonnier, un
garde-des-sceaux aussi équitable que M. de Barentin, et un roi comme Louis XVI...Tout bien
pesé, j'entre en lice. Eh! qui sait si la fortune,
long-temps sévère pour moi, ne se plaira pas à

changer, et, même dans ses caprices, ne cou-
vrira pas de quelques lauriers mes cheveux
blancs? . . . »

« Monsieur, dis-je alors à M. Fouquet, je vous
considère déja comme professeur, et je regrette
beaucoup que votre nom ne décore pas l'acte
que je vais présenter à la faculté pour mon baccalauréat. »

Le 6 juillet, je soutins devant la faculté, et
sous la présidence de M. Gouan, vice-doyen,
une thèse très-concise, ou de très-peu de pages,
et qui avait pour titre : *Tentamen physiologicum
de vasis lymphaticis*. Monspelii, 1789, in-8°.

Traité avec la plus grande bienveillance pendant toute la discussion, j'endossai la robe dite
de Rabelais, rentrai dans la salle des actes, et
remerciai la faculté. Trois jours après, je reçus
les actes suivants que je rapporte textuellement,
ainsi que quelques autres, pour qu'on sache, une
fois pour toutes, à quoi s'en tenir sur ce qui a
été dit, et de vrai et de faux, sur les réceptions
à Montpellier :

PRO BACCALAUREATUS GRADU.

—

UNIVERSIS ET SINGULIS

PRÆSENTES LITTERAS VISURIS ET AUDITURIS.

Nos Gaspar - Joannes RENÉ (*absente N. D.* Paulo-Josepho de BARTHEZ, *cancellario*) *Regis consiliarius et medicus, nec non almæ Monspeliensis medicorum universitatis professor, regius et decanus, salutem in Domino, qui est omnium vera salus. Laudabilem majorum nostrqrum consuetudinem sectantes, dignum fore duximus, ut quos vitæ probitas honestat, litterarum scientia commendat, honores extollant atque exornent; nam dum probi viri meritorum præmia consequuntur, ad virtutis studia flagrantiori animo cæteri pervenire contendunt, ingenuisque artibus, hominum generi frugiferis vehementer operam navant; et quod longè optatissimum, avidius sese ad id muneris et magis sedulo applicant, et libentissimè operam, honoribus affecti, laboribus inexhaustis, inoffensoque cursu collocant. Hisce persuasi rationibus, vobis notum præsentibus litterarum tenoribus fieri volumus, magistrum* Renatum-Nicolaum du Fr... des G..., *artium magistrum, adeo morum probitate, eruditione varia, vitæque honestate insigni et fama laudabili com-*

mendatum et illustratum, in arte medica peritiæ suæ specimen præbuisse, in examine publico, coram singularis doctrinæ viris NN. DD. Antonio GOUAN, Francisco BROUSSONET, Francisco VIGAROUS, Joanne-Carolo de GRIMAUD, Henrico-Ludovico BRUN, *consiliariis, medicis et professoribus regiis, Præside ac patre illustrissimo viro N. D.* Antonio GOUAN, *prodecano, aliisque doctoribus et licentiatis in nostra facultate dictum examen et censuram probatoriam exercentibus, nec non præsentibus baccalaureis et studiosis quamplurimis periculum fecisse, ut gradum baccalaureatus in eadem facultate merito et nemine discrepante fuerit adeptus. Nos itaque Decanus his rationibus adducti, magistrum* Renatum-Nicolaum du Fr... des G..., *in medicina Baccalaurei titulo insignitum et affectum honore, munusque baccalaureatus ac dignitatem habere asserimus, eumque baccalaureatus titulum præsentium tenore declaramus. In cujus rei testimonium præsentes litteras signo notarii obsignatas publico, sigillo prædictæ universitatis medicinæ communiri voluimus his præsentibus affixo.*

Actum Monspelii, in scholis regiis, die sexta mensis julii, anni M. D. LXXXIX.

RENÉ, *Decanus.*

De mandato N. D. Decani,

VINCENT, *Secretarius.*

PRO N. D. DECANO.

—

Nos Gaspar-Joames René *Regis consiliarius et medicus, nec non celeberrimæ Monspeliensium medicorum universitatis professor regius et decanus, permittimus magistro* Renato-Nicolao du Fr... des G..., *Sagiensi in Neustria, artium magistro et medicinæ baccalaureo, ut in scholis medicorum publice auditoribus prælegat et explicet tractatum* de intestinis tenuibus, *pro suis cursibus, ad sonitum campanæ, cum toga et byrethro quadrato (ut moris est) ad studiosorum utilitatem a die sexta mensis julii ad diem usque sextam mensis octobris, anni millesimi septingentesimi octogesimi noni. In cujus rei fidem hic subscripsimus. Actum Monspelii in œdibus nostris die prima mensis julii, anno M. DCC. LXXXIX.*

RENÉ, *Decanus.*

Je mis un très-grand soin à faire ces leçons, et je sus leur rattacher l'exposition anatomique et la théorie de l'absorption par les vaisseaux lactés. Enfin, j'eus un auditoire aussi nombreux qu'attentif.

Voici les pièces délivrées par la faculté pour constater ces leçons.

Nos Doctores, Licenciati, Baccalaurei et Studiosi medicinæ almæ universitatis Monspeliensis, attestamur honestum virum magistrum Renatum-Nicolaum du Fr... des G..., *Sagiensem in Neustria, artium magistrum et medicinæ baccalaureum, fideliter prælegisse suis auditoribus in scholis medicorum tractatum de intestinis tenuibus, pro suis cursibus, ad sonitum campanæ, cum togá et byrethro quadrato* (ut moris est) *a die sexta mensis julii anni millesimi septingesimi octogesimi noni ad diem usque sextam mensis octobris anni. In cujus rei fidem præsentes litteras manuali scripto subsignavimus. Datum in aula regia Ludovicæi Monspeliensis, die sexta mensis octobris, anni M. DCC. LXXXIX.*

DOCTORES.—Andræas-Edmundus-Laurentius ARNAULD, *ex urbe Varziaco, diœcesis Altissiodorensis apud Burgundos.*

Laurentius DUCŒUR, *e loco Labatut apud Aquitanos.*

Petrus DAVY, *Abrincensis apud Normannos.*

Joannes-Franciscus MATUSSIÈRE, *Brivatensis apud Arvernos.*

Petrus JALLAGUIER, *Monspeliensis.*

Joannes-Ludovicus GUICHOU, *e loco Montesquiou apud Occitanos.*

LICENTIATI.—Ant.-Josephus BURGEVIN, *Nanetæus.*

J.-M.-Josephus GARREAU, *Aginensis apud Aquitanos.*

Victor BOUCHON, *Uzetiensis.*

J. GOGUET, *ex insula Rhœa.*

Jos.-Ludovicus RAVAIN DE LA FORESTRIE, *Andegavensis.*

J. DUMONT, *Helveticus.*

BACCALAUREI. — Petrus d'HIESME-PAULIAN, *Monspeliensis.*

Henricus DELALO, *Mauriacensis apud Arvernos.*

Joan.-Baptista-Amabilis MOSSIER, *Claromontanus apud Arvernos.*

J.-M.-P. LAROMIGUIÈRE, *Livintiracensis apud Aquitanos superiores.*

Leonardus GOUSON, *e loco Brigueil, Lemovicensis.*

Spiridion ZORZELLY, *natione Græcus, patria Spartanus.*

STUDIOSI. — Jacobus-Philippus SENNÉ, *ex urbe Marennes, diœcesis Santoniensis.*

Paulus-Carolus BRISSON, *Fontniaci-Comitis, diœcesis Rupellensis apud Pictavos.*

Joannes DUBOSC, *Tonnenensis, diœcesis Aginiensis apud Aquitanos.*

Andræas CAYROUSES, *e loco S.-Côme apud Rhutenenses.*

Petrus CHABOT, *e loco Ruffec apud Pictavos.*

Jacobus-Philippus Rossi, *e Colle S.-Romuli*,
diœcesis Albigaunensis apud Ligures in ditione
serenissimæ Reipubl. Genuensis.

PRO N. D. CANCELLARIO.

UNIVERSIS ET SINGULIS
PRÆSENTES LITTERAS VISURIS ET AUDITURIS.

Nos Antonius GOUAN, *Regis consiliarius et*
medicus, necnon almæ Monspeliensium medi-
corum universitatis professor regius et prodeca-
nus, salutem in Domino, qui est omnium vera
salus. Collegii nostri consilio non inconsulte con-
siderantes, æquum fore duximus, ut qui litteris
et moribus probis exornantur, eos honores extol-
lant. Hinc est quod Nos certificamur honestum
virum, dilectum nostrum magistrum Renatum-
Nicolaum du Fr... des G..., *Sagiensem in Neustria,*
artium magistrum ac medicinæ baccalaureum ,
suscepisse ac legisse tractatum de intestinis te-
nuibus pro suis cursibus, a die sexta mensis julii
ad diem usque sextam mensis octobris (ut moris
est) cum toga et byrethro quadrato ad sonitum
campanæ, fideliter continuando, magno audi-
torum concursu, prout nobis constat per venera-
biles doctores aliosque quamplurimos licentia-

tos , baccalaureos et studiosos , qui juramento præstito , supra scripta vera confirmarunt. In cujus rei testimonium sigillum nostrum apposuimus. Actum Monspelii in ædibus nostris, die septima mensis octobris, anno Domini millesimo septingentesimo octogesimo nono.

ANT. GOUAN, *Prodecanus.*

Vinrent ensuite les examens qui étaient avec raison fort suivis à Montpellier, parce qu'ils offraient une source abondante d'instruction très-variée. La durée de ces examens, qui étaient publics, était d'une demi-heure. Les professeurs, assis sur les bancs des étudiants, et sans robe, y mettaient en général beaucoup de bienveillance, et on apprenait d'eux des résultats de pratique qu'ils auraient difficilement placés ailleurs, et avec autant de détails.

Les triduanes étaient des espèces de thèses ou programmes pour servir à des examens et des argumentations.

L'examen dit Point rigoureux avait lieu à huis clos, dans la salle appelée le Conclave, et en présence de tous les professeurs rangés autour d'une table oblongue. Le candidat, debout et en robe rouge de bachelier, se plaçait devant un pupitre ou point d'appui, en face du président de l'acte. L'examen fini, le candidat était

3.

invité à passer dans une pièce voisine, d'où il
était rappelé au bout d'un quart d'heure pour
entendre prononcer son admission ou son ajournement. Quand le candidat admis ou ajourné se
retirait, il trouvait à sa rencontre le secrétaire-
greffier de la faculté, portant dans le conclave,
et sur une assiette, autant de tartines de beurre
qu'il y avait de professeurs, dans l'intention de
faire croire que l'examen, qui avait pourtant
lieu de midi à une heure, était constamment
fait par des juges à jeun.

PRO PUNCTO RIGOROSO.

UNIVERSIS ET SINGULIS
PRÆSENTES LITTERAS VISURIS ET AUDITURIS.

Nos Gaspar-Joannes RENÉ (*absente N. D.
Paulo-Josepho de* BARTHEZ, *cancellario*), *regis
consiliarius medicus, necnon almæ Monspeliensis
medicorum universitatis professor regius et decanus, salutem in Domino, qui est omnium vera
salus. Ipsa veritate et æquitate adducti, neminem
ignorare volumus, ac testificamur honestissimum
ac eruditissimum virum magistrum* Renatum-
Nicolaum du Fr... des G..., *medicinæ bacca-*

*laureum, in hac nostra florentissima universitate
diu multumque medendi arti operam dedisse,
atque in hac ipsa plurimum profecisse, id quod
nos et alii præstantissimi doctores qui medicinam
hic profitentur omnibus modis experti sumus.
Ille enim primum (ut universitatis consuetudo
postulat) ab ipsis professoribus in Dialecticis et
Physicis diligenter interrogatus fuit, ut univer-
sitati nostræ nomen jurejurando professus ad-
scriberetur. Deinde nos cæterosque professores
assidue et attente audivit; postea ut baccalaureus fieret, universitatem ipsam rogavit, cujus
rei causa publicas disputationes, omnibus medicinæ studiosis audientibus atque aliis litteratis
viris, habuit. In hisce disputationibus a nobis
et reliquis omnibus doctoribus diligentissime examinatus, quibus quidem abunde inter respon-
dendum satisfecit, atque ita se gessit, ut is uno
omnium consensu et judicio baccalaurei gradu
jure donatus fuerit. Cum vero gradum sic adeptus, tres medicinæ cursus in scholis publicis docte
et accurate perlegit et nos aliosque professores
ægrotis invisendis secutus est. Tandem cum, ut
ad Licentiæ honorem promoveretur, postulasset,
eum ita recepimus ut a nobis et singulis omnibus
doctoribus ordinariis in omni medicinæ parte
publice (ut moris est) examinaretur. Doctores
vero et professores ordinarii hoc tempore nobis-*

cum sunt NN. DD. Ant. GOUAN, *prodecanus*,
Fanciscus BROUSSONET, Franciscus VIGAROUS,
Henricus-Ludovicus BRUN, *regis consiliarii et
medici quorum quidem singuli ordine ipsum* Renatum-Nicolaum du Fr... des G..., *singulis
septimanis omni severitate omnique diligentia,
tum in theoria, tum in morborum curatione
palam interrogarunt et examinarunt, idque pri-
mam in examinibus publicis, quæ a nobis* per
intentionem *dicuntur, quæque in aula regia
scholarum, et cum universitatis totius conspectu
instituuntur. Deinde ad NN. DD.* Joannem RENÉ,
decanum, Ant. GOUAN, *prodecanum, consiliarios
medicos et professores regios, se contulit, a quibus
disputationis puncta petiit et accepit, paucisque
diebus transactis in scholis regiis dictæ universitatis, palam propositis sibi variis medicinæ theore-
matibus, adversus illa disputandi copiam omnibus
fecit et per triduum integrum incipiendo a die
IXᵉ mens. novembris usque ad diem XIᵘᵐ ejusdem
mensis anni M. D. CC. LXXXIX magna ingenii
contentione tam erudite respondit, ut nullus illius eruditionem in hac disputatione non confir-
marit. Atque ita triduana disputatione functus
die XVIᵉ novembris, puncta petiit pro severissimo
illo examine quod* Rigorosum *appellamus, quod-
que in conclavi scholæ regiæ professores summa
severitate facere consueverunt; in quibus certe*

disputationibus et examinibus omnes quos ante nominavimus, ipsius Renati-Nicolai du Fr... des G..., *doctrinam et ingenium laudaverunt et probaverunt, eumque dignum, qui licentiæ dignitate, nemine prorsus discrepante, ornaretur, judicarunt. Quare Nos et alii professores illustrissimum et honestissimum* D. D. Josephum-Franciscum de MALIDE, *Monspelii episcopum et nostræ universitatis conservatorem rogavimus, ut illum ipsum* R.-N. du Fr... des G..., *licentiæ gradu in medicinæ facultate donaret; atque is quidem honestissimis gravissimorum virorum petitionibus libenter (ut ratio postulat) assensus est, eumdem igitur* R.-N. du Fr... des G..., *ornatissimo amplissimo* Guillielmo - Balthazar COUSIN DE GRAINVILLE, *obtulimus, dicti episcopi jussu, cum testimonialibus totius universitatis litteris; is quidem primum ab eodem* R.-N. du Fr... des G... *jusjurandum coram nobis exegit et suscipiendi doctoratus insignia licentiam (cum ipsi vellent) dedit, ut interpretandi et medicinæ exercendæ, atque alios omnes actus qui ad licentiam pertinent celebrandi, et id non tantum in hac civitate, sed etiam in toto terrarum orbe. Quare ipsum* R.-N. du Fr... des G..., *tum hic, tum omnibus aliis in locis declaramus, approbamus et asserimus* LICENTIATUM. *Hæc autem omnia Monspelii pro solemni et honorificentissima consuetudine publice peracta fuerunt in aula regia scholarum, inspectantibus omnibus medicinæ professoribus, doctoribus, licentiatis, consiliariis, baccalaureis, studiosis et permultis honestissimis civibus. In quorum quidem omnium fidem et testimonium has litteras nostro chirographo, novo et rotundo universitatis sigillo appenso, confirmavimus, easdemque a nostræ universitatis scriba significari jussimus. Actum Monspelii die VII mensis novembris, anno Domini M. D. CC. LXXXIX.*

RENÉ, *Decanus.*

De mandato nobilissimi et amplissimi universitatis decani,

VINCENT, *Secretarius.*

PRO LICENTIÆ GRADU.

—

UNIVERSIS ET SINGULIS

AD QUOS PRÆSENTES LITTERÆ PERVENERINT.

Josephus-Franciscus DE MALIDE, *Dei gratia episcopus Montispessulani, comes Melgorii et*

Montisferrandi, *marchio Marcherosæ*, *baro Salvii*, *regi ab omnibus consiliis*, *almæ universitatis cancellarius*, *et libertatum*, *exemptionum ac privilegiorum universitatis medicæ conservator et judex*, *salutem in Domino sempiternam.* Dum *attento mentis intuitu consideramus*, *quod ii qui studiis*, *magnis cum laboribus*, *maximam navarunt operam*, *remunerationem congruam debeant reportare*, *magnisque honoribus et gradibus propalam decorari*; *idcirco in verbo veritatis attestamur quod præstantissimus vir magister* R.-N. du Fr... des G..., *Sagiensis in Neustria*, *artium magister et medicinæ baccalaureus*, *tribus medicinæ cursibus in scholis publicis regiis magno auditorum concursu prælectis*, *a singulis professoribus in omni medicinæ parte publice* (*ut moris est*) *examinatus*, *tandemque absolutis omnibus examinibus*, *tam per* intentionem *quam* rigoroso *vocatis*, *dignus fuit judicatus clarissimorum et sapientissimorum regiorum consensu*, *qui tam bene et optime meritus*, *nemine prorsus repugnante*, Licentiæ *dignitate ornaretur. Nos ideo cancellarius prædictus attendentes quod ex amaris artium radicibus dulces et gloriosi debeant colligi fructus*, *auditis coram nobis de medicina responsis super punctis pro examine rigoroso traditis*, *collectis dictis* DD. *professorum suffragiis*, *prædictum magistrum* R.-Nic. du Fr... des G...., *in aula episcopali celebri doctissimorum medicorum corona cincti creavimus in medicina* LICENTIATUM, *et dedimus ei facultatem scientiam medicam interpretandi, ejusdemque authores fidelissime enucleandi, docendi, agendique ea omnia hic et ubique terrarum, quæ ad verum et genuinum in medicina* LICENTIATUM *pertinent, accipiendique doctoratus gradum, præstito prius juramento, manibus supra sacrosancto evangelio positis, de observandis dictæ universitatis statutis. Datum Monspelii, die XIXᵃ mensis novembri, anno Domini M. D. CC. LXXXIX.*

DE GRAINVILLE, *Procancellarius.*

De mandato illustrissimi et reverendissimi episcopi Montispessulani cancellarii,

VERDIER, *Secretarius.*

PRO DOCTORATUS GRADU.

—

UNIVERSIS ET SINGULIS

PRÆSENTES VISURIS ET AUDITURIS.

Nos Gaspar-Joannes RENÉ (*absente N. D.* Paulo-Josepho de BARTHEZ, *cancellario*); *regis*

*consiliarius et medicus, necnon almæ Monspe-
liensis medicorum universitatis professor regius
et decanus, salutem in Domino, qui est omnium
vera salus. Majorum nostrorum vestigiis inhæ-
rentes, eorumque laudabilia instituta, nobis veluti
per manus ad hoc usque tempus tradita, sequi per
omnia volentes, dignum fere duximus ut quos
vitæ morumque probitas honestat, et multarum
variarumque rerum cognitio commendat, eos honores extollant atque exornent : nam dum probi
et eruditi meritorum præmia consequuntur, cæteri
ad virtutis studia, ut eosdem honoris gradus
adipiscantur, ardentius pervenire nituntur. His de
causis omnibus notum esse volumus et hac præsentium litterarum serie confirmatum, dilectum
nostrum magistrum* Renatum-Nicolaum du Fr...
des G..., *Sagiensem in Neustria, jamdudum
medicinæ licentiatum, ob morum integritatem,
variamque ac multiplicem eruditionem, famam-
que laudabilem, totius universitatis consensu, honoris fastigia in eo disciplinæ genere fuisse con-
secutum. Is maxima et certissima eruditionis
eximiæ testimonia nobis præbuit, tum in publicis examinibus quæ* per intentionem *dicuntur,
tum in triduana disputatione, in quibus, singulis
academiæ professoribus publice magno auditorum
concursu de obscurissimis artis medicæ placitis
docte eruditeque respóndit, tum etiam severo illo*

examine quod RIGOROSUM *appellamus in scholis sustinendo ; in his omnibus tam eximium eruditionis specimen præbuit, ut et legendo et veterum dogmata interpretando multiplicis reconditæ in arte medica eruditionis certissimum testimonium reliquerit, nihilque in eo fuerit desideratum quod ad perfectam medicinæ cognitionem pertinere videretur. His rationibus et ipsa juris et statutorum prædictæ universitatis æquitate moti, reliqui professores fratres nostri illius doctrinam multis examinibus probarunt, et post nostram in hac parte sedulam ac diligentem probationem, communi omnium consensu, nullo prorsus repugnante, a nobis idoneus fuit approbatus et suis exigentibus meritis, in hac præclara medicæ facultatis universitate gradum licentiæ, jure optimo die XIXᵃ mens. novembris, anni M.D.CC.LXXXIX obtinuit. Reverendus igitur vir* Guillelmus-Balthasar COUSIN de GRAINVILLE, *vicarius generalis* Josephi-Francisci de MALIDE, *episcopi Monspeliensis, de consensu omnium clarissimorum professorum, post eximiam inditamque ipsius commendationem eidem magistro* Ren.-Nic. du Fr... des G... *Licentiæ gradum concessit in forma quæ sequitur :* Ego, authoritate qua fungor in hac parte, do tibi licentiam accipiendi insignia doctoralia quando NN. DD. professoribus regiis videbitur ; quibus acceptis, do tibi licentiam

legendi, examinandi, corrigendi, glossandi,
practicandi cæterosque omnes actus magistrales
exercendi, hic et ubique terrarum, ad laudem
Dei Omnipotentis, Patris, et Filii, et Spiritus
Sancti. Amen. *Atque ita cum licentiæ gradu
esset insignitus, ut ad doctoratus lauream promp-
tus et apertus ei pateret aditus dictus licentiatus,
magister* Ren.-Nic. du Fr... des G..., *a nobis re-
quisivit insignia doctoralia sibi concedi; diem,
horam, et professorem laureantem sibi assignari;
cujus requisitionibus de assensu clarissimorum
professorum annuimus et acquievimus. Itaque
die XX mensis novembris congregatis ad pulsum
campanæ omnibus medicinæ professoribus, doctoribus, licentiatis, baccalaureis et studiosis prædictæ universitatis actum decorantibus, certo
ordine a domo D. Licentiati aulam magnam
regii collegii hora nona matutina processum est,
ubi recepit insignia doctoralia per manus illustrissimi viri N. D.* Antonii Gouan, *Prodecani,
byrethrum quadratum flosculo serico rubro orna-
tum concedendo, lumbosque ejus aurea zona
cingendo, cathedra doctorali donando, libro
clauso et aperto, manusque illius muniendo an-
nulo aureo medicinam dispensando, cum osculo
pacis et benedictione paterna... Nos igitur* Gaspar-Joannes René, *regis consiliarius et medicus,
necnon almæ Monspeliensis medicorum univer-*

sitatis professor regius et decanus qui omnibus actibus semper adfuimus, eaque et singula dum sic (ut dictum est) fierent vidimus et approba-vimus, eumdem dominum Ren.-Nic. du Fr... des G..., *doctorem dicimus, declaramus et asse-rimus. In quorum omnium fidem et testimonium has litteras chirographo nostro obsignavimus, prædictæ universitatis secretarium obsignari jus-simus, appenso sigillo novo nostro rotundo me-moratæ universitatis.*

Datum Monspelii die XX mens. novembris, anno Domini M. D. CC. LXXXIX.

RENÉ, *Decanus.*

De mandato nobilissimi et amplissimi universitatis Decani,

VINCENT, *Secretarius.*

Nous venons de placer sous les yeux de nos lecteurs plusieurs pièces essentielles à produire dans le procès qui dure depuis 1673 entre Mo-lière et les médecins. Les littérateurs les plus attachés à la gloire de notre grand comique conviennent aujourd'hui que le *Malade imagi-naire* est une bonne comédie, dont les deux premiers actes sont une peinture fidèle de travers assez communs, tandis que le troisième acte n'est qu'une farce invraisemblable. Molière, en voulant ici corriger l'une des faiblesses de la nature humaine, a de plus attaqué et cherché à ridiculiser la médecine, et plus encore les médecins.

Il est évident qu'il a prêté aux médecins un langage qui ne fut jamais celui de leurs écoles, et on ne retrouverait nulle part, sauf un petit nombre d'expressions techniques et obligées, une latinité plus pure. Molière met donc gratuitement dans la bouche des médecins le langage macaronique dont le confrère Rabelais avait déja donné en prose de nombreux et facétieux exemples, entre autres dans la *Harangue de maistre Janotus de Bragmardo faite à Gargantua pour recouvrer les cloches des Parisiens.* Chap. xix du livre 1er (1).

Gardons-nous au reste d'être juges dans notre

---

(1) Nous lisons dans le Dictionnaire de l'Académie française, au mot *Macaronique* : « Adjectif des deux genres. Il « se dit d'une sorte de poésie burlesque, où l'on fait entrer « beaucoup de mots de la langue vulgaire, auxquels on « donne une terminaison latine. »

Malgré tout le respect dû à l'Académie, on pourrait attaquer avantageusement cette définition ; mais nous nous bornons à faire observer qu'elle est incomplète ; car il y a aussi une prose macaronique.

propre cause, et craignons les arrêts des géné-
rations égayées qui nous ont précédés, de celles
au milieu desquelles nous vivons et qui nous
suivront. Terminons le procès par une transaction.

Convenons que Molière a trouvé dans nos
actes matière à plaisanter. Les titres pompeux
et les superlatifs qui abondent dans nos lettres
testimoniales étaient communs à tout le monde,
imprimés d'avance et remplis ensuite des noms
de ceux qui étaient promus aux grades..., et
la procession de la maison du lauréat à l'université..., et les violons de la ville jouant encore
la marche des apothicaires jusque dans la salle
royale en 1750..., et la chaîne de cuivre, et
l'anneau du même métal... Mais il y avait aussi,
surtout dans le dernier acte, quelque chose de
fort digne, de paternel et de confraternel, au
lieu que depuis plusieurs années, et au moment
où nous écrivons, on délivre dans nos facultés
un diplôme de docteur, comme dans les bureaux
de la police un passeport de voyageur.

Terminons, et quoique partie lésée, abandon-
nons la poursuite ; soyons à la fois généreux
et prudents ; et que pourrions-nous gagner en
effet contre l'auteur du *Misanthrope* ou du *Tar-
tuffe*, autre chef-d'œuvre que la restauration a
su rajeunir?

Voulant terminer dans un seul article ce qui était relatif aux réceptions de la faculté de médecine, nous avons été rejetés à la fin de 1789, ce qui nous oblige maintenant à remonter aux premiers jours de juillet de la même année.

Devenu, pour un moment très-court, une sorte d'objet de curiosité, cette circonstance me fit d'abord connaître de M. le comte de Périgord, commandant en chef en Languedoc, et auquel M. le professeur Broussonet me fit l'honneur de me présenter à la promenade, comme ayant eu des relations à Naples avec M. le baron de Talleyrand, ambassadeur près du roi des Deux-Siciles. M. de Périgord, grand seigneur dans l'acception la plus rigoureuse et la plus honorable de ce mot, m'accueillit avec la bonté et la noble simplicité qui étaient les attributs distinctifs de son beau caractère.

En sortant de la visite que je dus faire le lendemain à M. le comte de Périgord, le capitaine de ses gardes m'invita, par ses ordres, à dîner le même jour, et je trouvai réunis dans le bel hôtel du gouvernement, l'état-major de la place, les officiers supérieurs de la garnison, et la plus brillante société. M. de Périgord me fit l'honneur de me présenter à M. le vicomte de Cambis d'Orsan, lieutenant-général des armées du roi, commandant en second en Languedoc , et à M. de Ballainvilliers, intendant de la province.

M. de Cambis était un homme de beaucoup d'esprit, de savoir et de représentation. Sexagénaire d'une complexion très-délicate et depuis long-temps hypocondriaque au plus haut degré, le vicomte passait sa vie entouré, comme le malade imaginaire, de médecins et d'apothicaires. Les médecins de M. de Cambis, MM. Fouquet et Vigaroux, étaient, à la vérité, par leur savoir, leur amabilité, leur bon ton, bien loin de ressembler aux docteurs Purgon et Diafoirus père et fils ; mais M. Joyeuse, pharmacien d'ailleurs très-estimable sans doute, n'en offrait pas moins le second tome de M. Fleurant.

M. le professeur Gouan voulut me conduire chez M. de Cambis, avec lequel il était fort lié, de même qu'avec son neveu et sa nièce, le duc et la duchesse de Melfort qui, habitant ordinairement le comtat d'Avignon où ils avaient une très-grande existence, venaient de temps en temps passer six semaines à Montpellier. Invité bientôt à dîner chez le commandant en second de la province, je trouvai à sa table splendide et délicate, d'abord et au premier rang, la Faculté, M. l'abbé de Grainville, l'avocat-général Pitot de Launay, le duc de Melfort et son épouse, chargée de faire les honneurs de la maison, fonction dont elle s'acquittait fort au gré de son oncle, l'un des hommes de France qui savait le mieux et le plus grandement vivre.

On parlait beaucoup de médecine chez le vicomte de Cambis, qui s'en était toujours fort occupé. Une fois à table, les médecins, renonçant complétement à la parole, se contentaient d'approuver par des signes de tête, et faisaient assez connaître les jugements qu'ils portaient sur les meilleurs morceaux, en les acceptant avec reconnaissance et les mangeant avec sensualité.

Un jour le bon Gouan, d'après l'invitation réitérée de M. de Cambis, dissertait, en grand botaniste, sur les champignons; il exposait l'innocuité des uns, indiquait les suspects et proscrivait les vénéneux.... L'auditoire prêtait aux discours du savant professeur l'attention la plus soutenue, quand on s'aperçut que le procureur-général d'Aigrefeuille, MM. Fouquet et Joyeuse avaient mangé, entre eux trois, un énorme plat de champignons qui servait de texte à la conversation... MM. de Melfort et de Launay, l'un et l'autre épicuriens, esprits malicieux et poètes passablement orduriers, tombèrent à bras raccourcis sur les trois scandaleux gourmands.... M. d'Aigrefeuille s'excusa en alléguant l'exemple de la Faculté, si compétente en pareil cas, et

MM. Fouquet et Joyeuse mirent en avant la déférence qu'ils devaient à la haute sagesse de monsieur le procureur-général; ce qui excita une grande gaîté qui gagna le vicomte que l'on vit sourire; ce qui ne lui arrivait pas trois fois par an.

M. de Ballainvilliers (porté à la fin de 1834 sur la liste des électeurs du 10e arrondissement de Paris) passait parmi les maîtres des requêtes de l'Hôtel du Roi, de même qu'en Languedoc, pour un administrateur habile et très-laborieux. Je trouvai à sa table, entre autres convives, M. Dupin, secrétaire général de l'intendance, M. l'avocat Gauthier, conseil des États de la province, et M. l'abbé Gigot, hommes tous trois très-recommandables avec lesquels j'eus depuis des rapports qui seront rappelés dans leur temps.

Madame l'intendante, dame spirituelle, aimable et bonne, recevait alors les hommages publics du capucin-poète Dougados, plus connu sous le nom de P. Venance de Carcassonne. Ce jeune troubadour séraphique, auquel une exagération provinciale et toute méridionale donna parfois le nom de P. Tibulle, s'était jeté dans un couvent par dépit amoureux, et en sortit bientôt par inconstance et par ennui. Redevenu simplement Dougados, le poète endossa succes-

sivement plusieurs uniformes, et il portait celui
d'adjudant-général, lorsqu'il fut décapité à Paris,
le 12 janvier 1794, comme fédéraliste. Au reste,
la réputation de madame de Ballainvilliers ne
souffrit rien de ses liaisons, ou mieux de l'accueil
qu'elle fit à la muse un peu badine du P. Venance, et l'intendante resta l'objet des respects
de tout le monde (1).

Madame la marquise de Lezay de Marnesia
vint à Montpellier, où elle conduisait pour
consulter les médecins sur sa santé, l'aîné de
ses fils, alors officier au régiment du roi, infanterie, corps d'élite dans lequel son père était capitaine avant de devenir maréchal-de-camp. L'im-
probation que celui-ci manifesta pour les innovations introduites récemment dans l'armée, l'engagea à se retirer dans sa terre de Saint-Julien,
près Lons-le-Saunier, où il se livra tout entier à
la culture des lettres et des champs. Dès l'aurore
de la révolution, le marquis de Marnesia abolit
dans ses domaines la corvée et la mainmorte. Il

---

(1) Pendant que **M. Dougados** sécularisé était à Nice en
qualité de secrétaire de la princesse Lubomiska, il fit paraître un recueil de ses poésies qui renfermait, entre autres
morceaux : 1° *La quête du blé;* 2° une *élégie sur l'ennui;*
3° un *cantique sur le jour de Noël.*

M. Aug. de la Bouisse en a donné une nouvelle édition
en 1810, in-18.

venait aussi, de même que quelques autres
membres de la noblesse de Franche-Comté, de se
prononcer pour la suppression des redevances
féodales et l'égale répartition de l'impôt, lorsqu'il
fut élu, par le bailliage d'Aval, député aux états-
généraux, où il siégea du côté gauche de
l'assemblée, après avoir été un des premiers
membres de la noblesse qui se réunirent au
tiers-état. S'apercevant bientôt que les changements s'étendaient plus loin que ses principes
sévères ne lui permettaient de les approuver,
il s'arrêta tout-à-coup, et résolut de quitter l'assemblée pour aller former un grand établissement agricole sur les bords de l'Ohio, projet
qu'il exécuta vers la fin de 1789.

Laissons là le marquis de Marnesia que nous
n'avons point personnellement connu, et dont
les talents littéraires et les vertus philanthropiques ont eu d'ailleurs assez de panégyristes,
pour revenir à son épouse et à son fils Adrien.

Trois quarts d'heure après que l'on eut appris
à Montpellier la prise de la Bastille, cet événement fut célébré par un *Te Deum* improvisé,
auquel furent contraintes d'assister les autorités
militaires et administratives, la cour des aides,
ainsi que les autres juridictions et le corps municipal. Un vieillard énergumène et dont l'in-
capacité (en dehors des affaires commerciales)

trahissait l'ambition, s'était placé spontanément
à la tête de la ville, et surtout des classes inférieures les plus mobiles et par conséquent les
plus dangereuses. Il pourchassait devant lui tout
le monde et particulièrement les ecclésiastiques,
en les dirigeant vers la cathédrale. Cependant
ce ne fut pas sans opposition que M. C. père
parvint à faire chanter le clergé. L'un des
chanoines, le jeune abbé de Toulouse-Lautrec,
qui réunissait à une grande vigueur corporelle,
le courage audacieux de son père et de ses
aïeux, et semblait plutôt né pour commander
un régiment de hussards que pour porter l'au-
musse, trouva fort inconvenant qu'un protestant
s'avisât de mettre en branle le bourdon de Saint-
Pierre, et il proposa tout simplement de pendre
M. C. aux cordes des cloches, et il offrit de se
charger de l'exécution.

Ce fut dans ces jours d'exaltation que j'eus
pour la première fois l'honneur de voir chez le
professeur Gouan madame de Marnesia. Fort
liée avec la duchesse d'Anville et son fils le duc
de la Rochefoucault, connaissant toute leur société et plus particulièrement le commandeur de
Dolomieu, ami du marquis de Marnesia, auquel
il avait inspiré le goût de la minéralogie, la
marquise avait elle-même quelques notions
d'histoire naturelle. Adrien de Marnesia voulait

acquérir des connaissances plus étendues et plus positives, et il avait beaucoup de passion pour la botanique et l'agriculture. La mère et le fils passaient les jours presque entiers dans la modeste maison de M. Gouan, au milieu de ses livres et de ses herbiers, ou dans cet agréable jardin que le professeur cultivait de ses mains patriarcales. Une société d'amis et tous les étrangers distingués visitaient aussi journellement cette retraite philosophique, espèce de temple dédié à l'amour de la nature et des arts, et qu'embellissait avec des mœurs antiques une gaîté inaltérable et décente.

Le comte de Périgord fit écrire un billet très-gracieux à M. Gouan, pour l'engager à venir dîner au gouvernement avec la marquise de Marnesia et son fils, et il invita le professeur à me conduire avec lui. On prévenait en même temps que l'on éviterait, autant que possible par le temps courant, de parler politique, à cause du mélange de religions ou de diversité de principes de quelques convives. Il me fut facile de reconnaître que cette recommandation portait sur la présence de l'un de messieurs de L....., de M. de Cambacérès et du jeune marquis Pavet de Villevieille.

Nous trouvâmes encore au gouvernement M. le vicomte de Cambis, le duc et la duchesse

de Melfort, M. l'abbé Gigot, le marquis de Montagu de Bouzolles, maréchal-de-camp, et enfin
le commandeur de Saint-Priest, lieutenant-colonel d'un régiment de chasseurs à cheval.

M. Th. de L..... arriva un peu tard, en
frac brun, en chapeau rond et en bottes à
troussis. « Monsieur le comte, dit-il en entrant à
M. de Périgord, j'ai des excuses à vous faire sur
le costume avec lequel je me présente devant
vous et dans votre gouvernement..... — D'abord
monsieur, répondit le comte, je ne suis point ici
dans mon gouvernement, qui se compose, et
vous ne devriez pas l'ignorer, de la Picardie et
du Boulonnais ; je ne suis ici que commandant
pour le roi. Quant à vos excuses, c'est à ces
dames que vous devez les faire agréer, car vous
leur en devez, et elles seules peuvent vous pardonner. » S'adressant alors aux dames, M. de
L.. ,. se mit à dire les folies les plus spirituelles
sur l'aisance des vêtements, les vertus des tis-
sus végétaux comme prescriptions d'hygiène
imposées par la Faculté, et l'on se mit à table
dans les dispositions les plus joviales.

Cependant la conversation, contre les intentions de M. de Périgord, devint bientôt politique, et se mit à rouler sur les événements par
les vives attaques de madame de Marnesia et
de l'abbé Gigot, et la défense pourtant mesurée
de M. de L......

« Pour vous prouver, messieurs, dit la marquise, jusqu'à quel point les idées de liberté et d'égalité troublent dans ce moment à Paris toutes les têtes, il me suffira de vous raconter ce qui m'est arrivé, quinze jours avant mon départ, avec ma femme de chambre, jusque-là fort bonne personne et que je regrette même à cause de son excellent service. Un jour je la sonne une fois, deux fois, et elle n'arrive qu'à la troisième. Je parierais, lui dis-je, mademoiselle Victoire, que vous étiez là haut avec votre grand cousin qui vous tourne l'esprit et vous rend méconnaissable, en vous prêchant l'indépendance... N'est-ce pas vrai? — Oui, madame, j'étais en effet avec mon cousin Louis, et nous nous demandions même pourquoi c'était moi qui vous servais, tandis que le sort eût pu faire que ce fût..... — Victoire, n'achevez pas, lui dis-je, et à l'instant je la chassai, comme une impertinente effrontée, de mon appartement et de mon hôtel. Peu d'instants après j'entendis du bruit à l'extérieur, et vis la compagnie des gardes françaises, casernée rue Verte, défiler sous mes fenêtres, sans avoir en tête aucun de ses officiers, qui étaient remplacés par des sergents ou des caporaux. Le soir nous apprîmes très-positivement que l'autorité du duc du Châtelet était méconnue par les soldats et bas officiers, et que le gros-major, le marquis de Mathan, notre bon et ancien ami, n'avait pu les ramener à l'obéissance qu'ils devaient à leur colonel.

M. l'abbé Gigot : Si pareille insubordination se manifestait ici, nous aurions peut-être encore un *Te Deum!*

M. de Périgord : MM. les chanoines de la Cathédrale n'oublieront pas facilement le *Te Deum* de la prise de la Bastille.

Je n'essaierai pas, dit à son tour M. de L....., d'excuser les torts de mademoiselle Victoire, et encore moins de justifier ses principes. Mais quant à la défection des gardes françaises, elle a été amenée de loin. Si, lorsque le maréchal de Biron vint à mourir, le roi eût pu donner le régiment des gardes à M. le duc de Lauzun, cette troupe eût retrouvé dans le digne neveu du maréchal, un second père; tandis que...

M. de Périgord : Le régiment des gardes, à moins d'un passe-droit, revenait au duc du Châtelet.

La marquise de Marnesia : Vous avez vos raisons, comte de L....., pour vanter M. de Lauzun ou M. le duc de Biron actuel, puisqu'il a pris ce nom et que son père conserve celui de Gontaud. J'en dirais volontiers autant de M. de

Lafayette et de deux de vos très-proches parents, que vous défendriez aussi et toujours pour de bonnes raisons...

M. Th. de L..... : Madame, l'intérêt seul de la vérité m'a fait parler; et dussé-je avoir le malheur de vous déplaire, j'ose affirmer que le caractère personnel des chefs fait l'esprit des soldats.

Messieurs, dit la marquise, il est bon d'observer que cet esprit de vertige et d'égalité est descendu des hautes classes dans les inférieures; et moi aussi, dans l'intérêt seul de la vérité, je ne craindrai pas de dire, même devant mon fils, que son père, M. de Marnesia, reçut un jour tous nos domestiques francs-maçons.

Adr. de M. Je demande à ma mère la permission de faire observer que depuis ce temps-là mon père n'en fut que mieux servi, et que nos gens ne l'appelaient plus entre eux, et en parlant de lui, que leur vénérable maître... — Mon cher fils, c'est un titre cabalistique plutôt qu'une expression d'attachement et de respect.

Les francs-maçons assez nombreux qui se trouvaient à ce dîner se mirent à rire, et nous ne craignîmes cependant, en aucune manière, que la marquise de Marnesia eût pénétré nos secrets.

Les francs-maçons, répartis à Montpellier en trois grandes loges régulières, avaient une existence avouée, et n'excitaient ni réprobation ni murmure de la part des classes inférieures. Ils paraissaient publiquement dans plusieurs cérémonies, entre autres les pompes funèbres avec un drap mortuaire et un costume spécial. Plusieurs membres du clergé, fort considérés, faisaient partie de la Vénérable Loge Ancienne, et M. l'abbé Gigot lui avait récemment fait don de 10,000 fr. pour des œuvres de bienfaisance, et en particulier pour faciliter des mariages bien assortis.

On se parlait à l'oreille, et MM. de Cambacérès et de Villevieille avaient une contenance embarrassée et un air mystérieux, quand la conversation prit tout-à-coup un ton plus sévère. Les dernières nouvelles, celles du jour même, annonçaient le renvoi de M. Necker, le massacre de MM. Foulon et Berthier. Au milieu de l'agitation répandue sur la France tout entière, on apprenait que les habitants des campagnes, autant ou plus exaspérés que les citadins, brûlaient les châteaux et détruisaient les archives féodales.

M. l'abbé Gigot avança alors avec beaucoup, de chaleur et même d'éloquence que ces événements présageaient de grands malheurs, et, que ces masses, inconsidérées en apparence, obéissaient à une direction imprimée par des meneurs habiles qui commençaient à ne plus se cacher dans l'ombre...

Madame de Marnesia n'était pas la seule qui applaudissait à ce discours, lorsque M. de L. prit la parole pour protester que ses amis et lui ne sollicitaient que des réformes ou des améliorations devenues indispensables pour assurer le bonheur du peuple, et repoussant avec une indignation des plus énergiques l'idée d'une organisation préméditée d'anarchie et de pillage, il offrit à madame de Marnesia, comme sauvegarde de ses propriétés, l'appui du régiment Royal-Étranger cavalerie, qu'il commandait et qui se trouvait en garnison à Lons-le-Saunier.

M. de Cambacérès, jusqu'à ce moment silencieux, fit observer avec beaucoup de sang-froid que les intentions de l'assemblée nationale se manifestaient assez par ses proclamations qui invitaient les peuples à la tranquillité et au respect pour le bon ordre, tandis qu'elle ordonnait la libre circulation des subsistances, que sur plusieurs points de la France, et notamment autour de la capitale, entravaient la malveillance ou de faux calculs.

Le retour de M. Necker, qui eut lieu dans les derniers jours de juillet, et que l'on apprit fort

vite à Montpellier, inspira dans cette ville,
comme dans le reste de la France, une joie générale, et suspendit pour un moment la fer-
mentation des esprits portée à son comble,
surtout dans le Midi.

Toutes les cours souveraines du royaume
avaient accueilli ou repoussé, avec plus ou moins
d'empressement ou d'aversion, les innovations
qui avaient eu lieu depuis la convocation des
états-généraux. La cour des aides de Montpellier inclinait vers le dernier parti. On a oublié
aujourd'hui peut-être dans cette ville même,
que, dès les commencements de 1789, cette
haute cour de justice fit pendre deux hommes
pour avoir brisé la romaine ou balance, et dé-
chiré les registres de la douane de Cette. M. de
Cambacérès fut le conseiller-rapporteur de cette
affaire criminelle, assista en conséquence à l'exécution et en certifia devant sa compagnie. Cela
n'empêcha pas que ce magistrat fût très-peu après
compté au rang des patriotes, et qu'il devînt
ensuite procureur-syndic du district de Montpellier, dont M. Bonnier d'Alco fut président.
Les deux personnages dont nous venons de parler
appartiennent depuis long-temps à l'histoire, et
nous nous bornons ici à dire tout simplement
ce qu'ils étaient à Montpellier quand nous les
y connûmes l'un et l'autre.

Le président d'Alco, qui avait fait d'excellentes
études dans la capitale, cultivait les lettres et
en particulier la poésie avec beaucoup de succès, quand il succéda à son père. Devenu magistrat, il se distingua bientôt comme savant
jurisconsulte et habile orateur. Mais en même
temps qu'on lui rendait cette justice, on n'igno-
rait point ses succès dans le genre de la satire
la plus outrageante, pas plus que les habitudes
d'une débauche grossière et d'une intempérance
dont il donna parfois en public (1790 et 1791) le
scandaleux spectacle. Et pourtant c'était le même
homme qui, chargé en 1788 des remontrances
que la cour des comptes, aides et finances de
Montpellier adressa au roi, montra dans cette
circonstance autant de mesure que de dignité!

Tout le monde répétait que M. de Cambacérès,
déja distingué par ses talents, son savoir et la
rectitude de son esprit, avait, quoique peu favorisé par la fortune, refusé d'entrer en 1771
dans les conseils supérieurs qui avaient remplacé
les parlements. Il adopta comme une conséquence de cette conduite, les principes de la
révolution, et fut choisi par l'ordre de la noblesse, pour rédiger les cahiers et former la
seconde députation aux états-généraux, que la
sénéchaussée de Montpellier se croyait en droit
d'y envoyer, d'après sa population et les exem-

ples du passé. Au reste, M. de Cambacérès fut constamment en 1789, 1790 et 1791, l'homme de la modération et de la légalité.

La cour des comptes donna encore aux premiers jours de la révolution d'honorables appuis, tels que le vertueux président Durand, premier maire constitutionnel de Montpellier, qui périt sur l'échafaud le 12 février 1794; MM. Crassous et Albisson, avocats distingués, morts, le premier sénateur et l'autre conseiller d'état; et sans doute plus heureux qu'eux tous, le président Serres et le conseiller Coulon, qui, après avoir rempli plusieurs fonctions publiques, ont terminé leur carrière dans l'obscurité de la vie privée. Tous ceux que nous venons de nommer étaient dignes de la confiance de leurs concitoyens, et incapables de les égarer ou de seconder la violence de leurs passions.

Entre les anciennes municipalités et les nouvelles, ou celles organisées par les lois de l'assemblée constituante, il se forma des corps administratifs qui prirent, si je ne me trompe, le nom de conseils généraux des communes. A Paris, les électeurs de 1789 procédèrent à cette nomination. Dans les départements, elle fut plus populaire, ou le résultat de votes beaucoup plus nombreux. A Montpellier, le parti exalté portait M. C... père à la présidence, et le parti modéré M. l'abbé Gigot. Ce dernier l'emporta, et présida avec beaucoup de dignité cette même commune où, trois ou quatre ans plus tard, il eut le sort de Bailly.

Ce serait tromper nos lecteurs de dire que la mort du président de la commune de Montpellier et celle du maire de Paris se ressemblèrent. M. Bailly eut à subir les plus sanglants outrages, tandis que M. l'abbé Gigot marcha au supplice comme à un triomphe. L'heure fatale arrivée, la population presque entière de Montpellier se précipita sur le passage de la victime, dont on connaissait les talents et les vertus. Quand la porte de la prison vint à s'ouvrir, on aperçut M. Gigot en chemise, garrotté et les pieds nus. Plein de courage et la tête haute, il entonna et se mit à réciter avec recueillement les prières des agonisants. Après les litanies abrégées et qui sont d'usage, et dès qu'il put apercevoir l'échafaud qui l'attendait, son énergie s'accrut en prononçant ces belles paroles avec la foi la plus vive :

Proficiscere, anima christiana, de hoc mundo, in nomine Dei patris omnipotentis qui te creavit; in nomine Jesu Christi filii Dei vivi, qui pro te passus est; in nomine Spiritus Sancti, qui in te effusus est. Egredienti de corpore aditus tibi pateat ad Sion montem, civitatem Dei viventis.

« Sortez, ame chrétienne, sortez de ce monde, au nom de Dieu le père tout-puissant qui vous a créée; au nom de Jésus, fils du Dieu vivant, qui a souffert pour vous; au nom de l'Esprit-Saint qui est descendu sur vous. Habitez aujourd'hui dans le lieu de la paix; que Sion, la cité céleste, soit votre demeure. »

Et il continuait au pied de l'échafaud à dire encore avec ferveur :

Domine Jesu, delicta juventutis et ignorantias clementer indulge. Ne memineris iniquitatum antiquarum, quas suscitavit furor mali desiderii, sed memento miserationum tuarum.

« Seigneur, ne vous souvenez pas des péchés de ma jeunesse et de ceux qu'elle a commis par ignorance. Ne vous ressouvenez que de votre miséricorde... »

Et il implorait encore les miséricordes de Dieu, quand la hache le frappa.

Les spectateurs de tant d'héroïsme se retirèrent chez eux, frappés de stupeur ou remplis d'admiration.

M. Gigot portait dans les discussions qui avaient lieu en public autant de vivacité et peut-être d'emportement que M. C... père; mais il avait sur lui l'immense avantage de parler toujours sensément, très-purement, et de s'élever

parfois à des mouvements oratoires très-remarquables.

Les habitants de nos provinces méridionales,
et ceux de Montpellier en particulier, sont toujours étonnés de trouver de la vivacité dans les
hommes du Nord ou de l'Ouest de la France.
Il faut ici faire une exception en faveur des matelots provençaux qui, d'après leur propre expérience, parlent sans cesse de la rudesse et de
la violence des Ponentais, ce qui désigne nos
marins normands et plus encore nos Bretons.

Les étudiants en médecine, à un très-petit
nombre d'exceptions près, vivaient à Montpellier
entre eux, et n'étaient admis dans aucune classe
de la société, depuis les plus élevées jusqu'à
celle des simples artisans, qu'au reste, par une
locution vicieuse, on désigne dans ce pays sous
le nom d'artistes.

Dès qu'un cabinet de lecture, qui devint
bientôt un club à l'instar de ceux de Paris, fut
ouvert à Montpellier dans un vaste et bel hôtel,
les étudiants s'y portèrent en foule, et plusieurs
y jouèrent un rôle principal.

Goguet fut de suite, sinon l'orateur, au
moins le déclamateur le plus fougueux de cette
société; Marc-Antoine Petit de Lyon en devint
le président, et Lucas de Vichy le secrétaire.

Le premier des trois était un homme d'un

ordre tout-à-fait supérieur, et s'il ne fût pas mort avant trente ans, il est indubitable qu'il eût occupé une grande place dans l'histoire de notre révolution; et pourtant les biographes contemporains nous ont à peine laissé quelques lignes sur Goguet, que nous allons essayer de faire connaître.

Lorsque au commencement de 1785, j'allai loger rue de Seine, faubourg Saint-Germain (1), je rencontrai chez le portier de l'hôtel, en y prenant ma clef, et j'aperçus souvent à une fenêtre, et jouant du violon, le jeune Goguet, qui devait avoir cinq ans de moins que moi, et je sus qu'il se destinait à étudier la médecine. J'avais été frappé par sa belle et heureuse physionomie, ainsi que par sa douceur et le desir de plaire qu'il manifestait. Bientôt je le rencontrai à l'hôpital de la Charité, où il occupait un lit de malade, et où je suivais la clinique de M. Des Bois de Rochefort et l'enseignement de M. Boyer, dont j'avais déja le bonheur d'être l'ami. L'intérêt que je témoignai à M. Goguet lui inspira des sentiments de reconnaissance. Dès qu'il fut guéri, il chercha à me connaître particulièrement; j'en fus flatté à cause de ses qualités aimables, et je partageai l'intérêt qu'il

---

(1) Voyez le tome Ier, page 194.

inspirait à tout le monde. J'appris de lui qu'il était né dans l'île de Ré et dans une condition peu aisée, ce qui ne l'avait pas empêché de faire d'assez bonnes études, et même de cultiver quelques arts d'agrément. Sa vocation pour la médecine était la même que la mienne, seulement il croyait plus fermement que moi, sans doute parce qu'il était plus jeune, que nous étions destinés à faire des miracles...

M. Goguet, quand je le retrouvai à Montpellier, en juillet 1789, était sur le point d'être reçu docteur en médecine, après avoir subi avec éclat tous ses examens. Sous les rapports physiques il était presque méconnaissable. Ses traits délicats étaient devenus fort mâles et même sévères. Un grand développement dans toute son organisation lui avait procuré une stature et une vigueur athlétiques qui, jointes à une grande souplesse d'articulations, le faisaient exceller dans tous les exercices dont se compose la gymnastique (1).

---

(1) La gymnastique est la partie de l'hygiène qui traite des mouvements naturels et dirige les diverses espèces d'exercices du corps, pour la conservation ou le rétablissement de la santé. C'est un art qui fut particulièrement cultivé par les Grecs, et que les modernes ont rétabli sur des bases plus solides, telles que les lois mieux connues de l'organisme et spécialement la théorie des forces musculaires.

M. Goguet en qualité de syndic des étudiants en médecine, et aussi à cause de nos anciennes liaisons à Paris, me fit en quelque sorte les honneurs de Montpellier, et eut l'attention polie de me faire voir les cabinets de peinture de quelques amateurs chez lesquels il était bien accueilli, parce qu'il parlait avec beaucoup de goût des arts du dessin.

Nous reviendrons sur cet objet dans le chapitre suivant.

La garde nationale de Montpellier, qui commença par un noyau de douze à quinze cents hommes, et qui fut successivement portée à quatre mille cinq cents, fut encore une lice ouverte aux étudiants en médecine. Plusieurs d'entre eux y obtinrent des commandements, et quelques-uns sont devenus officiers supérieurs et généraux dans nos armées.

Vers la fin de l'automne, M. de Barthez arriva à Montpellier, et j'eus l'honneur d'aller le saluer et de lui porter ma thèse de bachelier, chez son frère, le juge-mage, dans la maison duquel il était descendu sur le plan du palais. Le soir du même jour, je rencontrai M. de Barthez chez M. le professeur Broussonet, où le chancelier avait été précédé par MM. Chaptal et Lafabrie. Quand j'entrai, ces messieurs parlaient du nouveau débarqué, et du mauvais effet que sa présence pouvait causer à Montpellier, parce que l'on y savait déja qu'il s'était fortement prononcé à Paris contre la révolution. «S'il prétend soutenir ici ses opinions, dit M. Chaptal, je me flatte de le combattre victorieusement. — N'allez pas si vite, Chaptal, dit à son tour M. Broussonet, vous ne connaissez pas ce diable d'homme aussi bien que moi, et vous ne pouvez pas savoir jusqu'où vont ses emportements, quand il est contrarié. — M. Chaptal : Je m'en moque ; la raison publique doit triompher des préjugés et des intérêts privés...— Mes amis (c'est M. Broussonet qui parle), mes amis, vous savez que je passe pour l'un des meilleurs amis de Barthez, eh bien ! je vais vous apprendre une anecdote tout-à-fait ignorée, et qui vous fera voir combien il est dangereux de se frotter avec cet homme-là. Un jour, c'était avant son dernier voyage à Paris, il m'envoie sa suissesse pour me demander 25 louis... Allez, ma bonne, lui dis-je, et je ne lui en dis pas davantage. Le soir, comme il faisait beau temps, j'allai au Jardin du roi avec mes 25 louis dans ma poche. A peine fus-je entré chez Barthez, que celui-ci se précipita vers moi comme un furieux, me saisit par un bras en trépignant, et m'entraîna hors de son appartement, en me disant : Sortons, venez dans le fond du jardin, homme indigne ; c'est

là que vous vous entendrez traiter comme vous
le méritez. Je le suivis riant sous cape de pitié.
Quand nous fûmes arrivés au point où il voulait achever sa scène : Vous voilà donc, homme
indigne, se mit-il encore à me dire, oui indigne!
Vous à qui j'ai donné le surnom de l'honnête
Broussonet, ce que tout le monde a cru et ré-
pété sur ma parole... je vous demande 25 misé-
rables louis, à vous homme d'ordre et opulent,
et vous ne me les envoyez pas! — Je vous les
apporte. — Laissez-moi finir, M. Broussonet...
Vous me les refusez, et me forcez de recourir
à un homme, à un négociant que je ne connais
ni d'Éve ni d'Adam, et qui m'a envoyé de suite
ces 25 louis. — Je vous dis, M. Barthez, que je
vous les apporte, que les voici et que votre colère n'a pas le sens commun... »

On entend un mouvement dans l'antichambre... Le diable m'emporte, dit M. Broussonet,
je crois que c'est Barthez qui nous arrive!
Chaptal, contenez-vous.

On annonce M. le chancelier, car c'est ainsi
que tout ce qui tenait à la faculté de médecine
l'appelait toujours.

Mon ancien et digne ami M. Broussonet, dit
en entrant M. de Barthez, MM. Chaptal, Lafabrie et Des G., j'ai l'honneur de vous saluer
tous... Puis, au bout de quelques minutes : Nous

aurons, sans doute, des nouvelles fraîches des folies de l'Assemblée... A l'ouverture des états-généraux, j'ai dit et publié ce qu'il convenait de faire sur la séparation des ordres ; on ne m'a pas écouté, et vous voyez ce qui est arrivé (1). On a cassé les vitres de mon logement, au petit hôtel de Poyane, rue du faubourg Saint-Honoré, et on a failli me lapider ; mais on n'a pas répondu à ma logique, parce qu'on n'y répond point.

M. le chancelier, lui dit M. Chaptal, ce n'est pas sans surprise que l'on vous a vu prendre si chaudement le parti de l'ordre de la noblesse, et avancer que la conservation de la monarchie tenait au maintien de ses priviléges, auxquels on voit renoncer un Montmorency...

M. de Barthez : S'il n'a pas renoncé à porter son nom, je ne vois pas ce qu'il a perdu.

M. Chaptal : Quant aux sacrifices pécuniaires qui peuvent froisser aujourd'hui beaucoup de monde, cela doit vous toucher moins qu'un autre, étant garçon.

M. de Barthez : Qu'entendez-vous par cette expression de garçon?... A qui prétendriez-vous

---

(1) Libre discours sur la prérogative que doit avoir la noblesse dans la constitution et dans les états-généraux de France. Paris, 1789.

m'assimiler ? — Monsieur, j'aurais dû dire célibataire. — A la bonne heure.

M. Broussonet : Mon vieil ami M. de Barthez, il n'est pas possible que Chaptal ait eu l'intention de vous offenser, il est trop honnête garçon.

M. de Barthez : Bien, bien! je ne puis pas trouver mauvais qu'il soit bon garçon...

Le chancelier s'animant de plus en plus, au lieu d'employer cette logique qu'il disait inexpugnable, se livrait aux invectives auxquelles on sait qu'il est facile de répondre, en employant les mêmes armes. On vit heureusement arriver madame Desfours, fille aînée de M. Broussonet, accompagnée de son mari, qui a été l'un des administrateurs du département de l'Hérault et des chefs de la garde nationale de Montpellier.

. Mes enfants et mes amis, dit M. Broussonet, passons dans le salon; mais je voudrais bien (à voix basse) que M. de Barthez, qui n'entend personne et crie à tue-tête comme un sourd qu'il est, pût s'apercevoir qu'au lieu d'être dans une pièce sur la cour, comme dans mon cabinet, nos fenêtres vont donner sur la rue de l'Aiguillerie, et que je serais très-fâché de voir casser mes vitres... M. de Barthez se calma, et la conversation changea d'objet.

Rigoureux observateur de l'étiquette et des usages du monde le plus poli, M. de Barthez me rendit ma visite. Je reconnais ces lieux, me dit-il en entrant... Là où se trouve une partie de vos livres, il y avait un fourneau où les B...q..s, très-agréables grisettes, faisaient du chocolat fort prisé de plusieurs professeurs, entre autres de Lamure ; mais parlons de choses plus sérieuses... J'ai su par plusieurs pesonnes que vous avez de fort beaux ouvrages, des livres fort curieux, et je viens vous supplier de me prêter pour quelques jours l'Histoire et l'Iconographie des vaisseaux lymphatiques de votre digne ami M. Mascagni. — J'aurai l'honneur, M. le chancelier, de vous porter cet ouvrage moi-même. — Vous me trouverez, monsieur, logé dans la grande rue, en face de l'auberge du Cheval blanc. Quoique ce soit le point de la ville le plus bruyant, cela m'est indifférent, à cause d'un peu de surdité... Mais en attendant le témoignage de bontés que vous voulez bien me donner, permettez-moi de faire une petite revue de votre bibliothèque ; car j'aime passionnément les livres, et surtout les nouveaux livres, pour tâcher d'apprendre toujours quelque chose.... M. de Barthez se met à lire le titre de plusieurs ouvrages : Bon ! voilà de bons livres. Vous avez eu raison de placer Baillou à côté de Sydenham... Le premier est un homme fort supérieur au second, qui fut sans doute un observateur sagace, mais d'ailleurs un ignorant, toujours comparativement parlant... Ah! voici les *Primœ lineœ* de Haller; c'est ce qu'il a fait de mieux, cela se réduit encore à quelques lignes... Il était un peu jaloux, soit dit en passant, cet Haller. — L'auteur de ces Mémoires, sans se donner le temps de réfléchir : *De qui dans l'univers put-il être jaloux?* M. de Barthez, portant sa main droite sur sa poitrine, comme s'il eût affirmé par serment : De moi, dit-il; et il continua sa revue en fredonnant gaîment.

—Je vous aurai une grande obligation, monsieur, si indépendamment du grand ouvrage de Mascagni, vous aviez encore la bonté de me prêter pour quelques jours les quatre volumes de Rosa que je vois ici.

Le soir même, je fis porter chez M. de Barthez : 1º Le Mascagni (voyez le titre de cet ouvrage, tome Ier, page 4o3);

2º Les ouvrages suivants du chevalier Rosa : *De epidemicis et contagiosis Acroasis, accedit scheda ad catarrhum seu tussim quam Russam nominant pertinens*, 1782, in-8º (sans indication de lieu d'impression). *Delle porpore e delle materie vestiarie presso gli antichi,* Modène, 1786, in-4º, avec des planches. *Lettere fisiologiche*, Naples, 1788, 2 forts vol. in-8º.

La première fois que j'allai chez M. de Barthez

après mon envoi de livres, je le trouvai étendu sur le carreau, en face de Mascagni, et placé comme lui sur des coussins formant un plan incliné.—Vous me trouvez, monsieur, me dit-il, étudiant le grand ouvrage dont vous m'avez procuré la lecture... Il se leva, et, après quelques mots, il continua à me parler des livres que je lui avais prêtés.

Les deux gros volumes du chevalier Rosa sur la physiologie ne contiennent pour moi qu'un fait précieux, c'est la transfusion du sang artériel d'un veau dans un intestin de poulet, et celui-ci offrant des battements ou un rhythme de circulation isochrone avec celui du veau.

L'*Acroasis de catarrho Russo* annonce de l'esprit, mais tout métaphysique et de celui qui explique ce qui ne s'explique pas, et voilà tout.

Quant au travail sur la pourpre des anciens, voilà un bel et estimable ouvrage d'érudition. Rosa aurait dû être plus content d'avoir fait cela que les trois volumes précédents.

Au moment où M. de Barthez cessait de parler de la sorte, il entra dans son salon, et en chantant, un petit vieillard au moins octogénaire, vêtu d'un habit de velours fort gothique, à grandes basques, à larges parements, avec des boutonnières du haut en bas. Il était coiffé d'un petit chapeau triangulaire placé sur l'oreille d'une façon toute cavalière.—Mon père, dit M. de Bar-thez, en s'élançant dans les bras du vieillard, c'est avec un plaisir bien vif que je vous revois tou-jours. — Bien, Marmorières (il l'appelait aussi quelquefois Paul-Joseph, et le chancelier disait souvent papa au lieu de mon père). — Monsieur Des G., que j'ai l'honneur de vous présenter, mon papa, est un jeune médecin... Et le chancelier plaça ici un éloge très-exagéré de l'auteur de ces Mé-moires. Monsieur, me dit-il ensuite à voix basse et pendant que son père s'était éloigné pour regarder par la fenêtre, mon bon père que vous voyez, a toute la gaîté et la sérénité d'une belle ame. Dans sa jeunesse, il fut regardé comme l'un de nos poètes patois les plus ingénieux; mais il a su faire autre chose de mieux que des vers badins. C'est un bon mathématicien et un ingénieur habile; il a très-bien tenu sa place, dans notre société royale des sciences de Mont-pellier, après MM. de Plantade, de Clapiès, de Senès et du Quetin, et à côté de MM. Pitot, Danysi et Garipuy (1).

Paul-Joseph, il faut nous en aller le plus tôt possible à Narbonne ; nous y serons mieux

---

(1) Voyez nos Éloges des Académiciens de Montpellier, pour servir à l'Histoire des sciences dans le 18e siècle. Paris, 1811, in-8°.

qu'ici, que dans ce long et gros village, comme dit la complainte de saint Roch. — Cela est vrai, mon papa; mais j'ai des affaires d'intérêt importantes et compliquées à régler, avant de retourner dans notre chère patrie. — M. Broussonet t'a-t-il dit quelque chose de l'apparition inattendue à Montpellier d'Auguste, son fils aîné? — Non vraiment; j'ai su qu'il était arrivé hier matin, et voilà tout. — Moi, je vais t'en dire davantage, et ce que je tiens de bon lieu, entends-tu bien! — Auguste, qui est lancé dans la révolution, et qui par parenthèse ne sort pas de chez les Necker et tous les grands faiseurs du jour... — Je te dirai donc qu'Auguste s'est trouvé, je ne sais comment, commissaire pour l'approvisionnement de la capitale, qu'il a failli perdre la vie, par suite de ses fonctions; et qu'effrayé, il s'est échappé de Paris et est venu se réfugier dans la rue de l'Aiguillerie. Tu dois voir qu'une famine réelle ou factice menace toute la France. Crois-tu que nous soyons bien sûrs d'avoir toujours du blé en Languedoc? Les approvisionnements tirés de l'intérieur peuvent être arrêtés sur les routes, sur les canaux; et quant à ceux que l'on tire de l'extérieur, si nous avions malheureusement la guerre avec l'Angleterre et même avec l'Espagne, nous ne pourrions plus rien tirer de la côte de Barbarie. Tu sais que notre Midi ne produit que la 6ᵉ partie de froment nécessaire pour son alimentation. Après cela, je te dirai que ta franchise a plu dans ce pays-ci, et je vois que l'on te pardonne tes opinions, qui sont, au reste, les miennes, mais que je tiens plus cachées.»

Je retrouvai à Montpellier M. l'abbé Bertholon, devenu depuis plusieurs années professeur de physique des états de Languedoc, et que j'avais connu, lors de mes premières études, et vu à Paris chez MM. Rolland et Charles, et à Passy chez M. Francklin. M. Bertholon, du commerce le plus sûr et le plus aimable, avait un rare talent pour faire les expériences. Il nous avait admis dans son cabinet avec une bienveillance pour laquelle nous lui exprimons ici notre reconnaissance. Ce savant, né à Lyon, mourut dans la même ville en 1799, après avoir traversé assez heureusement la révolution. Ce qui nous engage à faire cette observation, c'est qu'il avait souvent concouru avantageusement avec Marat pour des prix académiques, et que nous avions entendu plusieurs fois celui-ci s'exprimer sur le compte de son antagoniste avec les accents de la haine.

Les concours pour les chaires vacantes par le décès de MM. Sabatier et de Grimaud étaient ouverts et fort suivis, lorsque, après avoir fait plusieurs injections partielles des vaisseaux lymphatiques sur des animaux, et en particulier le foie, le mésentère et le canal thorachique, je démontrai en son entier le système absorbant de l'homme, assisté par M. Jallaguier, anatomiste exercé, et dans son amphithéâtre. Les professeurs, les docteurs, les étudiants et tout ce qui s'occupait de science à Montpellier, assistèrent à nos démonstrations... Monsieur, me dit M. de Barthez, comme parlant au nom de la faculté, vous nous avez ramené Vieussens et mieux ; et moi de dire : Je n'ai fait que démontrer les travaux de M. Paul Mascagni.

Plus tard, je fis hommage à la Société royale des sciences, de Recherches, expériences et observations qui m'étaient propres, sur les vaisseaux absorbants. Il en sera fait mention dans le chapitre qui suit.

CHAPITRE III.

**Montpellier en 1790. — Objets d'art fort curieux et très-
nombreux dans cette ville. — Continuation et fin du
double concours; circonstances qui l'accompagnent, et
remarques sur le savoir, les talents et même le caractère
de quelques-uns des concurrents. — Effets que produi-
sent à Montpellier les décrets de l'assemblée, relatifs au
clergé, à l'aliénation de ses biens et à ceux du domaine;
à l'abolition de la noblesse; à la création de nouveaux
tribunaux, et à la suppression des ordres religieux. —
La Société royale des sciences m'accueille et me nomme
son correspondant. — Occupation de la citadelle, et
grandes discussions à ce sujet dans le club, dont les délibérations sont blâmées par l'assemblée nationale. —
Dissensions parmi les étudiants.—Scissions dans la garde
nationale qui, à l'instar du club, devient un corps délibérant dans lequel il s'établit de vives oppositions.**

Ayant renvoyé à ce chapitre ce qui concerne
les objets d'art fort curieux qui se trouvent à
Montpellier, nous dirons donc que nous vîmes
le cabinet de tableaux du premier président de
Clarisse qui venait de mourir, et dont la collection renfermait un Vernet et deux Poussin,
achetés à Rome par M. de Colbert (Charles-
Joachim), évêque de Montpellier, fils du mar-

6.

quis Colbert de Croissy et neveu du grand Colbert (1).

M. l'ex-procureur-général Duché de Caunelles, homme de beaucoup d'esprit et de savoir, qui jouissait de l'affection et de la considération de tous ses concitoyens, mais qu'un âge avancé, et plus encore des infirmités, éloignaient du monde et des affaires publiques, possédait des dessins nombreux et de beaux tableaux. On admirait dans sa galerie quelques esquisses de Raoux, de Sébastien Bourdon et de Vien, et des portraits de famille par Rigaud. Ce n'était pas non plus sans intérêt que l'on voyait le portrait original du chef de la famille du posses-

---

(1) Les deux tableaux du Poussin sont devenus, par héritage, la propriété de M. le chevalier Artaud de Montor, membre de l'Institut (Académie des Inscriptions et Belles-Lettres), qui habite Paris, où il est aussi chéri pour son savoir que pour l'élégance de ses mœurs.

M. Artaud, qui a honorablement couru la carrière de la diplomatie comme chargé d'affaires de France à Florence, à Vienne et à Rome, est aussi fort connu par les ouvrages suivants : *Considérations sur l'état de la peinture en Italie.* — *Voyage dans les Catacombes de Rome.* — *La Divine Comédie du Dante (l'enfer, le purgatoire et le paradis).* — *Description de Rome*, traduit de l'italien de M. Charles Féa. — *Machiavel, son génie et ses erreurs.* — *L'Italie*, dans la Description pittoresque de l'univers que publient actuellement MM. Firmin Didot frères.

seur, né à Beauvais vers le milieu du 16e siècle,
docteur de la faculté de médecine de Montpellier en 1567, professeur en 1570, doyen en
1578, chancelier en 1583 et mort en 1603 (1).

M. de Gourgas possédait de nombreux dessins, des tableaux de bons maîtres terminés,
et des esquisses de Sébastien Bourdon, de Vien
et de David. Ce négociant distingué, qui était
protestant, avait confié l'éducation d'un sien fils
naturel à un étudiant devenu docteur en médecine, et cet usage était autorisé à Montpellier
par d'heureux exemples. Lorsque atteint d'une
mélancolie prématurée, J.-J. Rousseau vint
consulter Fizes, il vécut beaucoup et presque
exclusivement avec les étudiants, et voici comment il en parle au VIe livre de ses Confessions :
« Je puis dire, malgré la mauvaise réputation
des étudiants, que je trouvai plus de mœurs et
d'honnêteté parmi cette jeunesse, qu'il ne serait
aisé d'en trouver dans le même nombre d'hommes faits. » Tant est-il que le licencié ou le docteur Goguet me conduisit un dimanche, avant
midi, chez M. de Gourgas. Il vint au-devant de
nous, la Bible à la main et se disposant à faire

---

(1) Voyez notre notice sur Jean Hucher (en latin *Hu-
cherus*). Biographie faisant suite au Dictionnaire des sciences
médicales, tome V, page 307 et suivantes.

la prière à sa famille... « Ce jour (le dimanche) est consacré, nous dit-il, au culte divin et ne permet aucune distraction... Je vous recevrai une autre fois avec un vrai plaisir; » et nous ne manquâmes pas de retourner chez M. de Gourgas.

On voyait chez les Mouton de la Clotte quelques bons tableaux, et surtout on y admirait des arabesques peintes à fresque par Sébastien Bourdon.

La famille Deydier, qui avait occupé les premières charges de la cour des comptes, possédait des tableaux et des morceaux de sculpture précieux. Elle en avait également orné la chapelle qui dans la cathédrale de Saint-Pierre servait à sa sépulture.

De tous les hôtels (car c'est ainsi qu'il faut appeler les belles maisons de Montpellier), celui des Joubert renfermait les objets les plus curieux. C'était un musée national offrant l'histoire des arts dans cette ville. Le propriétaire de ces objets précieux, trésorier-général des états de Languedoc, était un des premiers capitalistes et l'un des hommes les plus bienfaisants et des plus honorables de l'époque. Il tenait une grande maison à Montpellier et à Paris, pensionnait plusieurs artistes en France et en Italie, et encourageait généreusement toutes les entreprises utiles.

Le premier des Joubert qui parut à Montpellier fut Laurent, le dixième des fils de vingt enfants que Jean Joubert, Dauphinois, qualifié de chevalier, eut de Catherine de Gestas, son épouse. Laurent, reçu bachelier en médecine sous la présidence d'Antoine Saporta, en 1551, et docteur en 1558, fut chargé peu de temps après de remplacer Honoré Du Chastel (en latin *Castellanus*), premier médecin de la reine Catherine de Médicis, et médecin ordinaire des rois Henri II, François II et Charles IX.

Henri III fit appeler Joubert à Paris en 1579, et on dit assez généralement à la cour, où les dames n'en crurent rien, que c'était pour le consulter sur la stérilité de la reine Louise de Lorraine, princesse de Vaudemont.

Joubert était dès lors fort connu par divers écrits, et plus particulièrement par celui où il avait traité d'une manière fort piquante la question de la stérilité, production qu'il ne craignit point de dédier à Marguerite de Valois, première femme de Henri IV, qui crut pouvoir sans scandale aucun accepter cet hommage (1).

______

(1) *Erreurs populaires au fait de la médecine et régime de santé*. Bordeaux, 1570, in-8°; Paris, 1580 et 1587, in-8°; Rouen, 1601, in-8°; Lyon, 1601 ; *ibid.*, 1608, in-12. — Traduction latine par Isaac Joubert, Paris, 1579, in-12;

Après un assez long séjour à la cour, Laurent Joubert revint à Montpellier, où il partagea son temps entre les fonctions de l'enseignement et une pratique fort étendue. Mort en 1583, à l'âge de 54 ans, ce célèbre médecin a eu pour descendants une série non interrompue de magistrats et d'administrateurs, qui se sont tous distingués par leur amour des sciences, des lettres, des arts et l'exercice de toutes sortes de vertus.

En considérant la collection Joubert comme offrant l'histoire de l'art à Montpellier, on peut, et il faut même suivre l'ordre chronologique; c'est ainsi que l'on placera au premier rang, des peintures sur verre et quelques gravures à l'eau forte, productions pourtant fort médiocres du père de Sébastien Bourdon.

Celui-ci, né à Montpellier en 1616 et mort à Paris en 1671, après avoir parcouru une grande partie de l'Europe, eut de bonne heure de grands succès dans la peinture, par l'admirable facilité avec laquelle il sut imiter tour à tour Michel-Ange de Caravagio, André Sacchi, Bamboccio et Claude Lorrain. Sébastien, dès qu'il en eut la volonté, devint aussi original, et il se montra surtout tel dans deux grands tableaux,

---

ensuite par Bourgeois (Burghesius), Anvers, 1600, in-8°. — En italien, par Lucchi, Florence, 1592, in-8°.

dont l'un , peint pour la cathédrale de Montpellier, représente la chute de Simon le magicien ; et le second, qui retrace le crucifiement de saint Pierre, est passé de Notre-Dame de Paris dans le Musée Napoléon. Sébastien Bourdon a encore mérité d'être compté au nombre des habiles graveurs de son époque, par une quarantaine d'eaux-fortes, où l'on retrouve toutes les sortes de mérites et les défauts qui caractérisaient la peinture, c'est-à-dire la chaleur de la composition et la vigueur du coloris, le peu de fini et l'incorrection du dessin. On voyait enfin chez M. de Joubert des esquisses historiques , d'agréables paysages et de beaux portraits, dus au pinceau de Sébastien Bourdon.

Les ouvrages d'Hyacinthe Rigaud, né à la vérité à Perpignan en 1659 et mort à Paris en 1743 , mais élève de Ranc de Montpellier, ont toujours été très-recherchés par ceux des amateurs de cette ville qui ont le plus chéri et encouragé les arts.

Indépendamment des portraits du Van Dyck français, possédés par M. de Joubert, on en voyait un bon nombre dans plusieurs maisons de Montpellier, où il peignit des familles tout entières et plusieurs femmes ; ce qui prouverait que la beauté y fut sans affectation comme sans prétention. On sait que ce grand maître se refusait très-souvent à faire des portraits de femmes même les plus marquantes. « Il faut, disait-il, s'adresser à Largillière de préférence à moi qui suis moins complaisant et plus ami de la vérité. Si je peins les femmes telles qu'elles sont, elles ne se trouveront pas assez belles; et si je les flatte trop, elles ne ressembleront pas. » C'est lui qui, peignant une dame, et s'apercevant qu'elle faisait de grands efforts pour rendre sa bouche plus petite, lui dit : « Madame, ne vous gênez point; si vous voulez, je ne vous en ferai pas du tout. » Une autre dame lui reprochait de ne pas attraper son coloris. « Vous vous trompez, madame, je suis sûr de le rendre avec la plus exacte vérité, car nous achetons tous deux notre vermillon chez le même marchand. »

Rigaud a fait les portraits des princes et des grands hommes du siècle de Louis XIV, et de toutes les sommités des premières années du règne de Louis XV.

L'œuvre de Rigaud, gravée par les plus habiles maîtres de son temps, entre autres par Édelinck, les Drevet et J. Audran, se compose de plus de deux cents portraits historiques. Celui de Rigaud, exécuté par Édelinck, est regardé comme un chef-d'œuvre.

Raoux, né à Montpellier en 1677, mort à Paris en 1734, fut l'élève de Ranc et de Bon

Boullongue, et se perfectionna en Italie. Cet artiste n'obtint point dans le genre historique le rang auquel il aspira toute sa vie; mais il fut considéré, à juste titre, comme venant immédiatement après Rigaud et Largillière, dans le portrait. On a toutefois, dans le temps, cité avec quelques éloges les grands tableaux représentant la continence de Scipion, Alexandre devant Philippe, son médecin, et enfin Télémaque dans l'île de Calypso. Le musée Joubert ne possédait des ouvrages de Raoux que des portraits et quelques sujets de fantaisie.

Montpellier, où Vien est né en 1716, a été enrichi par de nombreuses productions de ce grand maître, et plus particulièrement des esquisses de ses grands tableaux. On a fait remarquer que Vien ne vint à Paris qu'en 1741, et qu'il montra tout à coup, et peut-être à son insçu, assez de talents pour obtenir plusieurs prix, et être envoyé à Rome comme pensionnaire du roi. Ce fut dans cette capitale des arts, et long-temps du monde, que sous un beau ciel, au milieu des plus heureux sites, et entouré des chefs-d'œuvre des arts antiques et modernes, Vien s'éleva à ce goût pur et sévère qui en fit, en France, le restaurateur de la peinture et le chef d'une école nouvelle. Il a arrêté la décadence de l'art, commencée chez nous par Coypel et précipitée dans sa marche par les succès inouïs de Boucher et de ses élèves; enfin Vien a eu la gloire de former David, Vincent et Régnault.

Peu de peintres ont été aussi laborieux que Vien, que Napoléon fit sénateur pour honorer les arts. Il peignit, en effet, à Tarascon sept grands tableaux dont les sujets sont tirés de la vie de sainte Marthe. A Paris, on voit de lui au Musée, un Ermite endormi, un violon à la main, et un tableau de saint Germain et de saint Vincent; dans l'église paroissiale de Saint-Roch, un saint Denis prêchant le christianisme, et une Résurrection du Lazare. Vien a fait aussi pour la manufacture de tapisseries des Gobelins plusieurs grands tableaux dont les sujets sont empruntés à l'Iliade. La Marchande d'amours, l'Amour fuyant l'esclavage, et saint Thibaut offrant au roi une corbeille de lis, sont des morceaux bien connus et que la gravure a reproduits avec une grande perfection. Le comte Vien, qui a vécu près de 93 ans, fit encore dans un âge avancé beaucoup de dessins et d'esquisses, presque tous dans le genre anacréontique, ou celui de l'aimable poète de Théos qui passa sa vie entre l'amour et le vin, et chanta tous les deux.

Un médecin serait impardonnable s'il oubliait de parler d'un beau morceau de Sébastien Bourdon, et qui se trouvait dans la pharmacie de M. Pouzin, rue Montpelliéret. On racontait dans la famille que le célèbre peintre auquel on présentait un mémoire dont il trouvait les parties un peu fortes, ou sur lesquelles il croyait avoir beaucoup à rabattre, offrit, pour s'acquitter, de peindre sur un grand pot à beurre, en grès, qu'il avait sous les yeux, un morceau qu'il exécuterait de son mieux. Le marché fut accepté, et Bourdon peignit en grisaille, à la manière grandiose de Michel-Ange Buonarroti, la tête d'Andromaque, médecin de l'empereur Néron, et que l'on regarde comme l'inventeur de la thériaque.

Nous avons déja dit, et même dans ce chapitre, que le concours ouvert pour les deux chaires de médecine vacantes dans l'Université, et commencé vers la fin de 1789, fut continué en 1790. Dès l'ouverture de ce double concours, parurent comme candidats, et par ordre d'inscription ou d'ancienneté de doctorat, MM. Fouquet, Lafabrie, La Caze, Jaubert, Baumes, Crespin, Vigarous, Berthe, Dumas, Dorthes, Goguet, Reybaud de Codure et Lagarde.

MM. La Caze, Reybaud et Lagarde se retirèrent presque au commencement du concours. Le dernier de ces trois docteurs est le seul dont je crois devoir parler, n'ayant pas connu les deux autres.

M. Lagarde, né à Narbonne et âgé de plus de

5o ans, était d'une stature grotesque, d'une grande laideur, chauve et myope à un haut degré. Quelques heures après qu'il fut arrivé à Montpellier, je le rencontrai chez M. le professeur Gouan, où il venait pour s'inscrire comme concurrent pour les chaires vacantes. Je trouvai la conversation un peu animée, parce que notre vice-doyen opposait à M. Lagarde une fin de non-recevoir fondée sur ce qu'il fallait pour être admis à concourir avoir le titre de docteur de notre faculté. D'un autre côté, M. Lagarde sollicitait vivement une exception en sa faveur.

— Nos réglements sont positifs, monsieur, répondait M. Gouan, et vous n'exigerez sûrement pas que nous vous délivrions un diplôme de docteur honoraire dans notre Université. Il n'y a aujourd'hui que deux exemples de cette distinction, qui a eu lieu en faveur de MM. De Lassone et Vicq d'Azyr, hommes célèbres par leurs talents, illustres par leur rang, et qui, au bout du compte, sont tous deux docteurs-régents de la faculté et membres de l'Académie des sciences de Paris ; ce qui, je vous en demande pardon, est fort au-dessus du titre que vous mettez en avant, celui de docteur de la faculté d'Orange, qui est encore bien au-dessous de celles de Valence et d'Avignon.

Voilà donc M. Lagarde qui, s'il persiste à

concourir, doit nécessairement, et malgré lui,
devenir médecin de notre faculté. Les étudiants
généreux, comme le sont presque tous les jeunes gens, se cotisent, paient la moitié des frais
de réception, et les professeurs, par pudeur,
abandonnent l'autre partie.

M. Lagarde soutient avec honneur, et sur la
pathologie (1), la thèse de bachelier, et il se
montre avec le même avantage dans les autres
actes qui se terminent par le doctorat.

Dans les préleçons pour le concours, toutes
tirées au sort, M. Lagarde eut d'abord à traiter
une question de haute théorie médicale, et il le
fit d'une manière fort distinguée... Pendant qu'il
discourait et commandait l'attention générale,
M. de Barthez vint à entrer et alla se placer,
n'étant pas l'un des juges, au milieu des auditeurs, qui se levèrent spontanément pour l'honorer. M. Lagarde s'arrêta et ne reprit la parole
que quand il eut vu notre chancelier placer sa
main droite derrière l'oreille du même côté, et
en former un cornet acoustique. A ce signe,
redouté des professeurs eux-mêmes, M. Lagarde,
élevant la voix pour être sûr d'être bien entendu

______

(1) La pathologie embrasse toutes les connaissances qui
se rattachent d'une manière directe à l'histoire des maladies.

de son illustre concitoyen, lui adressa à peu près ces paroles dans le langage latin le plus élégant : « Je vous revois, génie tutélaire, dont la présence vient m'encourager, je vous revois après une longue absence, vous que toute ma témérité n'osait fixer dans notre enfance, tandis que le sentiment prématuré de vos forces vous permettait à vous d'envisager l'astre du jour sans en être ébloui... » Ici, M. Lagarde fut interrompu par de nombreux applaudissements... M. de Barthez se leva et salua l'auditoire avec une émotion que je ne lui revis jamais. Cependant pour bien comprendre ce qu'il y avait d'ingénieux et, pour ainsi dire, d'à-propos dans cette apostrophe, il faut savoir, comme on le savait à Montpellier, que les armoiries de M. de Barthez consistaient en un phénix qui fixait le soleil, avec cette devise : *Je ne m'étonne.*

Les étudiants, enchantés de ce qu'ils avaient entendu, et s'apercevant du mauvais état des finances de M. Lagarde, l'engageaient à dîner chaque jour dans leurs pensions, lui envoyaient des billets de spectacle, l'empêchaient de payer au café, et lui laissaient gagner toutes les parties de billard.

Cependant le jour très-attendu où M. Lagarde devait faire sa seconde préleçon, il fit prévenir la faculté que des affaires urgentes l'appelaient à Narbonne, qu'il partait le même jour pour cette ville, et renonçait au concours.

« Après dîner, racontait-il lui-même, j'allai à l'esplanade pour me dissiper, en attendant la messagerie qui devait partir à cinq heures, et me porter lentement à ma destination; mais la chaleur du jour avait converti en désert cette agréable promenade... Tu ne peux, se disait-il à lui-même, entrer dans un café, car il ne te reste que l'indispensable nécessaire pour rentrer chez toi... Que vas-tu faire, Lagardou? Va à l'Université; et, puisque tu as bien médité ta préleçon, et qu'elle est toute faite, va la débiter... C'est une manière honnête de prendre congé de tout le monde, et de laisser de toi une bonne opinion... va.» Et en effet, on vit M. Lagarde arriver, se revêtir d'une robe, fendre la foule qui l'applaudit, et monter en chaire.

« Messieurs, commença-t-il par dire, vous avez sous les yeux un exemple de la bizarrerie de l'esprit humain : *Quam varia sit mens humana in exemplum hodierna die prodeo...* » Et continuant son discours en latin, comme il l'avait commencé : « J'avais résolu de disparaître, et je reparais; de me taire, et je parle; je viens développer la question que le sort m'a donnée, et disserter sur les rapports qui existent entre la conformation des têtes humaines et leur in .

telligence; je viens disputer, avec des hommes que j'honore, la palme du savoir : *De ingenio cum ingeniis contendere.* » M. Lagarde exposa alors avec beaucoup d'ordre tout ce que les anatomistes, les naturalistes et les voyageurs éclairés ont écrit sur la question qu'il avait à traiter. Quand il en fut aux macrocéphales, ou têtes oblongues, il dit des choses fort plaisantes, et s'offrit, ce qui était vrai, comme un type de l'espèce. Enfin M. Lagarde finit sa leçon au milieu des applaudissements. Les étudiants, l'un des concurrents, Goguet, Marc-Antoine Petit et l'auteur de ces Mémoires, l'entraînèrent au café, et nous le conduisîmes sur la route de Toulouse, où il fallut un peu courir après la messagerie. Au moment de la séparation, M. Lagarde nous embrassa tous, et redoublant ses étreintes pour Goguet, Marc-Antoine Petit et moi, il nous adressa des vœux pour notre prospérité, et nous dit avec l'accent de la bienveillance et une teinte de mélancolie :

Vivite felices, quibus est fortuna peracta
Jam sua ! nos alia ex aliis in fata vocamur.

Lorsque, au retour d'Égypte, nous devînmes inspecteur-général du service de santé militaire, nous apprîmes que M. Lagarde, employé comme médecin ordinaire à l'armée d'Italie, fut tué,

lors de l'insurrection de Vérone, les armes à la
main et sur le seuil du grand hôpital militaire
de cette place, dont il disputait l'entrée à des
assassins fanatisés.

M. Lafabrie, devenu dans la suite et mort professeur, se retira aussi en proclamant ses respects
pour M. Fouquet. Il ne nous reste donc plus à
parler que de MM. Jaubert, Baumes, Crespin,
Vigarous, Berthe, Dumas et Goguet.

M. Jaubert, déja d'un âge mûr et père de
famille, marchant toujours avec son épouse et
ses enfants, concourait à Montpellier dans l'espoir d'obtenir à Aix une chaire de professeur en
médecine, dont il fut en effet pourvu. C'était un
esprit vif comme tous les Provençaux. M. Jaubert
avait vu beaucoup de malades, était bon observateur et heureux praticien.

M. Baumes, déja connu par de nombreuses
palmes académiques, a joui jusqu'à la fin de sa
carrière, d'une renommée dont l'éclat nous dis-
pense de nous étendre sur son compte. Cependant il nous faut dire que, dès notre première
entrevue, qui eut lieu chez M. Gouan, nous nous
liâmes assez étroitement pour que M. Baumes
partageât mon modeste logement, et mangeât à
la même pension; ce qui me classa parmi ses
partisans et me fit parmi le reste des concurrents
autant d'adversaires, dont plusieurs ont été ir-

réconciliables, et l'un d'eux un implacable ennemi.

M. Crespin a dû à la causticité qu'il montra
dans le concours, de n'avoir jamais été appelé
à aucune époque dans sa patrie, pour y remplir
une chaire dont son savoir et ses talents avoués
le rendaient digne.

M. Vigarous (Joseph-Marie-Joachim), fils d'un
grand chirurgien, neveu d'un célèbre professeur
en médecine (1), et homme agréable comme le
dernier, ne pouvait cacher aux autres, ni se dissimuler à lui-même les distractions que lui avaient
causées sa fortune, ses voyages et son goût pour les
plaisirs. Le père de M. Vigarous, un jour que je
l'avais salué à sept heures du matin, assis qu'il
était à sa porte près de l'arc du Peyrou, fut frappé,
une demi-heure après, d'une apoplexie foudroyante dont il était menacé par son âge avancé,
sa constitution pléthorique, l'abus des liqueurs
des îles, et peut-être aussi quelques inquiétudes
relatives au concours. Fils aussi respectueux que
tendre, M. Vigaroux tomba malade, et eut une
de ces fièvres que l'on désignait alors sous le nom
de *malignes.* Les médecins les plus habiles de la

____

(1) Voyez nos articles Barthélemy et François Vigarous,
dans la Biographie faisant suite au Dictionnaire des sciences
médicales, tome VII, page 487 et suivantes.

ville, appelés par son oncle, concoururent avec lui au traitement de cette maladie. Comme nous avions connu M. Vigarous au cours de M. de Fourcroy, et que nous étions liés au point de l'aider dans ses études pour le concours, nous assistâmes très-régulièrement aux visites que MM. Farjon, Fouquet et Petiot faisaient deux et trois fois par jour au malade. Une fois qu'il y avait autour de son lit, indépendamment des médecins traitants, quelques jeunes docteurs et même des étudiants, M. Vigarous, qui avait le délire, se mit à dire, avec un rire convulsif et en fixant les yeux sur M. Fouquet : *Asinus... Asinus... Asinus...* et l'imperturbable M. Fouquet, se tournant avec calme vers les assistants, nous dit avec gravité : *Velut ægri somnia*, et il continua le développement de son opinion.

M. Vigarous, qui a fourni une assez longue carrière, puisqu'il est mort il y a fort peu d'années, devint dans la suite professeur, et fut chargé des fonctions de président des jurys médicaux d'une partie des départements situés dans la circonscription de l'école de Montpellier. M. Vigarous a mis en ordre et publié les œuvres de son père, et laissé, de sa composition, un *Traité sur les maladies des femmes*, qu'il avait beaucoup étudiées.

M. Berthe, mort aussi depuis peu d'années

professeur de la faculté de Montpellier, avait un caractère ardent, tempéré par des formes agréables, et parlait avec un grand aplomb ainsi qu'avec facilité et assez de correction. Il a attaché son nom à l'histoire de la fièvre jaune ou le typhus américain, par un ouvrage dont voici le titre : *Précis historique de la maladie qui a régné dans l'Andalousie (Années VIII et IX de la R. F.), contenant un aperçu du voyage et des opérations de la commission médicale envoyée en Espagne par le gouvernement français, ainsi que diverses observations sur la nature de la fièvre jaune, sur quelques méthodes de traitement qui ont été recommandées contre cette maladie, et sur les dangers plus ou moins probables de son introduction et de son établissement en Europe ;* Montpellier et Paris, 1802, in-8°.

On doit aussi à M. Berthe un *Éloge de J. Petiot,* publié à Montpellier en 1800, in-4°.

Il faut, avant de terminer ce qui regarde les autres concurrents, MM. Dumas, Dorthes et Goguet, prévenir nos lecteurs que la chaire de M. Sabatier avait été donnée par la cour à M. Fouquet, et que celui-ci, installé au milieu des acclamations publiques, était de suite entré en fonction. Ainsi il n'était plus question que de la chaire de M. de Grimaud.

M. Dumas mérite un article plus étendu que

les autres concurrents dont nous venons de parler en dernier lieu, ou plutôt il sera très-souvent parlé de lui dans ces Mémoires, et jusqu'au jour où ses amis eurent la douleur de le perdre en 1813.

L'opinion du public médical qui, dans nos concours, devance d'ordinaire le prononcé du jury, ne voyait, parmi les concurrents, que MM. Baumes et Dumas qui pussent disputer le prix entre eux.

Le premier se recommandait par une réputation déja bien établie comme praticien habile, ainsi que par les nombreuses palmes académiques qu'il avait obtenues. La société royale de médecine qui les lui avait décernées, l'appuyait de son crédit et sollicitait vivement pour lui.

Le second des candidats, M. Dumas, avait aussi obtenu, fort jeune et en 1787, l'un des prix de la société royale de médecine, pour un Mémoire sur les fièvres; et enfin il avait été nommé successeur de M. de Grimaud, par M. le garde-des-sceaux. Ce chef suprême de la magistrature connaissait à la vérité personnellement M. Dumas, et lui portait beaucoup d'intérêt; mais il avait été déterminé à faire cette nomination par les rapports avantageux qui lui étaient parvenus sur les talents que ce candidat avait montrés pour le professorat, dans le concours pour la chaire de M. Sabatier. Quoi qu'il en fût, M. de Barentin se crut obligé de revenir sur sa décision, et d'ordonner la reprise du concours, que sollicitaient simultanément la faculté de médecine de Montpellier, la société royale de médecine de Paris, et une autorité redoutable, l'esprit public, qui réclamait hautement ce mode d'élection comme une mesure consacrée par une longue et heureuse expérience. M. le garde-des-sceaux engagea donc M. Dumas à faire le sacrifice de sa nomination, et celui-ci n'hésita pas un moment, procédé généreux alors que tant d'exemples semblaient excuser ceux qui confondaient la faveur avec les droits légitimes.

Ces antécédents inspiraient un intérêt général pour les succès de M. Dumas, quand plein de confiance il rentra dans la lice du concours. Cet intérêt s'accrut encore, quand on entendit ce jeune candidat dire en commençant sa première pré-leçon, qu'il pouvait appeler sienne la chaire qu'il disputait, puisqu'il l'avait possédée... *Regis*, dit-il, *munificentia concessa, benigne resignata*. La noble sensibilité avec laquelle il prononça ces mots, ainsi que le savoir et les talents dont il fit preuve dans tous ses actes, me firent ambitionner une place dans son amitié, et je ne tardai pas à l'obtenir, quoique M. Dumas connût mes liaisons intimes avec son antagoniste M. Baumes.

M. Dorthes, autre concurrent, cultivait diverses
ou, pour mieux dire, toutes les branches de
l'histoire naturelle avec autant d'ardeur que de
succès ; mais il s'était fort peu occupé de médecine, et avait en outre une élocution pénible et
très-désagréable. M. Dorthes avait plus spécialement jusqu'alors fait l'application de ses connaissances, comme naturaliste, à l'agriculture
et aux arts; et on le vit ensuite s'occuper d'enrichir par ses recherches la matière médicale,
l'une des parties les plus importantes de l'art
de guérir. Ce savant mourut en 1794 à l'une de
nos armées des Pyrénées, où il était employé
comme médecin ordinaire. Il est très-probable
qu'il périt victime de son zèle, car c'était un
homme d'honneur et d'une grande sévérité de
principes (1).

____

(1) La littérature médicale doit à M. Dorthes (sous le
voile de l'anonyme) la réimpression d'un opuscule de Linné
qui prouve que ce grand naturaliste eut sur la médecine
des vues qui ne pouvaient appartenir qu'à un génie supérieur comme le sien.

Voici le titre de cet opuscule fort rare, et que nous pos-
sédons dans notre bibliothèque :

*Caroli à Linne, equitis aurati, clavis medicinæ. Editio
nova, curantibus Linneanis Monspeliensibus. Monspelii,
apud Joan. Martel natu majorem*, 1788, pet. in-4° de 32
pages.

Goguet fut étonnant par son ingénieuse originalité et la flexibilité de ses talents variés. On accourait de tous côtés au concours pour entendre le lecteur habituel du club, celui qui enchantait en lisant la Lanterne magique, et qui, passant du genre grotesque de ce pamphlet politique au ton le plus grave, redisait admirablement les plus beaux discours prononcés dans l'assemblée nationale. Sa latinité, qui était aussi faible, ou, pour mieux dire, aussi vicieuse que celle de ses antagonistes, était pourtant plus exempte de barbarismes et de solécismes, et, à tout prendre, il parlait à peu près le langage de Stoll, de Selle et de Quarin, dont il avait adopté ou pris le style, en étudiant leurs doctrines qu'il

---

Cette production est dédiée à Albinus, Haller, Van Swieten, de Sauvages et Von Rosenstein, que Linné appelle collectivement *medici seculares*, en caractérisant d'ailleurs par une épithète le mérite spécial de chacun d'eux.

Nous croyons, dans l'intérêt de la bibliographie, devoir transcrire l'avis des éditeurs.

LECTORI EDITORES.

Summi Linnei eximium rarissimumque opusculum accipias, excussum ad exemplar quod nobis communicavit celeb. prof. Gouan, cui ab amico auctore donatum, in lucem missum Holmiæ 1766. Gratum credimus renovare gemmam medicam, scientiarum naturalium lucida methodo politam. Fruere et vale.

possédait très-bien. Goguet mêla le sacré au profane. D'abord il invoqua d'une manière touchante et religieuse l'assistance du ciel : *Adjuva me, Deus, in diebus juventutis meæ.* Seigneur, aidez-moi dans les jours de ma jeunesse. Le concours fini, il termina ses actes en récitant, en actions de graces, le *Magnificat*, et il en appliqua plusieurs passages avec l'accent de l'ironie la plus outrageante à la position de bon nombre de spectateurs distingués, dont quelques-uns étaient connus de tout le monde pour ses bienfaiteurs.

Magnificat, se mit-il à dire du ton dont il eût chanté à vêpres, alors qu'il hantait les églises, *Magnificat anima mea Dominum.*

Mon ame glorifie le Seigneur.

Et exultavit spiritus meus in Deo salutari meo.

Et mon esprit est ravi de joie en Dieu, mon sauveur.

Fecit potentiam in brachio suo : dispersit superbos mente cordis sui.

Il a déployé la force de son bras : il a renversé les superbes, en dissipant leurs desseins.

Deposuit potentes de sede, et exaltavit humiles.

Il a fait descendre les grands de leur trône, et il a élevé les petits.

*Esurientes implevit bonis , et divites dimisit
inanes.*

Il a rempli de biens ceux qui étaient affamés,
et il a renvoyé vides et pauvres ceux qui étaient
riches.

Tout ceci pourtant n'était que prophétique ,
car nous n'étions qu'en 1790.

Enfin, la chaire de M. de Grimaud fut donnée
à M. Baumes, et M. Dumas obtint l'accessit.

A peu de jours de là, nous nous promenions
aux environs de Montpellier, quatre ou cinq
amis d'étude et de pension (MM. Bruley, Sené
et Dubosc étaient du nombre), lorsque au dé-
tour d'une haie vinrent à déboucher M. Dumas
et son ami M. Mireur, étudiant fort influent dans
la garde nationale, dont il faisait partie comme
grenadier, et qui, devenu général de brigade, fut
tué en Égypte peu après le débarquement de l'expédition. Ces deux amis avaient le chagrin peint
sur leur figure, et le dernier semblait occupé à
consoler le premier. Nous les saluâmes tout
d'abord, et quoiqu'un peu surpris de notre pré-
venance , ils nous rendirent affectueusement
notre salut. Voilà bien des préventions détruites
et un acheminement aux liaisons amicales qui
s'établirent entre M. Dumas et moi , et dont j'ai
parlé page 104.

Les décrets de l'assemblée rendus dans les premiers mois de 1790, relativement au clergé, à l'aliénation de ses biens et à ceux du domaine, à la nouvelle division de la France en départements, à l'abolition de la noblesse, à la création de nouveaux tribunaux, enfin à la suppression des ordres religieux, avaient fait une vive sensation dans le Midi. Déja il existait deux partis très-prononcés, celui qui applaudissait sans aucune réserve aux réformes et aux innovations, et celui qui, non moins passionné, les désapprouvait toutes. S'il y avait en Languedoc des neutres ou des hommes indifférents, ils étaient en si petit nombre, qu'ils ne valaient pas la peine d'être comptés. Au premier rang des patriotes, car c'est ainsi que les partisans de la révolution voulurent exclusivement s'appeler, on devait placer les protestants, dont M. Rabaud de Saint-Étienne soutenait si habilement et si chaudement les intérêts, que l'on peut dire que ses discours étaient l'expression des opinions de ses coreligionnaires, et en quelque sorte l'exécution d'un mandat. Dans le parti opposé, que les patriotes surnommèrent de suite celui des aristocrates, se trouvaient la grande majorité de la noblesse et du clergé, et les dernières classes de catholiques les plus attachées aux pratiques religieuses.

Le clergé sur plusieurs points du Languedoc, et en particulier à Montpellier, attaqua publiquement et en chaire les opérations relatives au culte catholique, et les désigna comme le résultat des suggestions des protestants. On entendit dans un prône le curé de Saint-Pierre, pasteur révéré pour ses vertus et d'un grand savoir dans les matières ecclésiastiques, dire que la nouvelle division de la France en départements, proposée ou plutôt reproduite par un soi-disant ministre du saint Évangile, était un plan déja adopté par les prétendus réformés dans leurs synodes tenus en 1572, 73 et 76 à Nîmes et Anduze; en 1585, à Montauban, et à la Rochelle en 1621.

Le clergé constitutionnel et celui que l'on nomma bientôt réfractaire eurent aussi leurs représentants et leurs apôtres. Tandis que l'on réimprimait partout en Languedoc les éloquents discours patriotiques du P. Sermet de Toulouse, on inondait dans le sens le plus opposé les populations méridionales des écrits suivants :

Déclaration des principes sur la constitution du clergé, par les évéques de l'assemblée nationale.

Opinion de M. l'abbé Maury, député du bailliage de Péronne, sur le même objet.

Examen de la constitution civile du clergé, par M. l'abbé Mayé, député de la sénéchaussée de Lyon.

Instruction pastorale de M. l'évêque de Boulogne.

Lettre de M. l'évêque de Langres au département de son diocèse.

Enfin, *les lettres, mandements, instructions, etc., de plusieurs évêques, de ceux de Quimper, de Soissons, de Rennes, de Verdun, de Nancy, etc., des archevêques de Lyon et de Narbonne, etc.*

L'auteur de ces Mémoires fut dénoncé dans le comité secret et régulateur du club, comme ayant au moins participé à la réimpression faite à Montpellier de l'instruction de M. l'évêque de Boulogne. Il nous fut très-aisé de nous disculper, et nous insinuâmes dans notre défense improvisée en séance générale, que cette inculpation partait sans doute d'un confrère (c'était en effet M. Goguet), auquel j'avais parlé avec une juste admiration des grands talents oratoires de M. Asseline, que j'avais entendu plusieurs fois prêcher au Plessis et à Sainte-Barbe, alors qu'il était encore professeur en Sorbonne.

Le décret qui prononçait la suppression des ordres religieux, et qui ne fut au reste rendu qu'à la fin de 1790, fut celui qui causa le moins de mécontentement parmi les catholiques, même les plus zélés. Les moines dans ce pays avaient fort peu de considération et encore moins d'autorité. Les prélats qui, je crois, étaient au nombre de 22 dans les États de Languedoc, étaient peu portés pour les ordres religieux qui déclinaient en toute occasion leur juridiction ; et l'un des plus distingués, M. l'archevêque de Toulouse (depuis cardinal de Brienne), montrait pour eux tant d'aversion, qu'on lui avait donné le surnom d'Antimoine dont il se glorifiait.

Dès que les nouveaux tribunaux décrétés par l'assemblée furent installés, l'un des premiers actes du tribunal de district de Montpellier fut de faire signifier à M. de Barthez qu'il eût à cesser de prendre dans les actes publics et privés le titre de juge de l'Université. Cette notification, accompagnée probablement de formes brusques, offensa beaucoup notre chancelier, et il fut saisi d'un violent accès de colère qui durait encore quand j'entrai chez lui. « Ces animaux de juges du district, me dit-il, viennent, monsieur, de me faire signifier que j'aie à quitter le titre de juge de l'Université. Il n'y en a donc pas un qui ait eu assez de savoir pour leur dire ce que signifiait *Cancellarius et judex*. Le chancelier est d'abord celui qui apposait le sceau de la faculté; on dirait que ce sont les sceaux de France qui ont offusqué nos magistrats de nouvelle fabrique... Et puis *judex*... voilà une belle judicature, dont ils n'auront jamais entendu parler, et qui se bornait à juger par arbitrage des différends entre les suppôts de notre faculté... Il serait extravagant que je misse quelque prix à pareil titre, moi qui, indépendamment de la charge que j'ai occupée à la chambre des comptes, ai eu un brevet de conseiller d'état, et n'ai consenti à l'accepter qu'autant que les lettres de nomination porteraient que cet honneur m'était accordé par le roi comme ancien magistrat...» M. de Barthez criait très-fort, lorsqu'il entra chez lui un M. Donat, tapissier dans la Grand'rue, qui rapportait un coussin... M. de Barthez s'arrêtait quand je lui dis : « Vous pouvez continuer; monsieur est mon camarade dans la Colonelle, c'est un galant homme devant lequel vous pouvez tout dire... — Mais, monsieur, dit à M. de Barthez l'auteur de ces Mémoires, le tribunal du district en veut à tout le monde, et je viens d'être témoin des coups qu'il médite de porter aux conseillers du roi, langoyeurs de cochons. — Dites langueyeurs (1), monsieur; mais racon-

---

(1) On lit effectivement dans le Dictionnaire de l'Académie : « *Langueyer*, verbe actif. Visiter la langue d'un porc, pour voir s'il est sain ou ladre. *Langueyer un cochon, un porc.*

« *Langueyé, éc*, participe.

« *Langueyeur*, substantif masculin. Celui qui est pour lan-

tez-moi donc ce que vous savez, cela doit être plaisant, quoique les folies d'à-présent soient loin d'être amusantes. — Monsieur, j'étais chez M. le professeur Broussonet, quand M. Farjon, le procureur de la commune, est venu, lui a-t-il dit, pour le consulter sur un objet important pour la santé publique.

Il s'agissait de savoir si les officiers préposés à la visite des porcs dans les marchés publics, vu le silence des décrets sur cet objet, continueraient leur exercice, et s'il ne résulterait pas de graves inconvénients de la cessation de leurs fonctions. — Monsieur, lui a répondu M. Broussonet, ce que vous me faites l'honneur de me demander, au nom de la commune ou notre respectable corps municipal, est une question d'hygiène et de médecine légale. Cette affaire est même plus complexe, car il y a au fond de tout cela, et même en première ligne, ce que nous appelons de la pathologie, puisqu'il faut partir de la ladrerie, ou espèce de lèpre imputée aux cochons, et examiner si ces animaux, alors qu'ils sont reconnus pour ladres, fournissent une nourriture dangereuse.

M. de Barthez : C'est bien, c'est procéder méthodiquement.

---

gueyer les porcs. *Le langueyeur est obligé de dire si le porc est ladre ou non.* »

Monsieur le procureur de la commune, a continué de dire M. Broussonet, M. Des G...., que voici, est un garçon fort en état de répondre à tout cela.

Voulez-vous, M. de Barthez, que je continue le dialogue?

M. de Barthez : Je vous en prie, cela me rend les choses tout-à-fait présentes, et je crois entendre les interlocuteurs.

Hé bien, monsieur, M. Farjon s'est mis à dire: J'ai l'honneur de connaître monsieur (en parlant de votre serviteur), et je sais qu'au club, dans nos conseils d'administration de la garde nationale et ailleurs, on l'écoute...

M. Broussonet : Et moi j'aimerais mieux qu'il se tût, parce qu'il est en désaccord avec trop de monde.

Puisque M. le professeur m'autorise à émettre mon avis, me suis-je mis à dire, je crois devoir rappeler d'abord ce que nous savons sur la proscription du porc, comme aliment, dans l'antiquité. Les Égyptiens, et les Juifs à leur exemple, en ont fait un précepte religieux. Nous voyons, au contraire, que plusieurs peuples de la Grèce, tels que les Crétois, de même que les Romains, ont élevé les porcs avec beaucoup de soin, et les ont considérés comme offrant un très-bon aliment. Chez les Gaulois, nos ancétres, le porc était la nourriture la plus commune et la plus estimée. De même que tous les animaux domestiques, les porcs ont aussi leurs maladies spéciales; et celle que l'on redoute le plus est la ladrerie, espèce de lèpre dont ils sont souvent affectés dans les contrées de l'Orient et du Midi, où l'on néglige totalement l'éducation et les soins qui peuvent produire la santé, la conserver et même améliorer les races.

M. le professeur peut se rappeler qu'aux premiers temps de la république romaine, des hommes tels que Caton (Marcus Porcius) s'occupaient beaucoup d'agronomie ou d'économie rurale, et par conséquent de l'éducation des bestiaux. Le grand homme que nous venons de citer n'a pas oublié, dans son traité *de Re rustica* que nous croyons posséder, ce qui est relatif aux porcs, et il a parlé amplement des soins qu'il convient de leur donner, dans le chapitre *Porculatio.*

M. Broussonet: Je crois m'en souvenir à présent; mais c'est mon fils aîné Auguste qui sait ces choses-là à merveille.

M. de Barthez: Ce brave Broussonet, il est heureux par ses enfants!... Achevez-moi, je vous en prie, cette histoire qui a un côté plaisant et un autre sérieux.

R. D. G. : La lèpre, messieurs, continuai-je
de dire, ou bien la ladrerie, qui paraît avoir été
inconnue ou au moins fort rare en Europe,
avant le retour des croisés de la Palestine, a fait
chez nous, à cette époque et long-temps après,
de très-grands ravages; et c'est à cette circonstance qu'il faut attribuer l'institution des
langueyeurs de porcs. Ces officiers de police
sanitaire ou leurs délégués acquirent par l'habitude, ou dans l'exercice de leurs fonctions, des
notions moins imparfaites que le vulgaire, qui
se bornait à des signes purement extérieurs,
pour préjuger la ladrerie. Les langueyeurs, et
c'est de là que vient leur nom, établirent que le
signe pathognomonique (1) de cette espèce de
lèpre avait son siége à la base de la langue.
Ainsi lorsque, indépendamment de l'insensibi-
lité, de la dureté et de l'épaisseur de la peau devenue rugueuse, et enfin d'une faiblesse générale,
les langueyeurs viennent à reconnaître des vésicules ou petites tumeurs blanchâtres aux parties
latérales et inférieures de la base de la langue,
ils prononcent que l'animal est ladre, et il est
soustrait à l'alimentation (2).

____

(1) Signe pathognomonique ou positif d'une maladie.
Cette dénomination vient de πάθος, maladie, et de γινώσκω,
connaître.

(2) On croit aujourd'hui, 1° que les vésicules dont il

M. Farjon : Après ce que nous venons d'entendre, messieurs, il reste deux questions :

1° Les langueyeurs actuels peuvent-ils être
conservés, avec le titre attaché à leur office?

2° Est-il dangereux pour la santé publique
que leurs fonctions soient abolies ou même sus-
pendues?

La première de ces questions paraît à la
commune être décidée négativement; reste la
seconde, sur laquelle j'ai l'honneur de vous
consulter.

M. Broussonet : Je dis, moi, qu'il faut obéir à
la loi, avant toutes choses, puis continuer de
surveiller la santé des cochons, sans quoi, le
peuple croirait qu'on ne veut plus s'occuper de
son bien-être, ou peut-être l'empoisonner et le
rendre ladre... Donnez donc votre avis, M. Des G.

---

vient d'être parlé sont des hydatides qui se rencontrent
aussi très-fréquemment dans les cavités splanchniques;

2° Que la chair provenant des porcs reconnus ladres,
n'est point insalubre, à moins qu'elle ne devienne une
nourriture absolument exclusive.

Il faut cependant convenir que la chair des porcs ladres
est flasque, insipide et difficile à saler.

La question de l'hérédité de la ladrerie n'est pas résolue.
On a seulement reconnu que les productions des porcs
ladres contractent plus facilement la ladrerie que les
autres.

R. D. G. : Je partage l'avis de M. le professeur, et propose en conséquence : 1° que les langueyeurs conservés prennent le titre d'experts; 2° que la visite des porcs continue à avoir lieu comme par le passé.

M. de Barthez : Cela est fort sagement opiné, mais je ne crains pas d'avancer que j'ai eu sur l'alimentation, des idées de l'ordre le plus élevé, et je les ai consignées, dès 1771, dans mon discours intitulé : *Nova doctrina de functionibus naturæ humanæ* (1).»

On pourrait se dispenser d'observer, car telle est notre nature, que dans le Midi les anoblis de la plus fraîche date ont été plus sensibles à la suppression de la noblesse que les plus anciens gentilshommes.

Parmi les hommages que nous rendîmes à la société royale des sciences de Montpellier, nous eûmes l'honneur de lui présenter, dans la séance du 22 avril 1790, l'écrit suivant : *Observations*

---

(1) *Nondum hactenus quæsita fuit, quæ tamen inventu non admodum ardua videtur, ars applicandi doctrinam medicam ad mores hominum regendos. Interea, dubium esse non potest, quin juxta observatam cujusvis hominis constitutionem, medica ope, in ipso excoli possint semina virtutis et humanitatis, atque deleri altius reposita vitiorum incitamenta.*

sur la faculté d'absorber que conserve le système des vaisseaux lymphatiques après la mort des animaux (1).

Ce travail et le rapport bienveillant que voulurent bien faire, à cette occasion, le 6 mai 1790, MM. Broussonet, Laborie et Chaptal, me valurent le titre de correspondant de la société, qui me fut conféré par des lettres du 4 septembre de la même année.

Depuis les troubles qu'avait excités à Nîmes la présence du baron de Marguerittes, député et maire de cette ville, et les affreux massacres qui en avaient été la suite, les patriotes exclusifs de Montpellier parlaient assez hautement de se rendre maîtres de la citadelle, par négociation ou de vive force. Tant est-il qu'un soir, pendant qu'on lisait au club les nouveaux décrets de l'assemblée et les papiers-nouvelles, on vit entrer le docteur Goguet et deux autres membres de la société, en armes, portant à leurs chapeaux

_____

(1) Ces observations, publiées dans le tome 84 du Journal de médecine, chirurgie et pharmacie, rédigé par M. Bacher, furent confirmées de suite 1° par M. Flandrin (voyez ses *Expériences sur l'absorption des vaisseaux lymphatiques dans les animaux*, même Journal, tome 85. 2° *Recherches anatomiques sur l'action des vaisseaux lymphatiques conservés long-temps après la mort.* Même recueil, tome 86, par M. Louis Valentin.)

des branches d'olivier, à défaut de lauriers, et ils nous racontèrent qu'ils venaient de prendre possession de la citadelle, sans coup férir, encore bien qu'ils l'eussent escaladée au nombre de quinze. Goguet ajouta d'un ton fort plaisant, qu'un sergent du régiment de Bresse, dont il prit l'attitude et l'allure, venant pour les reconnaître, s'était présenté seul et les deux mains croisées derrière son dos, en leur disant : « Messieurs, on vous attendait à la chute du jour, c'est-à-dire depuis deux heures... » Grands rires et un énorme brouhaha qui durait encore, lorsqu'un caporal de ligue et d'ordonnance remit au président du club une lettre du marquis de Bouzolles, qui avait simplement signé : Montagu, maréchal de camp... Le calme se rétablit et on entendit la lecture de la lettre, par laquelle cet officier général, le seul qui se trouvât alors à Montpellier avec des lettres de service ou un commandement, exposait au club l'importance peut-être méconnue de la citadelle. Sans nier qu'elle eût été construite par les ordres du cardinal de Richelieu, après le siége de Montpellier, dans l'intention de s'assurer de l'obéissance de la ville, il avançait avec raison qu'elle offrait un moyen de défense pour le pays, dans le cas surtout d'une agression étrangère, comme pouvant mettre à couvert une garnison respectable d'environ 2500 hommes, et renfermer à la fois des armes, des munitions et des vivres. En conséquence, M. de Bouzolles suppliait le club d'attendre sur cet objet les ordres du gouvernement, qu'il avait été de son devoir d'informer de ce qui venait de se passer, par un courrier parti avec un passeport régulier de la municipalité.

Dans les assemblées délibérantes où il se trouve beaucoup d'hommes ardents, il est imprudent de parler des premiers. La sagesse veut qu'on laisse un libre cours à ceux que brûle la soif d'opiner. Lorsqu'on a subi cette nécessité, et qu'on a pu calculer à peu près la direction que va prendre la discussion , il est temps de se lever, et c'est ce que fit l'auteur de ces Mémoires.

Il analysa d'abord avec sang-froid et précision le discours très-remarquable que venait de prononcer Goguet qui, au nom de la majorité des clubistes, demandait la prompte démolition de la citadelle. Cet orateur, car il méritait vraiment ce titre, s'abandonnant à toute l'impétuosité de son caractère, avait montré cette fois plus de passion que d'artifice; ce qui nous donna quelque espoir de le combattre avec avantage. Pendant que l'on déraisonnait avec violence, au commencement de la discussion, nous avions médité et arrangé à peu près ce que nous nous proposions de dire, et voulant mêler un peu de chaleur à notre discours, nous la réservâmes pour la péroraison. Quand nous crûmes avoir suffisamment prouvé, en réfutant Goguet, qu'il fallait conserver la citadelle, en attendant les ordres de l'assemblée, nous exprimâmes le desir de voir, à l'instant même, briser les portes de la Royale, souterrain qui servait de prison d'état... Ce vœu qui fut accueilli avec ardeur nous donna gain de cause.... Goguet se livra alors contre nous à des injures que nous feignîmes ne pas entendre, à cause du rôle de modération que nous nous étions imposé.

Le courrier expédié à Paris en rapporta l'ordre de remettre la citadelle sous la sauvegarde des administrations civiles. En conséquence, la municipalité, accompagnée d'environ 3oo hommes de garde nationale, alla solennellement en reprendre possession. Tout était dans le meilleur état, et on n'avait touché qu'aux portes de la Royale qui avaient été brisées; on avait aussi un peu égratigné les armoiries du lieutenant de roi, comte de la Marlière, qui étaient placées au-dessus de la porte de son logement (1).

____

(1) Les supports de ces armoiries étaient ceux attribués au capitaine des levrettes de la chambre de Monsieur.

La citadelle de Montpellier a pourtant depuis tiré une fois sur la ville en 1815, et dans les Cent jours. Mais cet événement fâcheux a été la suite inévitable d'une tentative téméraire. Les habitants qui tenaient pour le roi voulant faire arborer prématurément le drapeau blanc, coupèrent l'eau qui abreuve la citadelle pour réduire la garnison par la soif. Le commandant se trouva donc dans la cruelle nécessité de se faire rendre l'eau de vive force, en jetant quelques obus sur la ville, et en la menaçant d'un bombardement complet.

Les étudiants en médecine avaient au milieu d'eux une société secrète et qui les dirigeait, encore bien qu'ils eussent des chefs ostensibles ou avoués par la faculté, sous les noms de conseillers, de syndics, et en dernier lieu de commissaires. Un de nos camarades de pension, admis dans cette société, crut y voir une institution dangereuse et même criminelle, et il la dénonça au corps entier des étudiants. La curiosité m'avait conduit dans l'amphithéâtre de la faculté où ils s'étaient rassemblés. A peine étais-je entré que je fus constitué président, et me voici au fauteuil, ou mieux assis dans une antique et belle chaise curule en marbre. Rien de plus tumultueux et parfois de plus calme et de plus solennel que les discussions qui eurent lieu à

celte occasion et dans cette assemblée. J'étais
on ne peut plus embarrassé du rôle qu'on m'a-
vait en quelque sorte forcé de jouer, quand les
professeurs me firent appeler dans leur salle du
conseil ou conclave, où ils étaient réunis en
costume. M. le docteur Des G..., me dit M. de
Barthez, en sa qualité de président, la faculté, en
vous témoignant l'estime et l'attachement qu'elle
vous porte, vous déclare qu'elle ne veut et ne
peut traiter avec vous, comme représentant le
corps de MM. les étudiants, auquel vous n'appar-
tenez plus... Je saluai avec l'expression de la
reconnaissance qu'éprouve un homme soulagé
d'un grand fardeau.

Le même jour, je me présentai chez M. Broussonet qui me boudait, parce qu'il avait appartenu
à la société secrète, alors qu'il était étudiant.
Cependant cet excellent homme me reçut avec
bonté, et se contenta de me dire en patois :
Quand on couche avec des enfants, on court
risque de se relever un peu sale.

Pour être juste, il faut avouer aussi que les
membres de la société occulte étaient sous plusieurs rapports l'élite des étudiants.

La grande majorité de la garde nationale de
Montpellier, plutôt passive qu'active au milieu
des divers mouvements de la révolution, changea
presque totalement d'esprit, après la fédération

de juillet. Les gardes nationaux des compagnies d'élite, envoyés à nos frais pour assister à cette grande fête, en revinrent avec des idées d'importance, se persuadant et cherchant à nous persuader qu'il nous appartenait d'éclairer la marche des corps constitués beaucoup plus que de nous conformer à leurs ordres. Dès lors, on entendit discuter dans le conseil général de la garde nationale, de même qu'au club, des questions de politique intérieure et extérieure, avec une solennité qui singeait l'assemblée nationale. Il faut cependant faire une exception en faveur d'une question d'intérêt en quelque sorte local. Il s'agissait d'explications que demandait à la France la régence d'Alger, pour des insultes qu'elle prétendait avoir été faites à son pavillon sur nos côtes de la Méditerranée. Une autre fois on s'occupa longuement de l'insurrection de la garnison de Nancy. L'indiscrétion de l'assemblée ayant donné au camp de Jalès une importance beaucoup plus grande que n'en méritait ce rassemblement, causa de ridicules alarmes dans les départements du Gard, de l'Hérault et même de l'Aude. Le décret du 2 octobre, portant qu'il n'y avait lieu à accusation contre le duc d'Orléans et Mirabeau, ne fit pas une grande sensation. Le prince avait peu de partisans dans nos départements méridionaux, et, au contraire, le comte de Provence qui les avait visités, s'y était fait beaucoup de créatures, par ses connaissances administratives très-étendues, les graces de son esprit et une magnifique représentation, dont on conservait le souvenir. Les troubles simultanés d'Avignon et d'Aix font fermenter les esprits. Enfin, le décret sur la constitution du clergé qui termine les opérations de l'assemblée en 1790, prépare les mouvements de 1791 dans le Midi.

Le rôle constant de l'auteur de ces Mémoires, qui représentait la colonelle dans le conseil général de la garde nationale, plus divisée que jamais, fut, il ose le dire, celui d'un courageux défenseur de la légalité et d'un ami de la liberté, sans excès; ce qui sera prouvé dans le chapitre suivant.

CHAPITRE IV.

Montpellier en 1791. Effets produits par la mise en activité de la constitution civile du clergé. — Insurrection à Toulouse; elle est toute locale, quoi qu'on en ait dit. — Mort de Mirabeau. — Fuite et arrestation de Louis XVI. — Installation d'un curé constitutionnel à Lunel. — La publication de la loi martiale à Paris affermit les autorités départementales. — Rixes sanglantes, désarmement du Plan de l'Olivier et ses suites. — La municipalité de Paris retire le drapeau rouge et arbore le drapeau blanc, ce qui rend de l'audace aux perturbateurs du Midi. — Avignon et le comtat Venaissin sont déclarés parties intégrantes de l'empire français. — Séjour aux bains de Balaruc. — L'assemblée constituante déclare que sa mission est remplie, que ses séances sont terminées; et alors commencent les brigues pour les élections. — Départ de l'auteur de ces Mémoires pour Paris.

CEUX qui connaissent la passion de nos méridionaux pour se réunir en associations de pénitents de toutes les couleurs, et qui les ont vus dans leurs cérémonies, pourraient les soupçonner d'être dévots; et cependant il n'en est rien, car leurs mascarades religieuses se terminent d'ordinaire par des orgies. Les femmes, moins adonnées aux pratiques superstitieuses que ne le sont les hommes, ont vraiment beaucoup de

piété; c'est un effet de leur imagination et de
la vivacité de leurs passions. Jugez maintenant
ce que de pareilles femmes devaient éprouver,
quand elles voyaient leurs pères, leurs maris,
leurs frères se revêtir de leurs habits de garde
national, et sortir en armes de leurs domiciles
pour escorter et protéger des prêtres assermentés qu'elles considéraient comme des renégats
de la foi de nos pères. Les femmes du peuple,
dans tous les quartiers de Montpellier, semblaient s'être donné le mot pour combler de
bénédictions les prêtres réfractaires, tandis
qu'elles poursuivaient les assermentés en faisant
entendre sur leur passage les cris perçants du
coq, comme pour leur rappeler la similitude de
leur position avec celle de saint Pierre reniant
le Sauveur. On voyait de jeunes mères de famille, allaitant leurs enfants ou les portant dans
leurs bras, insulter le clergé constitutionnel
jusque sur le seuil des temples. Loin d'applaudir
à cette exagération irréfléchie, nous croyions,
ainsi que nos amis, que cet ordre d'ecclésiastiques rendait de grands services aux populations
ardentes du Midi. Si le culte catholique eût
cessé, il eût fallu s'attendre à de nouvelles Saint-
Barthélemi, à Nîmes, à Montpellier, à Montauban et peut-être sur plusieurs autres points de
l'ancien Languedoc. Pourquoi se refuser à croire

qu'un grand nombre de prêtres assermentés n'aient été mus dans leur conduite par des sentiments généreux de patriotisme et de concorde? N'a-t-on pas entendu l'un des plus distingués d'entre eux, le P. Sermet, devenu évêque du département de la Haute-Garonne, dire en chaire et répéter dans des mandements : *Autre chose est se soumettre, et autre chose approuver ?*

Des troubles assez violents éclatèrent à Toulouse, mais ne furent, quoi qu'on en ait dit, concertés avec aucun autre mouvement, au moins à Montpellier. Le plan des agitateurs, et cette fois-ci c'étaient les aristocrates, manquait d'ensemble, car une bonne partie des mécontents, au lieu de rester à leur poste, partaient journellement pour Coblentz. Au reste, le désarmement d'une légion composée presque entièrement d'ex-nobles et d'anciens parlementaires ramena le calme à Toulouse.

La nouvelle de la mort de Mirabeau, qui succomba à Paris, à la suite d'une maladie aiguë et douloureuse, le 2 avril, fit la plus vive sensation dans le Midi. Dans les premiers moments, le parti populaire crut avoir perdu le plus puissant moteur et le plus ferme appui de la révolution, et le parti opposé regretta sincèrement un homme qu'il savait rapproché depuis peu de la famille royale; la perte de Mirabeau fut donc douloureuse pour tout le monde.

La fuite de Louis XVI, dans la nuit du 20 au 21 juin, fut connue assez promptement à Montpellier par la voie de Lyon. L'auteur de ces Mémoires se trouvait à Cette, où l'on battit la générale entre cinq et six heures du matin... La garde nationale et la troupe de ligne se réunirent dans un parfait accord sur les places publiques; des signaux avertirent le fort Richelieu, qui commande le port et la rade, d'être sur ses gardes; et le maire de la ville, M. Castilhon, homme d'un caractère très-ferme, se rendit sur le môle, d'où il somma le capitaine d'une frégate entrée la veille dans le port, de descendre à terre avec ses officiers et de le suivre à la municipalité, ce qui fut fait... Le capitaine, après avoir appris la nouvelle de la fuite du roi, fit voir par les ordres dont il était porteur, qu'il ne pouvait y avoir la moindre hostilité dans sa conduite, et il prêta, de bonne grace, le serment d'obéissance à la nation exclusivement. Le maire retourna sur le môle, et au milieu des acclamations générales, il fit prêter le même serment à l'équipage de la frégate.

Un courrier expédié par le directoire du département de l'Hérault apporta au maire de Cette l'ordre de désarmer la frégate. Désarmer

un vaisseau de guerre, c'est faire descendre à
terre les équipages, et c'est aussi, je crois, en
enlever les bouches à feu. Tant est-il que l'on
délibérait sur l'exécution de cet ordre, quand
un second courrier, arrivé six heures seulement
après le premier, annonça l'arrestation du roi
et le décret de l'assemblée qui ordonnait qu'il
fût reconduit à Paris.

Comme je connaissais beaucoup de personnes
à Cette, et entre autres M. Merle, banquier et
expéditionnaire en cour de Rome, ainsi que le
directeur et le contrôleur de la manufacture des
tabacs, et que j'étais en uniforme, je me présentai au maire de la ville, en lui demandant de
me mêler dans les rangs de la garde nationale,
au milieu desquels je fus accueilli avec autant
d'empressement que de politesse. Vers trois
heures de l'après-midi, il s'offrit à moi une occasion de retourner promptement à Montpellier,
et le maire, que j'en allai prévenir, me chargea
d'une lettre pour le procureur général du département, M. Dupin, avec lequel j'avais l'honneur d'être lié. Après avoir remis cette lettre,
donné quelques informations sur ce que j'avais
vu à Cette, et répondu à quelques questions qui
me furent adressées, mon premier soin fut de
demander des nouvelles de la colonelle. On
m'apprit alors que M. Dumas, notre ex-député

à la fédération, avait été arrêté comme père
du maréchal-de-camp Matthieu Dumas, que
l'on soupçonnait, ainsi que M. de Lafayette et
quelques autres, d'avoir favorisé l'évasion de
Louis XVI... Le père de Matthieu Dumas avait
ri, disait-on, en apprenant cette nouvelle; mais
on aurait dû se rappeler que ce bon vieillard
riait des choses les plus sérieuses. Enfin ce qui
tranchait la présomption d'une manière péremp-
toire, c'est que le général Dumas avait été chargé
par un décret de l'assemblée, du commandement des gardes nationales accourues de toutes
parts, pour ramener le roi dans la capitale. Je
demandai la mise en liberté de M. Dumas père,
détenu à la citadelle, et auquel on n'avait plus
pensé, m'avoua-t-on, au milieu des embarras
d'une pareille journée. Le procureur général,
après en avoir conféré avec le président et un
administrateur, me délivra le mandat d'extraction. Nous nous présentâmes au pont-levis de
la citadelle avec deux camarades de la colonelle,
les frères Baron, parfumeurs dans la Grand'rue,
braves gens et fort aimés. Introduits dans une
vaste salle, qui contenait pêle-mêle une partie
de l'ex-noblesse de Montpellier, nous emmenâ-
mes M. Dumas, fort étonné de notre apparition
et, comme on le dit dans ce pays-là : « tout étourdi
du mouvement du bateau. » A peine avions-nous

fait vingt pas hors de la citadelle, que les voisins de M. Dumas nous l'enlevèrent et le reportèrent sur leurs épaules à son logement dans la Grand'rue. Cette fois, M. Dumas, qui était en robe de chambre, et qui perdit sa perruque et ses pantoufles, au lieu de rire pleurait d'attendrissement. L'expiation fut complète, car les voisins illuminèrent le soir même la façade de la maison de M. Dumas, et on lut sur un transparent ce vers du Goudoulin :

> Aux rameaux on connaît la souche.

Dans ce temps-là, le curé de Lunel et ses vicaires refusèrent de prêter le serment, et l'on fut en conséquence obligé de chercher un prêtre qui pût remplacer le curé et se donner ensuite des collaborateurs constitutionnels comme lui. Notre bon et brave camarade Mireur présenta un sien compatriote provençal, qui avait plutôt l'air d'un grenadier que d'un prêtre, et qui, malgré cela ou à cause de cela, fut agréé par le district ou le département, je ne sais plus lequel des deux. Le jour qui précéda l'installation fixée à un dimanche, quatre commissaires du département, escortés de mille à douze cents hommes, amenèrent à Lunel le nouveau pasteur. Nous fûmes reçus aux limites de la commune par la municipalité et 5o hommes de garde nationale.

Le maire, qui parla avec beaucoup d'aisance et de dignité, se nommait M. de Bornier, ancien capitaine d'infanterie et chevalier de Saint-Louis, arrière-petit-fils de l'un des commentateurs des ordonnances de Louis XIV. Le procureur de la commune était M. Baumes, frère aîné du célèbre professeur en médecine, et homme tout aussi spirituel que son cadet. Ces magistrats annoncèrent aux commissaires du département que les habitants de Lunel se soumettraient aux lois avec résignation, et ils les supplièrent de leur éviter, autant que possible, les désagréments et même l'humiliation prolongée d'une occupation militaire, d'ailleurs inutile.

La garde nationale de Montpellier et ses officiers furent casernés, et notre colonel ou commandant, M. Garnier, fils aîné, logea seul dans la ville.

Le lendemain, c'est-à-dire le dimanche, on vit arriver à Lunel, à la pointe du jour, cinq cents hommes de gardes nationales de Massillargues et autres communes voisines, commandés par M. Tisson, et un escadron des dragons du Roi, venus de Sommières, où ils étaient en garnison. Les doléances de la municipalité se renouvelèrent, au milieu de l'exaspération générale des habitants. Le département rétablit le calme et la confiance, en annonçant au maire et

le chargeant de faire publier à son de trompe,
que les gardes nationales et les troupes régulières, arrivées le matin, partiraient dans le jour,
et tout ce qui était venu de Montpellier, le lendemain de bonne heure.

Cependant on n'entendait point les cloches ;
et il fallut mettre en réquisition des sonneurs
pour annoncer la grand'messe. Les sacristains ;
les bedeaux, les enfants de chœur avaient disparu,
il n'y avait ni eau ni sel pour faire l'eau bénite,
ni feu pour allumer les cierges et brûler l'encens,
ni gâteau ni brioches pour le pain bénit. Quand
on se fut procuré ce qui était indispensable, le
curé monta à l'autel. L'église assez vaste était
presque entièrement vide, et le maire prétendit
que les catholiques avaient craint de trouver leurs
places prises par des personnes d'un autre culte,
mues par la curiosité, ou dans le dessein de
manifester leur assentiment. Cela s'adressait
évidemment aux protestants, qui n'étaient pourtant, en hommes et femmes, qu'au nombre de
20 à 25, et conservant le maintien le plus
décent.

Enfin le curé monta en chaire, et nous ne
perdîmes pas un mot de son discours, placé que
nous étions, comme sergent de planton, derrière
l'œuvre des marguilliers, où siégeaient avec le
département, le maire et le procureur de la commune.

Le prône ou le manifeste du curé fut une très-mauvaise rapsodie, dans ce sens qu'il débita quelques bons morceaux qui n'étaient pas de lui, et qui, mal cousus ensemble, perdaient tout leur mérite. Ce qui fut pis, c'est qu'il mêla du sien à tout cela. « Je suis, disait-il, l'élu du peuple (ce n'était pas celui de Lunel), je suis approuvé par nos lois sanctionnées par Dieu... Je suis votre pasteur constitutionnel, » et il avait toujours à la bouche et comme un refrain : *Constitutus à Domino*... « Ne voyez-vous pas, dit-il encore entre autres sottises, que ces hauts magistrats populaires et ces troupes civiques qui protégent et assurent mon installation, prouvent la validité de mon élection, et que je suis véritablement celui que le Seigneur a désigné dans sa miséricorde, pour être votre pasteur constitutionnel ? »

La messe ayant repris son cours, on arriva à l'élévation. Au signal donné par les tambours qui battirent aux champs, les autorités s'agenouillèrent et les gardes nationales en firent autant et présentèrent les armes suivant l'usage. Les protestants qui étaient dans l'église fléchirent également les genoux et baissèrent la tête avec beaucoup de convenance et sans affectation. Quelques bons catholiques, au contraire, restèrent debout et la tête très-haute. Deux brigades de maréchaussée, stationnées dans l'église, le sabre à la main, les contraignirent alors violemment à s'agenouiller (1).... «Voilà, ne craignit pas de dire le procureur de la commune, voilà les dragonnades de retour; elles ont seulement changé d'objet. »

Le reste de la journée se passa assez bien; mais il était temps que la retraite battît, parce que le vin de Lunel commençait à agir.

Nous partîmes le lundi matin dans un grand ordre, et déchargeâmes nos armes hors de la ville. Le curé nous suivit, avant que la semaine fût écoulée, désespérant d'être même toléré par les habitants de Lunel.

Après le retour du roi de Varennes, les révolutionnaires ardents demandaient la déchéance de Louis XVI, et ils s'étaient portés au Champ-de-Mars pour y signer sur l'autel de la patrie une pétition dans laquelle cette demande était impérativement exprimée. Le maire Bailly essaya vainement de disperser le rassemblement, qui

---

(1) Avant la révolution, on entendait par maréchaussée une compagnie de gens à cheval, établie dans chaque généralité, et commandée par un prévôt-général et ses lieutenants, pour veiller à la sûreté publique. Les prévôts jugeaient certains crimes nommés cas prévôtaux. Le nom de maréchaussée vient de ce que ces compagnies étaient immédiatement subordonnées aux maréchaux de France.

La maréchaussée, avec quelques changements, a été remplacée par la gendarmerie nationale.

ne faisait que grossir et prendre de plus en plus un caractère séditieux qui menaçait l'assemblée et la capitale des plus grands excès. Le conseil municipal engagea alors le maire à proclamer la loi martiale, et à réduire les insurgés par la force. On sait quelles furent les suites de cette mesure. Le drapeau rouge dut rester arboré sur le fronton de l'hôtel-de-ville, comme un signe des dangers de la patrie. Cette sanglante journée du Champ-de-Mars déconcerta les révolutionnaires du Midi, et elle donna aux administrations départementales, amies de l'ordre et de la paix, une autorité salutaire.

La garde nationale était évidemment, et plus que jamais, divisée en hommes, comme on le dit aujourd'hui (en 1835), progressifs et en patriotes honnêtes et paisibles. Je ne veux pourtant pas nier qu'il n'y eût des mécontents qui avouaient leur opposition, et des hypocrites timorés prêts à se ranger du côté des plus forts. C'était dans notre conseil général ou d'administration qu'il était surtout facile d'observer ces nuances tranchées d'opinion qui présageaient une collision prochaine. Nous avions pour présidents de droit le colonel-général, le lieutenant-colonel et le gros-major, tous trois négociants et prieurs ou juges de la Bourse; ce qui les plaçait à la tête du commerce. D'accord avec les

deux premiers, MM. Estor et Sades, sans être
en opposition ouverte avec le troisième, M. L...,
qui favorisait secrètement les exaltés, nous avions
journellement à lutter contre le docteur Goguet,
M. Joubert de l'Épinay, inspecteur des manu-
factures, et M. Pierre C... Ce dernier qui, outré
le crédit effrayant de sa famille, était major des
gardes nationales du faubourg de Boutonet, mêla
tant d'injures et de gesticulations à ces attaques,
que ne voulant plus jouer le rôle de sourd et
ne voulant pas prendre celui d'aveugle, je fus
obligé d'en demander satisfaction. D'autres pro-
vocations de la part de M. P. C. furent repoussées
de même à l'armée d'Italie, en 1794; enfin elles
se renouvelèrent et se terminèrent en Égypte sur
la rive gauche du Nil, peu après le débarquement
de l'expédition.

Un dimanche et par un fort beau jour, entre
quatre et cinq heures de l'après-midi, une pa-
trouille de grenadiers du faubourg du Couraud
descendait la rampe de l'esplanade qui conduit
à la porte de Nîmes, tandis qu'une autre pa-
trouille de chasseurs du Plan de l'Olivier montait la même rampe. Arrivées à la hauteur à
laquelle chacune, suivant les usages militaires,
devait prendre sa droite et défiler latéralement
au port d'armes, les deux patrouilles se présentèrent de front et croisèrent la baïonnette. Le

capitaine des grenadiers, M. Sabatier, celui qui
avait une raffinerie de sucre, homme estimé de
toute la ville et très-chéri des siens, fut frappé
d'un énorme coup de crosse qui l'étendit à leurs
pieds. Au même instant, un chasseur, atteint au
cœur d'un coup de baïonnette, tomba roide
mort.

L'alarme se répandit aussitôt dans la promenade, qui était couverte de monde. Nous nous y
trouvions alors avec le prince sicilien de Castel-
forte et son épouse, que nous avions connus en
Italie, et madame la présidente Durand, femme
du maire de la ville. La dernière de ces dames
nourrissait un de ses enfants, qu'une femme
portait derrière elle dans ses bras. Nous conseil-
lâmes à la princesse, que la foule suivait partout
pour admirer sa beauté, de se retirer dans son
logement, rue du Gouvernement, et nous enga-
geâmes le prince à ne point quitter son épouse.
Nous proposâmes à madame Durand de la reconduire, ce qu'elle accepta. Nous n'arrivâmes cependant chez elle qu'avec beaucoup de peine, à cause
de l'encombrement et du désordre affreux qui
régnaient dans la Grand'rue. A dix pas de l'hôtel
de la présidente, nous fûmes tellement pressés
contre la boutique de l'horloger Dupuy, qu'il
nous fallut mettre l'épée à la main, pour nous
frayer un passage, parce que madame Durand,

qui s'était saisie de son enfant, disait, de la voix la plus attendrissante, que si elle devait mourir, ce fût au moins dans sa maison et aux pieds d'un crucifix, pour pouvoir recommander ses enfants à Dieu.

Les chasseurs avaient enlevé le cadavre de leur camarade et l'avaient reconduit dans sa maison, où se trouvait sa femme avec deux enfants en très-bas âge. Les cris de désespoir de cette malheureuse mère appelèrent les autres femmes, et toutes se livrèrent à des excès de fureur, en provoquant les hommes à la vengeance et en offrant de marcher avec eux, et à leur tête, avec leurs enfants. Les grenadiers avaient emporté leur capitaine, resté sans connaissance, dans sa maison, où ils prirent position et pour sa sûreté ultérieure et pour défendre leur drapeau, en cas d'une nouvelle agression; car ils prétendaient n'avoir fait que repousser la violence par la violence.

Pendant que la générale battait de tous côtés, et appelait aux armes les troupes de ligne et la garde nationale, les gens du Plan de l'Olivier, promptement réunis, placèrent des sentinelles à toutes les issues de leur quartier, établirent une forte réserve devant l'École de droit, et s'isolèrent ainsi du reste de la ville. Les bruits les plus extravagants se répandirent tout à coup dans le

reste de Montpellier, et on entendit les plus
exaltés dire et affirmer que c'était une insurrection préméditée, et qu'il devait y avoir au milieu
des révoltés un grand personnage et peut-être
même un prince, qui les excitait à cette audacieuse levée de boucliers.

Le maire, M. Durand, et le procureur de la
commune, suivis de 150 hommes du régiment
de Lyonnais, infanterie, pénétrèrent cependant,
vers minuit et sans obstacles, au milieu du Plan
de l'Olivier, et se rendirent au domicile du chasseur mort pour faire enlever le cadavre.

La malheureuse veuve, frappée d'une sorte de
délire, demandait la mort pour aller plus promptement rejoindre son mari, qui était, disait-elle,
heureux dans le ciel comme tous ceux qui mou-
raient pour leur religion et pour leur roi... Puis
se précipitant aux pieds du maire, elle disait
aussi, les yeux secs et égarés, et du ton d'une
inspirée : « Prenez soin, mon bon M. Durand,
prenez soin, M. le maire, de mes enfants auxquels je n'ai plus de pain à donner, et puis que
je meure!... » Et celui-ci : « Vivez, excellente
épouse et mère, vivez, et je vous promets devant
Dieu, qui nous entend, de prendre soin de vos
enfants. » Voici comment ce vertueux magistrat
racontait cette scène déchirante; mais il passait
sous silence, qu'il lui avait donné le lendemain
une somme de 10,000 fr. par contrat.

Le cadavre fut transporté et ensuite ouvert sous un hangar placé dans le clos des Capucins, qui communiquait avec l'ancien hôtel de l'intendance, où se trouvaient réunis le département, le district et la municipalité, environnés de 5oo hommes de gardes nationales.

Tous les postes ordinaires étaient fortement occupés, quand un conseil de guerre, extraordinairement convoqué, se mit à informer; et, après six heures de délibération, pendant lesquelles on entendait les juges rugir comme des lions, on prononça le désarmement du Plan de l'Olivier, dont les drapeaux seraient en outre solennellement brûlés sur l'esplanade dans les 24 heures.

Plus d'une heure avant que ce jugement fût rendu, c'est-à-dire à cinq heures du matin, les armes des gardes nationales du Plan de l'Olivier avaient été déposées chez les frères B..., négociants et leurs commandants, et on chargeait les armes sur des voitures pour les porter où la municipalité l'ordonnerait.

Le même jour et à la même heure à peu près de l'après-midi, à laquelle était arrivé le malheureux événement de la veille, la municipalité parut sur l'esplanade, où environ 5,ooo hommes étaient réunis en armes. Des valets de ville portaient renversés et dans leurs étuis, les drapeaux du Plan de l'Olivier qui furent jetés sur un bûcher ardent et consumés au son d'une musique qui exécutait des airs provocateurs, mêlés aux chants des Euménides.

La grande majorité de la population de Montpellier, présente à ce spectacle, était plongée dans la stupéfaction. Quelques-uns cependant ne purent s'empêcher de rappeler que, par un singulier rapprochement, on venait de brûler les drapeaux qu'on voulait être ceux du catholicisme et du royalisme, sur le même point où, quelques années avant, on avait brûlé vivants des voleurs de vases sacrés.

La municipalité de Paris crut devoir retirer le drapeau rouge qu'elle avait arboré dans les dangers de la patrie, et le remplacer par le drapeau blanc, comme un signe de concorde ou de retour à la paix. Les patriotes exclusifs du Midi interprétèrent ce changement d'une tout autre manière, et le prirent pour une concession faite par les autorités, ce qui accrut leur audace.

Avignon et le comtat Venaissin, souillés de sang, sont déclarés partie intégrante de l'empire français. Cette réunion, fruit des violences les plus détestables, fut célébrée à Montpellier avec de grandes démonstrations de joie, et plus particulièrement dans le club qui était en correspondance très-active avec les patriotes avignonnais.

Voulant connaître par moi-même les eaux de Balaruc, je m'y rendis vers la mi-septembre, et j'y passai une quinzaine de jours, loin des agitations toujours croissantes de Montpellier, d'où mes adversaires me disaient furtivement évadé.

Les eaux thermales de Balaruc, situées très-près du bourg de ce nom, à 12 ou 15 milles de Montpellier, étaient connues des anciens Romains, qui, pendant leur séjour dans la Gaule Narbonnaise, y avaient construit des établissements convenables pour en faire usage. C'est ce que prouvent des ruines d'aqueducs et des inscriptions, entre autres celle-ci qui mérite d'être conservée :

ITEM. TRIB. LEG. II. GEMELLI. PROC.

NEPTUNO. ET. N.

C'est ce qu'achèvent de démontrer des urnes cinéraires, des lampes et des médailles que l'on trouve fréquemment dans les environs. Rondelet avait déja rappelé l'attention publique sur les eaux de Balaruc. Dortoman les fit mieux connaître en déterminant leur application, et en enseignant la manière de s'en servir (1). Sous le règne de Louis XIV, Chirac procura aux eaux de Balaruc une grande vogue, en en envoyant chercher en poste, de la tranchée devant Turin, pour servir au pansement d'une blessure que le duc d'Orléans, depuis régent du royaume, avait reçue au siége de cette place. Le professeur Charles Le Roy a donné, en 1771, dans le 1er volume de ses *Mélanges de physique, de chimie et de médecine*, un travail sur les eaux de Balaruc, qui est digne de sa haute réputation. On attribue à M. Farjon, praticien distingué de Montpellier, un Mémoire sur le même objet. Enfin M. Pouzaire, médecin des eaux de Balaruc en 1791, et MM. Rigaud et Pons ont publié d'utiles observations.

La source de ces eaux minérales salines est très-abondante, et sa température monte à 38° au thermomètre de Réaumur. On prend les eaux de Balaruc depuis les premiers jours de mai jusqu'à la fin de septembre. Prises par verres, ces eaux sont toniques et apéritives, et bues par pintes elles sont purgatives. On les administre à l'intérieur, dans les cas de faiblesse des voies digestives, de chlorose, de leucorrhée et d'en-

---

(1) *Nicolai Dortomani libri duo de causis et effectibus thermarum Belilucanarum , parvo intervallo a Monspeliensi urbe distantium.* Lyon 1579, in-12.

gorgements des viscères; à l'extérieur, on les
emploie contre les paralysies, les rhumatismes,
les scrofules et diverses maladies de la peau.
Les bains et les douches doivent être prescrits
avec beaucoup de précaution, à cause de la très-
haute température de ces eaux.

Si les bains de Balaruc, situés près d'une ville
toute médicale, et environnés de populations
opulentes, n'étaient pas aussi fréquentés qu'ils
méritaient de l'être, c'est qu'on y manquait (en
1791), je ne dirai pas des accessoires d'agrément,
mais des commodités indispensables pour ajouter à leur efficacité. On ne pouvait, par exemple,
s'y procurer des logements commodes, et la table
était mauvaise dans un pays où abondaient, avec
des légumes et des fruits excellents, le meilleur
gibier et le poisson de mer et d'eau douce. Les
bains de Balaruc, disposés convenablement pour
recevoir les malades, auraient produit autant
qu'une belle terre. Nous fîmes ces observations
au propriétaire, qui parut les écouter avec intérêt. M. de Vichy ou Viry, et peut-être ni l'un
ni l'autre, était un ex-conseiller à la cour des
comptes et un grand capitaliste, auquel il était
facile d'exécuter ce que je lui conseillais. Avant
d'aller à Balaruc, je connaissais le propriétaire
des thermes et le voyais souvent ainsi que son
fils, dans la délicieuse maison de M. de Langlade,

ancien financier et mélomane fort connu à Montpellier, qui, marié à Alençon avec mademoiselle
de Baudreville, en avait une fille dont on pouvait dire, comme Horace de Tyndaris :

O matre pulchra filia pulchrior.
D'une mère charmante enfant plus belle encore.

Livre Ier, ode XVI.

Parmi les personnes que je rencontrai aux
eaux de Balaruc, se trouvait un personnage fort
connu dans l'Europe entière par la supériorité
de ses talents dans l'art de l'escrime. C'était
M. Cavin de Montpellier, ancien gendarme de
Lunéville, copie frappante de l'Hercule Farnèse,
avec une poitrine pourtant un peu plus évasée
et la tête plus volumineuse. Aux passions violentes que la Fable donne au demi-dieu, M. Cavin
réunissait un amour effréné du jeu, et quand il
perdait, il se consolait en cultivant l'alchimie.
C'était, au reste, un homme qui ne manquait
pas d'amabilité, surtout quand il gagnait. Sa
conversation était instructive, alors qu'il parlait
de ses voyages dans le Nord et dans quelques-
unes de nos colonies. Nous nous étions liés dans
la garde nationale, où il servait comme grenadier ainsi que deux de ses fils qui passèrent peu
après dans la garde constitutionnelle du roi.
M. Cavin me donna, deux fois par jour et pen-

dant une quinzaine, des leçons d'armes par amitié, me disait-il, ce qui d'ailleurs pouvait n'être
point inutile par le temps courant. Ne se dissi-
mulant point ce qu'on pouvait reprocher surtout
à son jeune âge, M. Cavin me racontait que
c'était pour ce qui s'était passé loin de Montpellier qu'on médisait de lui. Je n'ai jamais paru,
disait-il, dans ma ville natale que ma poche
pleine d'or, vêtu avec la plus grande recherche,
et surtout la mise cossue, et dépensant noble-
ment. Dans la politique que je me suis imposée,
je n'ai jamais eu de querelles avec MM. les étudiants, et j'avais même pris l'engagement de ne
me battre jamais à l'épée à Montpellier. Vous
apprendrez pourtant sous peu de jours, si vous
ne le savez pas, que ces courtauds de boutique
ou voyageurs, qui forment le pouvoir exécutif
et veulent faire des conversions à coups de bâton, m'ont attaqué au nombre de vingt ou
trente, de nuit, et comme des coupe-jarrets.
Nous nous sommes adossés, mes deux fils et
moi, l'épée à la main, contre l'école de chirurgie,
et nous les avons chassés comme des étourneaux.
Je suis ici pour quelques contusions que vous
allez voir, et qui ne signifient rien. C'est un grand
bonheur pour ceux qui m'en veulent que j'aie
soixante ans, et que je tienne autant à ma réputation d'honnête homme à Montpellier.

Dans un tout autre sens, trois hommes de la figure la plus sinistre, appartenant à l'armée de Vaucluse et blessés au siége de Carpentras, se trouvaient aux bains de Balaruc, manquant du nécessaire et vivant d'aumônes. Un heureux instinct avait appris à ces hommes à faire usage des eaux, et en allant plonger les parties malades dans des rigoles et des tuyaux de décharge, ils obtinrent l'issue de plusieurs esquilles, et virent promptement se cicatriser des plaies d'armes à feu.

Des paralysies de diverses espèces, telles que des hémiplégies et des paraplégies (1), diminuaient rapidement d'intensité; mais la guérison, ou, pour mieux dire, le soulagement, n'était que momentané, et il fallait souvent revenir à Balaruc, tous les ans, comme nous fûmes dans le cas de l'observer sur un libraire d'Avignon, qui avait d'ailleurs près de 70 ans.

L'analyse la plus récente des eaux de Balaruc,

____

(1) La paralysie, παράλυσις, est la perte totale ou diminution notable du mouvement ou du sentiment.

L'hémiplégie est la paralysie d'une moitié latérale du corps.

Le mot paraplégie, qui désigne dans les anciens auteurs une paralysie incomplète, s'entend communément aujourd'hui d'une paralysie des parties ou membres inférieurs, ainsi que du dernier des intestins et de la vessie.

faite en 1809, a donné par kilogramme d'eau :
6 pouces cubes de gaz acide carbonique; près
de 8 grammes de principes fixes, savoir :

Muriate de soude............ 5, 19
Muriate de magnésie........ o, 85
Muriate de chaux........... o, 66
Carbonate de chaux......... o, 5o
Carbonate de magnésie....... o, o2
Sulfate de chaux............ o, 36.

On n'a pas trouvé de fer et reconnu qu'il se
dégageait de la source une grande quantité
d'azote.

L'assemblée constituante déclara, le 3o de
septembre, que sa mission était remplie et ses
séances terminées, et alors commencèrent à
Montpellier, comme dans le reste de la France,
les brigues pour les élections. La prudence con-
seillait à l'auteur de ces Mémoires de s'éloigner,
et il partit en effet de Montpellier, vers la fin
d'octobre, pour se rendre à Paris, en passant par
Lyon et la Bourgogne.

CHAPITRE V.

Voyage de Montpellier à Lyon avec M. Aragon de Narbonne. — Station à Lunel. — Indisposition de mon
compagnon de route à Bagnols. — Montélimart et rencontre de l'abbé Mulot. — Lyon et mes condisciples
Marc-Antoine Petit et Parat. — Visites à MM. Vitet,
Gilibert et Rast. — Liaison avec M. Des Granges, et
courses dans Lyon. — Rencontre de l'avocat Gauthier à
l'hôtel du Palais-Royal près la place des Terreaux, et
nouvelles très-récentes de Montpellier. — Route de Lyon
à Paris par l'ancienne Bourgogne.

M. Dumas père, dont il est parlé page 132,
sachant mon prochain départ, que j'étais loin
de cacher, écrivit à Narbonne à M. Aragon,
consul-général de France en Angleterre, qu'il
croyait qu'il lui serait agréable de faire avec moi
le voyage de Montpellier à Paris. L'exagération
avec laquelle ce bon vieillard parlait de moi, fit
croire à M. Aragon que j'étais un docteur renommé qui voyageait tout au moins dans une
excellente chaise de poste. Madame Aragon
mère, femme respectable, de beaucoup d'esprit,
et amie de M. de Barthez, arriva bientôt avec
son fils chez M. Dumas. A notre première entrevue, les illusions se dissipèrent, et nous
convînmes de prendre chacun une place à la
messagerie pour gagner Lyon. Ces sortes de

voitures ne faisaient guère plus de 6 lieues de pays par jour, c'est-à-dire 8 à 9 lieues ordinaires. Nous partons pour Lunel où nous devions coucher, et causons chemin faisant de choses assez indifférentes jusqu'au pont de Castelnau, où M. Aragon, âgé d'environ 40 ans, d'une petite stature et d'un grand embonpoint, ayant la tête ample et ronde, et le cou court, s'endormit profondément. Fort éveillé, au contraire, comme je l'étais, je me livrai à des réflexions sur le pays que je quittais et où je venais de passer à peu près deux ans et demi. Compensant les tribulations par l'instruction que j'avais acquise, la confiance des gens de bien et les agréments dont j'avais joui, je pris la ferme résolution d'honorer constamment l'école de Montpellier, et de me montrer toujours bienveillant pour tout ce qui lui appartiendrait directement ou indirectement.

Nous voici arrivés à Lunel où nous descendons chez deux vieilles demoiselles nommées Sibylles, tantes de M. Aragon et nièces d'un abbé Pluquet, qui leur avait laissé des vignes très-renommées pour leurs excellents produits. Indépendamment de la bonté du terroir, les vins étaient faits avec des soins très-particuliers qui en assuraient la qualité. Je me gardai bien de parler de l'installation du curé constitutionnel et de mon rôle dans cette circonstance.

M. Aragon fit empaqueter une caisse assez considérable de vin de Lunel qu'il destinait comme présent au ministre de Lessart, et il m'avoua que les cadeaux étaient souvent beaucoup plus prisés que les meilleurs services.

Quand nous fûmes à Bagnols, petite ville qu'il ne faut pas confondre avec le village de Bagnolles-Bains, mon compagnon de voyage me dit qu'il éprouvait un violent assaut de fer chaud, ou, comme l'on dit en patois languedocien, de *Cremason*... Et voilà que moi, docteur en médecine, je ne savais pas ce qu'il fallait entendre par le fer chaud et *lou Cremason*... Soupçonnant que je pouvais cependant, sous des noms moins vulgaires, connaître cette maladie, je priai M. Aragon d'avoir la bonté de me dire ce qu'il éprouvait. Cette maladie, me dit-il, monsieur, à laquelle je suis sujet surtout en voyage, et à laquelle j'oppose avec succès des absorbants, tels que la magnésie, me fait éprouver, et je ressens dans ce moment, une sensation brûlante qui de la région ou creux de l'estomac se propage et se porte jusqu'à la gorge, où elle me fait éprouver l'impression d'un fer brûlant. — Nous y voilà, monsieur, dis-je à mon tour, je connais fort bien votre maladie que nous appelons, nous autres médecins, *pyrosis*. Vous faites très-bien d'employer les absorbants; mais comme chez vous cette affection est éminemment spasmodique, il vous faudra recourir aux boissons douces et mucilagineuses, que nous allons remplacer par une très-légère limonade; mettons aussi de côté le vin de Lunel, qui contrarierait le régime auquel il faut vous astreindre au moins jusqu'à Lyon.

Dans l'excellente auberge de Montélimart, nous étions, en attendant le souper, et dans la cuisine, autour d'un grand feu devant lequel tournaient des broches bien garnies, tandis que nous voyions manœuvrer force casseroles, comme pour les apprêts d'un somptueux festin.

Le maître de l'auberge portant son écharpe municipale (car il était le maire de la ville) nous annonça la prochaine arrivée de M. l'abbé Mulot, l'un des commissaires du roi dans le comtat, et qui venait directement de Courthezon dans la principauté d'Orange, où il avait établi son domicile, pour surveiller plus facilement Avignon, Carpentras et surtout Bédarides où siégeait l'assemblée électorale et révolutionnaire de Vaucluse. Au moment où M. Mulot descendit de voiture et fut reçu avec solennité, beaucoup de citoyens notables de la ville, et les voyageurs qui se trouvaient à l'auberge furent admis à le saluer. Cet homme si spirituel, si aimable et si bienveillant, paraissait accablé du chagrin le plus vif. Son autorité méconnue l'avait réduit à

être en quelque sorte le témoin des massacres
des 16 et 17 octobre, et il prévoyait peut-être
déja que la calomnie l'accuserait un jour de les
avoir tolérés et même dirigés. Cinq ou six personnes furent admises à sa table. Le député, car
il venait d'être nommé membre de l'assemblée
législative par le département de Paris, fit placer
à sa droite M. Aragon, et moi à sa gauche. Je
ne tardai pas à dire à M. Mulot, qu'ayant habité
la pension Verdier, j'avais eu l'honneur de le voir
cent fois à Saint-Victor... « Ha! monsieur, me
dit-il alors, vous me parlez d'un temps où j'étais
bien heureux! Simple chanoine régulier et bi-
bliothécaire, ou prieur-curé, enfin cultivant et
les lettres et l'amitié, j'étais trop heureux pour
que cela pût durer. »

Le reste de notre voyage jusqu'à Lyon n'offrit
rien dont j'aie conservé le souvenir.

Arrivés dans la grande ville que je viens de
nommer, et d'où M. Aragon partit en grande
diligence pour Paris, j'allai loger au Palais-Royal,
près de la place des Terreaux. De mes fenêtres
j'aperçus en face de cet hôtel garni une pharmacie dans laquelle je me présentai pour savoir
l'adresse de mon condisciple Parat. Une demoiselle agréable, mais un peu minaudière, à laquelle
je fis cette demande, me répondit avec un accent
lyonnais et des manières gracieuses : M. le doc-

teur Parat? — Oui, mademoiselle, le docteur
Parat, né dans cette ville et qui est venu s'y établir à la fin de l'année dernière ou au commencement de celle-ci. — Monsieur, en médecins,
il n'y a point de M. Parat connu. Quelqu'un qui
était survenu, se mit à dire : Vraiment si, il y a
un docteur Parat, fils de M. Parat, de la rue
Mercière, et le médecin demeure aux Célestins.
M. Parat, qui depuis a acquis à Lyon une grande
et juste renommée, s'est souvent amusé à raconter cette historiette.

M. Parat trouvé, nous allâmes à l'Hôtel-Dieu
chercher Marc-Antoine Petit, qui y remplissait
les fonctions de chirurgien en second, et était
désigné pour prendre celles de chirurgien en chef,
au bout de trois ans. Quoiqu'il fût assez grave
auprès des malades, M. Petit ressemblait à un
jeune premier dans la bonne comédie. Tous les
jours je vis mes deux condisciples, et toujours
avec un nouveau plaisir, à cause de l'accueil
amical qu'ils me firent.

J'allai remettre à MM. Vitet et Gilibert les
lettres que M. Gouan m'avait données pour eux.

Le premier, qui était maire de la ville, et
au moins sexagénaire, avait un aspect plus
qu'austère. Deux énormes sourcils noirs, quoique ses cheveux fussent tous blancs, donnaient
à sa physionomie très-mobile, et qu'animaient

des yeux de feu, un air de rudesse, quoique son
existence tout entière ait prouvé qu'il était plein
de bonté et d'humanité. Après avoir lu la lettre
du professeur de Montpellier, M. Vitet m'invita
à souper avec quelques amis. Ce sera ici, me
dit-il, que nous souperons, dans la maison paternelle, car je n'ai point voulu aller habiter
notre superbe hôtel-de-ville; ce qui eût coûté
à la commune des frais d'ameublement considérables, et eût d'ailleurs contrarié les habitudes
de simplicité pour lesquelles je me sens né.

Le soir venu, j'allai à la comédie pour passer
le temps, en attendant le souper. Voilà tout
à coup que, pendant un entr'acte, il s'élève au
parterre une grande rumeur, et des officiers et
des jeunes gens, dans l'attitude la plus mena-
çante, allaient, je crois, en venir aux mains,
quand M. Vitet, portant son écharpe, s'élance
de sa loge de maire, fend la foule, sépare fort
brusquement les querelleurs, ordonne de lever le
rideau et de continuer incontinent la pièce.
M. Vitet était tellement habitué à ces sortes de
scènes, ou les voyait d'un œil tellement stoïque,
qu'il n'en parla même pas quand il fut rentré
chez lui.

L'aimable et savant agronome Rozier, devenu
curé constitutionnel de l'une des paroisses de
Lyon, le docteur et professeur Gilibert, encore

étranger aux fonctions publiques, quoiqu'il aimât la révolution ; et enfin M. Des Granges,
habile chirurgien et administrateur du district,
étaient les principaux convives.

Une grande partie de la conversation roula
sur les principaux établissements de Lyon, et
M. Vitet me recommanda d'aller visiter à la
Guillotière leur École vétérinaire, qui devait
beaucoup à M. Rozier, son ancien directeur.
L'abbé, qui était homme du monde, fit ressortir
à son tour les services rendus par M. Vitet à
l'art vétérinaire.

M. Gilibert se mit à renchérir sur les éloges
de l'abbé Rozier, et dit, entre autres choses, que,
dût-il offenser la modestie du digne maire, il
ne craignait pas de rappeler ce qu'il avait fait
pour Lyon, et ce que leur noble et grande cité
attendait encore de lui dans le poste éminent
qu'il occupait, et que d'ailleurs il avait déja
exprimé tout cela dans la dédicace des *Adver-
saria medico-practica*, qu'il venait de publier.

M. Des Granges ne resta point en arrière.
Madame Vitet, dont la physionomie annonçait
une ame douce, sourit à ces éloges, et M. Vitet,
qui avait quelque chose de Caton le censeur,
entendit le tout avec indifférence, en nous ver-
sant du vin de Champagne.

MM. Gilibert et Gouan se ressemblaient sous

plusieurs points de vue. Le premier, moins naturaliste que le second, était plus médecin que
lui. Au reste, même ardeur pour l'étude, des
mœurs également douces, et une vie en quelque
sorte patriarcale. Madame Gilibert, femme distinguée, qui avait suivi son mari à Varsovie, à
Wilna et à Grodno, donnait à ses enfants une
belle éducation et tenaittr ès-bien sa maison.
Nos liaisons amicales avec M. Gilibert, commen-
cées, comme on le voit, en 1791, ont duré autant que lui, c'est-à-dire, jusques au 2 septembre
1814.

Ce nom de Gilibert, devenu maire de Lyon,
et, pendant le siége de cette ville, président de
l'administration du département du Rhône,
appartient à l'histoire politique. On peut appli-
quer aussi à ce vertueux citoyen ce que dit
Tacite en parlant d'Agricola : *Felix etiam oppor-
tunitate mortis...* Oui, heureux d'être mort à
une époque qui l'a dispensé de voir les malheurs
et l'humiliation de la patrie.

J'allai voir, dans le quartier de Serin, M. le
docteur Rast, logé dans une ancienne et magnifique caserne, qui servait alors de magasin de
farine. Ce médecin, qui était de l'âge de
MM. Vitet et Gilibert, était un homme spirituel, très-poli et fort érudit. Sa bibliothèque
était très-considérable, et il l'augmentait tous les

jours. Les libraires de Lyon prétendaient que
ce n'était pas toujours en achetant des livres,
mais qu'il sortait rarement de chez eux sans
mettre, par distraction, un ou deux volumes
dans ses poches. Que penser de cette allégation ?
Ce qu'il y a de plus certain, c'est que M. Rast
avait donné à la bibliothèque de l'hôpital Saint-
Éloy de Montpellier beaucoup de livres, ce que
rappelait une honorable inscription. Haller a
dédié, en outre, un volume de ses ouvrages à
M. Rast pour le remercier de lui avoir communiqué des ouvrages très-rares. Comme si ce médecin eût deviné le goût que j'aurais pour les
livres, dès que j'aurais assez d'aisance pour m'en
procurer, sa conversation se dirigea sur ces
objets, et d'abord, il couvrit une table d'ouvrages relatifs aux vaisseaux absorbants, puis il
me fit voir quantité d'autres livres rares, et jusqu'à des impressions de la Chine sur soie.

La profession de foi médicale de M. Rast,
qui avait pourtant acquis une fortune considérable en pratiquant la médecine, ne fut ni édi-
fiante ni logique. En effet, déguisant peu son
scepticisme, il le faisait reposer sur ses insuccès
dans le traitement de maladies presque toutes
incurables.

J'allai trois ou quatre fois chez M. Rast, et
passai avec lui des heures très-instructives.

Comme il connaissait mes relations à Lyon, il me dit un jour : « Nous avons des confrères ardents en révolution, et comme ce sont, à tout prendre, d'honnêtes gens, il faut qu'ils s'attendent à de grands chagrins. Pour ce qui est de mon bon et ancien ami Rozier, dit-il en riant, je ne sais s'il est fort en peine pour le salut de son ame, mais il est certain qu'ayant voulu dernièrement baptiser un enfant, il s'est trouvé qu'il ne savait pas le *Credo*.»

M. Des Granges, chargé d'une opération administrative dans le couvent supprimé des génovéfains, me proposa de me conduire à Saint-Just. « Vous jouirez, me dit-il, quand nous serons au sommet de cette montagne, d'une admirable vue, et nous aurons pour compagnon de voyage mon collègue ou co-commissaire M. l'abbé Tabar, antiquaire et humaniste distingué. » Pendant que nous gravissions la montagne, notre docte *cicerone* m'indiqua l'emplacement qu'occupait le palais des empereurs. Ce point, que l'on appelle l'Antiquaille, tire son nom de la grande quantité de médailles et d'autres objets antiques que l'on a trouvés en fouillant le sol. A peu de distance, et toujours sur la même montagne, était un amphithéâtre, dont on voit les débris dans le clos du couvent des minimes. Il reste encore, dans plusieurs

propriétés particulières, des vestiges d'un aqueduc construit par les Romains, et qui avait
deux lieues de long. M. l'abbé Tabar m'indiqua
aussi, à l'ancien confluent de la Saône et du
Rhône, le point sur lequel soixante nations gau-
loises se réunirent pour élever un temple à
l'honneur d'Auguste. M. Des Granges se mit alors
à parler avec chaleur des grands travaux de
Perrache, qui avait, en quelque sorte, ordonné
au plus impétueux de nos fleuves de changer
son cours, et d'aller plus loin mêler ses flots
aux eaux les plus paisibles....

L'abbé, continuant à parler des antiquités de
l'ancienne capitale des Ségusiens, ou du *Lugdu-
num* de Jules-César, disait que cette grande cité
était traversée par quatre voies romaines, tracées
par Agrippa, dont l'une allait aux Pyrénées par
l'Auvergne et l'Aquitaine, l'autre au Rhin, une
troisième à l'Océan par la Picardie, et la qua-
trième à la Méditerranée par la Gaule narbonnaise. Ce fut pour la construction de l'une de
ces routes que l'on coupa l'énorme rocher qui
a pris le nom de Pierre-Scise. Plusieurs autres
noms rappellent, à Lyon, des souvenirs antiques; ainsi la place de Bellecour était la *Bella
Curia*, et le préteur des Gaules y rendait ses
arrêts. La montagne de Fourvière, qui faisait
partie de la première enceinte de Lyon, était

le *Forum vetus* ou *Forum Veneris,* construit par Trajan.

La veille de mon départ de Lyon, c'est-à-dire au bout de huit jours, je dînai pour la première fois à la table d'hôte du Palais-Royal, où je vis arriver et se placer M. l'avocat Gauthier de Montpellier, avec deux autres personnes de sa connaissance, et un peu de la mienne, M. de Beaulieu, de Pezenas, et le procureur du roi de la même ville, où j'avais reçu, dans une fédération, le plus gracieux accueil. Le dîner terminé, M. Gauthier me proposa, ainsi qu'à ses deux acolytes, de prendre le café chez celui qui logeait le plus près de la salle à manger, et il se trouva que c'était l'auteur de ces Souvenirs. M. Gauthier, qui était fort bègue, à moins qu'il ne fût très-animé, se mit à me raconter avec chaleur, quoique ce fût habituellement un esprit calme, ce qui venait de se passer à Montpellier, où, à l'occasion des nominations de députés, la garde nationale avait été épurée et en quelque sorte décimée. « La compagnie, me dit-il, à laquelle vous apparteniez, a eu le sort du Plan de l'Olivier, et, quoique absent, vous avez été l'objet d'outrages personnels, excités contre vous par le docteur Goguet. Les plus gens de bien sont en fuite, et notamment MM. Gigot, de Saint-Victor, de Monglas, et

beaucoup d'autres que vous connaissez particulièrement. Encore bien que je n'eusse pris aucune part aux élections, et que je fusse, pendant
qu'elles ont eu lieu, à ma maison de campagne
où je me tenais fort coi, j'ai trouvé prudent de
déloger. Il y a peu de temps que les exclusifs
sont venus me proposer, et, en quelque sorte
m'intimer, d'occuper la place d'accusateur public. — Allez chercher le bourreau, leur ai-je dit
pour toute réponse... Au reste, nos principaux
députés sont Cambon, qui s'occupera probablement des finances, qu'il entend passablement, d'Alco, qui se livrera à sa fougue révolutionnaire, et Cambacérès, que sa faiblesse
entraînera sûrement dans des fautes. Nous voilà
en route pour Paris, et nous partons cette
nuit.— Et moi, messieurs, demain matin. « Nous
nous donnâmes rendez-vous au jardin des Tuileries, ou dans celui du Palais-Royal.

Pour me rendre à Paris, je remontai la Saône
jusqu'à Châlons, puis, en traversant la Bourgogne dans des pataches et en passant par
Auxerre, je gagnai la capitale.

CHAPITRE VI.

Paris en décembre 1791, et du 1ᵉʳ janvier au 1ᵉʳ juillet 1792.
— Mon établissement rue Mazarine.— M. Vicq d'Azyr et
la Société royale de médecine.—L'Académie des sciences.
M. de Dolomieu, son ami le duc de la Rochefoucauld, et
salon de madame la duchesse d'Anville. — MM. Pelletan, Tenon et Sabatier. — M. Louis, ses chagrins et sa
mort. — M. Verdier, et sa position financière et politique.
— M. Portal, ses soupers. — Départ pour Rouen.

JE descends encore à Paris chez mon ami
M. Rouland, dont il est parlé au premier volume
de ces Mémoires, page 183. Au bout de deux
ou trois jours, je vais m'établir rue Mazarine,
dans un très-modeste hôtel garni, tenu par un
maréchal-des-logis du guet. Celui-ci passait
vingt-quatre heures de suite à cheval ou à son
service, et, en rentrant dans sa maison, se
mettait au lit, où il dormait profondément une
douzaine d'heures; ainsi on ne voyait guères
que madame Bussières, la maîtresse de l'hôtel.
Celle-ci, bavarde sempiternelle, était une petite
Champenoise toute ronde, qui disait n'avoir
que trente-cinq ans, quoiqu'elle en eût au
moins cinquante, comme l'attestait, avec ses
cheveux grisons, l'historique de sa vie, qu'elle

racontait à tout le monde, et même à son perroquet, juché près du grand fauteuil à bras où elle passait les jours et une partie de la nuit. Notre hôtesse avait vu beaucoup de pays et de gens. Née à Mézières, elle parlait souvent du personnel de l'école du génie militaire, à commencer par l'abbé Bossut, et à finir par le dernier sous-lieutenant. Quand j'eus décliné mes nom et prénoms, pour qu'ils fussent inscrits sur le registre de la maison, madame Bussières se trouva connaître ma famille, et me raconta avoir vu ma mère, pensionnaire au couvent des dames bénédictines d'Ernée. — « Madame votre mère, me disait l'hôtesse, n'était-elle pas une demoiselle du Val de Bichon, fille du lieutenant-général de la ville, et sœur cadette de madame de Pommereul, mariée au procureur du roi de Fougères ? — Vraiment oui. — Moi, monsieur, quand j'étais au couvent d'Ernée, c'était comme femme de chambre de mademoiselle Desnos-Pannart, depuis madame la duchesse de Beauvilliers, qui demeure dans la rue Bellechasse. D'après cela, monsieur, vous serez chez moi comme si vous étiez chez vous, et logé au premier dans le fond de la cour, quoique la chambre, et surtout le petit cabinet, soient un peu obscurs ; mais on s'en aperçoit moins dans les beaux jours. Puis, j'aurai soin de vous faire

connaître le monde qui s'arrête chez moi, soit
pour prendre des clefs ou un air de feu dans
l'hiver, soit pour jaser sur les nouvelles, et c'est
particulièrement sur ce point qu'il faut être sur
ses gardes. Par exemple, monsieur, vous ren-
contrerez peut-être le soir, quand vous rentrerez
pour prendre de la lumière, un petit sagouin
en sabots, qui parle à tue-tête; et, quoiqu'il
fasse son homme d'esprit, je le traite souvent
comme une bête. C'est le prote, et il y en a
même qui disent, l'un des teinturiers du fameux
Prudhomme, qui publie les *Révolutions de Paris*.
L'autre jour, je l'ai presque chassé de chez moi,
parce qu'il s'est pris de querelle avec M. de La
Lande, maire d'Ernée et député de la Mayenne,
qui loge au second sur le devant, homme fort
respectable, qui boit ici tous les soirs sa bouteille
de vin blanc en mangeant deux flûtes. Ce vilain
gars ne s'est-il pas avisé de traiter l'abbé Ray-
nal de radoteur! et moi qui sais, pour l'avoir
entendu dire, que c'est un grand homme, j'ai
dit à mon locataire de prendre sa chandelle, de
monter à son cinquième, et que d'ailleurs mon
mari rentrait et que j'entendais son cheval. Je
dois vous dire, monsieur, que M. Bussières
n'entend pas raillerie avec les enragés; c'est un
vrai soldat, ou plutôt sous-officier qui ne connaît que son devoir, et qui a sabré joliment les

révoltés du Champ-de-Mars, quand on a déployé le drapeau rouge. » Le petit sagouin dont il vient d'être parlé était le fameux Chaumette.

Comme j'avais des lettres de Montpellier à remettre à M. Vicq d'Azyr, j'allai le trouver avant de m'être fait habiller à neuf, doctoralement et suivant l'usage du temps. Je parus devant le premier médecin du roi en survivance en habit de garde national, ce qui l'engagea à me parler de ce qui s'était récemment passé à Montpellier, ce qu'il savait assez exactement, moins ce qui m'était personnel, et que je lui appris. M. Vicq d'Azyr, alors logé rue de Tournon, dans un fort bel appartement, le quittait pour aller habiter le Louvre. C'était assez mal prendre son temps, mais il lui fallait un grand local pour placer le secrétariat, les archives et la bibliothèque de la Société royale de médecine. Le secrétaire perpétuel m'engagea à assister aux séances de cette compagnie, et, de plus, m'invita à dîner le jour de ses réunions, en me disant que je trouverais chez lui beaucoup de nos confrères les plus distingués. Mon assiduité et quelques communications me valurent, le 1er mai 1792, des lettres de correspondant.

M. Vicq d'Azyr, moins bien vu à la cour qu'auparavant, pour des soupçons et des préventions dont je parlerai quand nous serons

arrivés au commencement de 1793, se livrait à
l'étude de l'anatomie avec plus d'ardeur que jamais. Il avait obtenu depuis peu, à l'Hôtel-Dieu,
un local propre aux dissections, et avait arrêté
un plan de travaux dans lequel, sans les événements de juin et d'août 1792, il eût eu pour
collaborateurs principaux M. Robillard, alors
chirurgien aide-major à l'hôtel des Invalides,
et pour l'injection des vaisseaux lymphatiques
l'auteur de ces Mémoires.

Un grand dîner fut donné au Louvre, et
réunit presque tous ceux qui avaient aidé l'exécution du projet de M. Vicq d'Azyr, ou qui
devaient concourir aux travaux dont il avait fixé
l'ouverture à la fin de l'automne prochain.

MM. Thouret, Desaut, Manoury, Robillard,
Briceau, dessinateur, et son gendre, graveur habile, étaient au nombre des convives. On ne
put se dispenser de parler de la révolution.
M. Thouret riait le plus souvent sardoniquement,
et ne s'exprimait que par des airs de tête, pourtant désapprobateurs. M. Desaut, au contraire,
parlait avec véhémence sur les dangers qui menaçaient la constitution, et désirait qu'on allât
vider la querelle dans la plaine des Sablons...
M. Vicq d'Azyr, singulièrement timoré, était
fort embarrassé de son rôle.

C'est ce jour-là que commencèrent avec

M. Thouret des liaisons qui ont eu la plus grande influence sur le reste de ma vie.

M. Chaptal avait eu la bonté de me prévenir qu'en arrivant à Paris, je pouvais et devais même me présenter à l'Académie des sciences, où je serais admis à assister aux séances, en qualité de correspondant de la Société royale des sciences de Montpellier. J'arrive au Louvre, frappe à la porte de l'Académie des sciences, et suis reçu par M. Lucas, son huissier, qui, après les révérences qui lui étaient familières, me dit : « A qui ai-je l'honneur de parler, et que désire monsieur? — Je me nomme D. G., et me présente ici comme correspondant de la Société royale des sciences de Montpellier. — Alors, monsieur, je vous prie de me suivre, et vais vous annoncer à M. le président, ce qui fut fait, et me voilà assis entre le duc de la Rochefoucauld, et M. Darcet, directeur de l'Académie. J'étais singulièrement flatté de cette distinction inattendue, et je pensais que si ma bonne mère eût pu deviner ce qui m'arrivait, elle eût éprouvé une grande joie, et que mon père se consolerait, en l'apprenant, de quelques dépenses extraordinaires. Quand la séance fut terminée, M. Lucas s'avança vers moi, et, après une salutation en trois temps, il me dit avec une sorte de solennité : « Monsieur, l'honneur dont vous venez

de jouir est un hommage que l'Académie aime
à rendre à MM. de Montpellier; mais c'est une
fois seulement, et dorénavant (en me montrant
une banquette placée autour de l'enceinte) voici
la place que vous occuperez. » Cet avertissement
a eu un caractère un peu prophétique, car je
n'ai eu le droit de m'asseoir à l'Académie des
sciences dans un fauteuil qu'en 1832.

M. de Dolomieu, devenu simple grenadier
dans la garde nationale, section du Jardin des
Plantes, et qui assistait régulièrement aux séances de l'Académie des sciences, comme correspondant, me présenta le lendemain et dans leur
hôtel, rue de Seine, au duc de la Rochefoucauld
et à madame la duchesse d'Anville, sa mère, ses
intimes amis. Cette circonstance me jeta au
milieu des constitutionnels les plus prononcés
et les plus purs: Les académiciens que l'on rencontrait chez M. de la Rochefoucauld étaient
MM. Bailly, de la Grange, Darcet, Bertholet,
Desmaretz, l'abbé Rochon, MM. Broussonet, de
Fourcroy et Condorcet. Ce dernier, quoiqu'il
fût loin de partager les opinions de ceux qui
viennent d'être nommés, continuait ses assi-
duités à l'hôtel de la Rochefoucauld. Il est vrai
de dire qu'il n'éprouvait aucune contrainte, et
que soutenant ses doctrines avec ténacité, il
s'oublia un jour au point de jurer, et il ne s'en

serait probablement pas même aperçu, sans un regard noble et sévère de la duchesse d'Anville, qui le rappela à l'ordre et le força à faire des excuses. (Voyez le 1er volume, page 186.)

M. Pelletan, mon ancien maître, avait embrassé à son aurore les principes de la révolution, et il l'aima jusqu'en 1793, époque à laquelle il faillit porter sa tête sur l'échafaud pour avoir été dans une circonstance délicate ce qu'il fut toujours, homme d'honneur et de probité. Je le trouvai en uniforme de chirurgien militaire, et il fut bientôt nommé consultant et ensuite membre du conseil de santé des armées.

M. Tenon, membre de l'assemblée législative, alors que j'allai lui rendre mes devoirs, était tout occupé des travaux philanthropiques qui ont signalé sa longue carrière.

Avant d'aller aux Invalides, présenter mes respects à M. Sabatier, j'avais eu l'honneur de le voir à l'Académie des sciences, où il m'avait donné un rendez-vous chez lui, pour parler un peu des vaisseaux lymphatiques et de Mascagni, sur les travaux et les mérites duquel il était chargé de faire prochainement un rapport important (1). Dans cet entretien, M. Sabatier me

----

(1) L'assemblée constituante avait décrété le 20 avril 1790, que, chaque année, il serait donné une somme de

dit qu'il savait que j'avais fait à la Société de médecine des communications fort intéressantes, et qu'il connaissait aussi le projet de M. Vicq d'Azyr, auquel devait concourir, ainsi que moi, M. Robillard, anatomiste fort exact et formé sous ses yeux, ainsi que bien d'autres, avant que des rivalités odieuses eussent fait fermer son école aux Invalides. Au reste, M. Sabatier m'engagea à le voir souvent, et je profitai de cette invitation.

M. Louis attaqué d'hydrothorax, ne recevait personne, lui qui presque toute sa vie avait eu une espèce de cour (1). Je m'étais souvent présenté

1200 fr., pour un prix qui serait accordé, au jugement de l'Académie des sciences de Paris, à l'auteur de l'ouvrage ou de la découverte la plus utile aux progrès des sciences et des arts, soit qu'il fût français ou étranger.

L'Académie n'ayant pu, par des circonstances particulières, s'occuper du prix de 1791, se trouva dans le cas de décerner deux prix en 1792.

Après avoir entendu et discuté les avis de ses commissaires, elle procéda par deux scrutins différents au jugement qu'elle s'était réservé, et les suffrages décernèrent l'un des prix à M. Herschel pour ses découvertes en astronomie, et l'autre à M. Mascagni pour son grand ouvrage sur les vaisseaux lymphatiques.

La proclamation de ces deux prix eut lieu dans la séance publique de l'Académie des sciences du 18 avril 1792.

(1) Ὑδροθώραξ, hydropisie de poitrine. Collection de sérosités dans une ou les deux cavités des plèvres.

aux écoles de chirurgie, en me contentant toutefois d'écrire mon nom que je savais pourtant devoir passer sous les yeux de M. Louis, mais que je pouvais croire tout-à-fait effacé de ses souvenirs. Lorsque, d'après les sollicitations de MM. Vicq d'Azyr, Sabatier et Thouret, je publiai à Paris, et en mars 1792, mon *Analyse du système absorbant ou lymphatique*, je ne manquai pas d'en faire hommage à M. Louis. Celui-ci donna des ordres pour que je fusse reçu, si je venais à me présenter de nouveau. Admis devant ce savant, dont la figure si belle et si fleurie exprimait habituellement une gaîté expansive, je la trouvai pâle et singulièrement amaigrie. M. Louis connaissait fort bien sa maladie ; « C'est, disait-il, la suite d'une lésion du cœur ; il y a long-temps que je dis à mes amis : Je mourrai vide de sang, *exsanguis*, dans l'acception la plus rigoureuse. Des chagrins de toute espèce ont dû amener cet état. Je n'ai été heureux, monsieur, que dans ma jeunesse, et quand mes succès n'avaient point encore éveillé l'envie, qui me poursuivra probablement au-delà du tombeau. Voilà la perspective qui attend les hommes les plus dévoués au bonheur de leurs semblables.

« Arrivé à l'Académie de chirurgie et enfin au professorat dans nos écoles royales, après avoir remporté des prix de tous côtés, je cherchais

avec ardeur à réunir à la théorie une pratique
étendue de l'art. La place de substitut de M. Du-
fouart l'aîné à la Charité m'en offrait les moyens,
quand les intrigues des moines parvinrent, ou
plutôt me forcèrent de m'éloigner. Cette exécrable engeance, qui a la même origine espagnole
que les jésuites, et qui a tenu la même marche,
est un présent funeste que fit à la France, en
1601, Marie de Médicis. Que pouvait-on attendre de ces frères frocards se disant SS. Pères,
qui, en s'impatronisant dans le faubourg Saint-
Germain, ont eu l'impudence et même l'impiété
d'écrire sur leur porte, en lettres d'or : *Caritas est
Deus*, les charitains, c'est Dieu?

« Ce fut alors, en 1761, que j'eus l'avantage
d'être nommé chirurgien - major consultant de
l'armée d'Allemagne, et que je fis deux campagnes très-fructueusement. Depuis cette époque
jusqu'à ce temps - ci, j'ai toujours appartenu au
département de la guerre, comme inspecteur
des hôpitaux militaires.

« Vous savez, comme tout le monde, la part
que j'ai eue à la rédaction et à la publication
des cinq volumes des Mémoires de l'Académie
et au recueil des prix qu'elle a décernés. Pour me
remercier de ces utiles travaux, qui, en reculant
les bornes de l'art, ont honoré la France, je n'ai
reçu que des injures qu'un certain Valentin s'est

chargé de résumer dans un livre impertinent, à la rédaction duquel on prétend que Linguet a prêté sa plume (1).

« Outré de cette ingratitude, car j'ai encore eu d'autres détracteurs dans l'Académie, j'avouerai que je me suis refusé, depuis quinze à dix-huit ans, à publier le sixième volume de nos Mémoires, quoique j'eusse tous les matériaux nécessaires pour le faire... J'ai dit à ceux qui ne m'aimaient pas, que mon nom vivrait en dépit d'eux dans la postérité, et voilà pourquoi ils se sont récriés sur mon orgueil... Mais ce n'est pas de l'orgueil, c'est de la vérité... Il n'est au pouvoir de personne de faire oublier mes travaux sur l'hygiène publique et sur la médecine légale... N'ont-ils pas parlé aussi de ma vanité?... Mais il n'y a pas grande vanité à laisser mettre au bas de son portrait *Nobili genere natus*, quand cela est vrai. Je suis effectivement sorti de l'une de ces familles qui ont municipalement pris part au gouvernement de Metz et du pays Messin. Le maréchal Faber était aussi noble de cette manière-là. Puis cet homme orgueilleux et vain, comme on dit que je le suis, va se faire enterrer, sans pompe, au milieu des pauvres et dans le cimetière de la Salpétrière!... Au reste, si notre patrie ne m'a

---

(1) *Recherches critiques sur la chirurgie moderne.*

pas témoigné de gratitude, les étrangers m'en
ont amplement dédommagé. Les rois de Dane-
mark et de Suède sont venus ici me visiter de
même que Francklin... J'ai reçu les lettres les
plus flatteuses du pape Lambertini. Joseph II,
lors de son voyage à Paris, en 1781, s'est enfermé
avec moi des heures entières, a pris des notes sous
ma dictée et organisé son service de santé militaire
d'après mes idées... Dans la place où vous voyez
le portrait de l'empereur, j'avais fait écrire autrefois, en caractères majuscules, cette boutade,
pour écarter les importuns : *Ceux qui viennent me
voir me font honneur, ceux qui n'y viennent pas
me font plaisir.* Quand je sus que Joseph II devait venir me voir, je fis disparaître l'inscription,
et je l'ai remplacée, comme vous le voyez, par
un génie méditatif qui soutient le portrait dont
l'empereur m'a fait présent, et ma reconnaissance
a gravé sur la base *Egregii Cæsaris æternum
meditans decus*... J'oubliais un grand article, et
c'est celui qui a fait pousser tant de cris à mes
ennemis; il est question de ma méchanceté; s'ils
eussent eu l'esprit de dire de ma malice, je leur
aurais pardonné... C'est dans les éloges que l'on
m'accuse d'avoir parfois glissé la satire; mais les
éloges ne sont pas des panégyriques, ce sont simplement des biographies bienveillantes, encore
plus destinées à faire connaître les travaux des

hommes que leurs qualités morales... Au bout
du compte, je n'ai pas traité d'ivrogne un de nos
associés étrangers quand j'ai dit de lui qu'il s'é-
tait mis à boire du vin comme tonique, et qu'il
avait pris goût au remède... Et cette médiocrité
mielleuse qui disait que si on perdait la recette
de la pierre à cautère, on la retrouverait en faisant calciner mes os! Je me suis borné à dire,
en voyant son portrait en costume d'échevin,
avec l'ordre de Saint-Michel en sautoir : « Je suis
surpris que ce cordon n'ait pas étranglé le vani-
teux qui le porte.» Une autre fois j'ai dit qu'étant
entré dans l'Académie des sciences par lettre de
cachet, il eût dû être poursuivi pour cette espèce de viol, car c'en est un que d'entrer dans un
corps par force. Enfin, en apprenant le pompeux
convoi dont la ville l'avait entouré à sa mort,
je me suis écrié : Ah! que M. B. eût eu de plaisir
à voir passer son enterrement !

«J'ai ri toute ma vie, et suis loin de m'en défendre, de beaucoup de choses dont les hommes
ont rarement le courage de rire... A la perte
de ma fortune placée sur l'État, ce qui me prive
de faire des legs que je méditais depuis long-
temps, se joint une tracasserie perfide, et qui
m'afflige. Notre législation ayant maintenu la
peine de mort, le docteur Guillotin proposa,
comme vous le savez, la décapitation au moyen

d'une machine anciennement connue en Italie, et
dont on a vu un modèle au théâtre d'Audinot.
Quand cet instrument de supplice fut adopté, il
fallut l'exécuter, et un arrêté du directoire du département de Paris me chargea d'en déterminer
et surveiller la construction, et de faire les expériences que je jugerais nécessaires. La part que j'ai
prise à cette affaire, que j'ai regardée comme un
acte d'humanité, s'est bornée à corriger la forme
du couperet et à le rendre oblique pour qu'il pût
couper net et atteindre le but. Mes ennemis ont
alors essayé, et par la voie de la presse la plus
licencieuse, de faire donner à la fatale machine
le nom de Petite-Louison, qu'ils ne sont cependant
pas parvenus à substituer à celui de Guillotine...
J'ai eu la faiblesse de me chagriner outre mesure
de cette atrocité, car c'en est une, quoiqu'on ait
voulu la faire passer pour une plaisanterie de
bon goût.

« Je viens d'éprouver de la satisfaction en épan-
chant mon cœur; mais je la paierai cher, car
j'éprouve une difficulté de respirer qui va aller
en croissant... d'ailleurs je ne dors plus.

« Si je n'avais pas l'honneur et le plaisir de vous
revoir, et que vous vouliez accepter un conseil,
prenez, monsieur, du service dans l'armée. La
guerre que nos habiles ont déclarée à l'empereur,
comme roi, ont-ils eu la simplicité de dire,

comme roi de Hongrie et de Bohême, va devenir la cause de l'Empire et de ses alliés. Le conflit sera européen, et vous trouverez plus de paix et de sécurité au milieu des armées que dans l'intérieur de la France, que je crois menacée des plus grands troubles et des plus grands malheurs.»

Je ne revis plus M. Louis, mais j'allais souvent demander de ses nouvelles, quand, le 20 mai au matin, on me dit qu'il venait d'expirer. De suite j'allai en faire part, rue de Touraine, à M. Pelletan, qui, en répandant des larmes, fit de M. Louis l'éloge le mieux senti et le mieux mérité, quoiqu'il n'eût pas eu toujours à se louer du secrétaire perpétuel de l'Académie; mais l'estime et la reconnaissance l'emportaient sur de légers torts.

M. Verdier, auquel j'allai rendre mes devoirs, était revenu sur le quai Saint-Bernard, à l'hôtel Bazancourt où il avait formé, 15 ans auparavant, son premier établissement, et il n'avait plus que trois pensionnaires. Son procès avec l'administration du Jardin du roi l'avait ruiné, et il plaidait sans succès contre M. de Buffon, le fils. Exaspéré patriote, il invoquait un autre ordre de choses... « Je ne laisserai rien à mon fils, me disait-il, qu'une imprimerie et des manuscrits pour faire au moins quarante volumes... En attendant, acceptez, je vous en prie, cet in-12 qui est un *Calendrier d'éducation et d'économie,* que j'ai publié en 1788, pour faire suite à mon *Cours d'éducation.* »

En allant assidûment à l'Académie des Sciences, j'y rencontrai M. Le Roi, garde du cabinet de physique du roi, que j'avais vu souvent à Passy, chez M. Francklin. Cet académicien, que l'on appelait volontiers, pour le distinguer de son père et de ses frères, Le Roi l'Anglais, parce qu'il avait fait ses études sous le docteur Desaguliers, à Westminster, me comblait de prévenances. Un jour entre autres, il m'offrit de me présenter au docteur Portal, en me disant que comme confrère de Montpellier, il m'accueillerait avec empressement, et qu'ainsi nous nous trouverions une fois la semaine (tous les mercredis) à des soupers fort agréables. « Lalande nous amusera par ses folies; vous y trouverez aussi des étrangers distingués, des hommes de lettres et plusieurs de ces députés du Midi, que l'on commence à appeler girondins, et qui travaillent avec ardeur et avec de nombreux auxiliaires au renversement de cette pauvre constitution avant d'en avoir fait l'épreuve. Au reste, il règne dans cette société beaucoup d'urbanité et de tolérance, et on y fait bonne chère.

« Madame Portal tient fort bien sa maison, dont madame Des Pallières, femme charmante et sœur du docteur, concourt à faire les honneurs. Vous verrez aussi deux très-jeunes filles de M. Portal, aussi agréables que bien élevées. L'aînée est pleine d'esprit et d'une étonnante vivacité, tandis que la cadette, que vous entendrez appeler Mimi, est douce comme un agneau.»

Les députés constamment assidus chez M. Portal étaient Lasource, Mailhe, Lacombe-Saint-Michel, et Garreau.

Lasource, ministre protestant et député du Tarn, était un homme d'un esprit ardent et délié, et d'un commerce agréable. On put prévoir quel rôle il était appelé à jouer sur la scène politique, quand il vota pour l'amnistie en faveur des auteurs des massacres de la Glacière d'Avignon.

Mailhe, avocat de Toulouse, député de la Haute-Garonne, membre très-influent du comité diplomatique, avait autant de modération et de bonhomie dans la société qu'il avait d'exaltation dans ses principes et de fougue à la tribune. C'est lui qui, à la fin de 1791, avait demandé que l'amnistie accordée après l'acceptation de la constitution fût appliquée aux soldats du régiment suisse de Châteauvieux condamnés aux galères, par un conseil de guerre, après leur révolte à Nancy. Ces soldats furent en effet non-seulement amnistiés, mais devinrent, à Paris, l'objet d'une fête triomphale et expiatoire.

Lacombe-Saint-Michel, capitaine d'artillerie et

député du département du Tarn, était un fort bel homme, dont la physionomie annonçait la franchise et la gaîté les plus expansives. Long-temps il porta à sa boutonnière, au lieu de la croix de Saint-Louis dont il avait été décoré, une sorte de médaille en fer provenant des verrous de la Bastille. Dans le comité militaire ainsi qu'à la tribune, il était véhément, et proposa, souvent avec raison, des mesures sévères contre les officiers qui abandonnaient leurs drapeaux. Entièrement occupé de la formation d'une armée nationale, il fit décréter l'augmentation de l'artillerie à cheval. Ce fut aussi lui qui sollicita et obtint le décret qui prononçait la peine de mort contre les commandants des places assiégées qui se rendraient sans s'être défendus pendant le temps exigé par les ordonnances et les réglements militaires.

M. Garreau, ex-président du tribunal de district de Libourne, et député du département de la Gironde, avait de la modération dans le monde, et sa noble et belle figure annonçait le caractère de loyauté qu'il a constamment développé comme homme public, et dans les temps et les circonstances les plus difficiles.

A la tête des savants et des hommes de lettres que l'on rencontrait chez M. Portal, il faut placer M. de Lalande, plus souvent bouffon que sérieux, jouant l'aristocratie avec les démocrates, et la démocratie avec les aristocrates. L'un des ridicules de cet homme célèbre était de se passionner pour presque toutes les femmes, qu'il · mettait facilement au rang des astres, pour peu qu'elles eussent des traits agréables et surtout de beaux yeux. Il disait et faisait aussi beaucoup de folies. Un jour, après avoir fait des tours de sapajou, dont il imitait d'autant mieux les gambades qu'il avait beaucoup de ressemblance avec ce petit animal, il fit sauter en l'air sa perruque, puis la replaçant sur sa tête avec gravité : « Mesdames et messieurs, se mit-il à dire, trève de plaisanteries, je ne veux pas me montrer comme Francklin; on dirait que j'ai la vanité de singer les grands hommes.» Au reste, je ne l'entendis jamais parler d'araignées ni d'athéisme, soit que cette manie l'ait atteint plus tard, ou qu'un sentiment de convenances lui imposât le silence sur ces deux objets, dont l'un est dégoûtant et l'autre une doctrine antisociale.

Un homme de lettres aimable répandait dans la société de M. Portal beaucoup d'agréments par la gaîté naïve et piquante de sa conversation et de ses récits. C'était M. Cailhava, auteur de plusieurs pièces de théâtre, la plupart dans le genre burlesque; il s'est fait plus d'honneur en donnant son *Art de la comédie* qui, publié d'a-

bord en trois ou quatre volumes, a été réduit
à deux dans une édition subséquente, singula-
rité littéraire assez remarquable. M. Cailhava
avait conservé l'accent toulousain, et était un
très-bon mime et petit-maître en cheveux blancs.
Personne n'était plus au fait des aventures et des
anecdotes des coulisses; mais son ton, en général
trop familier, rappelait plus les foyers du boulevard que ceux de nos grands théâtres. Il parlait
peu de politique, quoiqu'il aimât la révolution.

M. Reybaz, ministre de Genève en France,
homme fort au fait des usages du monde, s'entretenait plus particulièrement avec Lasource,
dont il partageait les opinions. Peut-être était-il
aussi ministre évangélique, car on attribue à
M. Reybaz des sermons et des hymnes à l'usage
des protestants.

Un autre convive assidu, M. Villar, chargé de
la correspondance diplomatique au club des Jacobins, remplissait parfaitement cet emploi. Nous
retrouverons ce délié Toulousain, ministre de la
République française à Gênes, et la représentant avec autant d'habileté que de dignité, mais
comme un acteur dramatique consommé, et qui
eût, au besoin, officié mieux que son frère l'ex-
doctrinaire, évêque de la Mayenne.

Don Dominique Yriarte, qui conclut à Bâle
un traité avec la république, avait les manières

les plus nobles avec un caractère impénétrable, comme tous les hommes politiques de sa nation. Don Thomas et Don Bernard, frères de Don Dominique, se sont également distingués par leurs talents littéraires et administratifs.

J'avais vu de très-près organiser beaucoup d'événements et s'accomplir des faits très-remarquables, tels que la fête des Suisses de Châteauvieux, le licenciement de la garde constitutionnelle du roi, les honneurs rendus à la mémoire du maire d'Étampes, Simoneau, enfin le 10 juin. C'étaient les préludes de ce qui devait arriver bientôt.

M. F... de L..., mon parent, qui ne m'a pas donné la permission de le nommer, m'avait offert un logement dans son hôtel, rue du Paradis, au Marais, et ayant conçu des inquiétudes fondées sur la tranquillité de Paris, il me proposa d'aller avec lui à Rouen, et je le suivis.

CHAPITRE VII.

Séjour à Rouen en juillet, août et septembre 1792, et excursion à Navarre. — Retour à Paris dans les premiers jours d'octobre.

Le docteur Thouret m'avait donné pour son beau-frère, M. Laumonier, des lettres que je m'empressai d'aller lui remettre au grand hôpital ou Lieu de santé, dont il était le chirurgien en chef. Mes parents et amis se logèrent dans ce fort beau quartier, qui est aussi bien bâti, et moi, j'occupai de suite un petit appartement chez M. Laumonier, avec lequel j'ai conservé les liaisons les plus amicales jusqu'à sa mort; il en a été de même pour sa spirituelle et excellente épouse.

Indépendamment des grands talents et de l'habileté supérieure qui avaient procuré à M. Laumonier la confiance d'une ville telle que Rouen, et celle d'un département aussi important que celui de la Seine-Inférieure, son alliance avec la famille des Thouret et son patriotisme brûlant lui procuraient une grande considération. D'abord il me présenta à ses nombreux amis, qui pourtant n'étaient pas tous patriotes et aucun à sa hauteur. La présentation d'un étranger entraîne pour lui, à Rouen, des invitations presque journalières pour des dîners recherchés et copieux, assez souvent suivis d'un souper du même genre qui s'organise en dînant, et a d'ordinaire lieu chez l'un des convives. Ainsi, à Rouen, une grande partie de la vie se passe à table.

M. Mézaize, pharmacien d'une grande instruction, membre et trésorier de l'Académie des sciences, arts et belles-lettres de Rouen, était l'Apicius de cette ville (1). Il fêtait surtout ses confrères les académiciens, des hommes importants par leurs fonctions, et des étrangers de distinction.

Madame Mézaize, l'une des plus belles femmes de son siècle, faisait avec les graces les plus ingénues les honneurs de sa maison. Chargée des invitations, elle ne réunissait jamais que des personnes qui pouvaient se convenir, et sans rivalités fondées ou chimériques. C'était surtout pour ceux de la faculté qu'elle usait de cette délicatesse; et pour en citer un exemple, elle

---

(1) On a compté à Rome trois fameux gastronomes ou amateurs de la bonne chère qui ont porté ce nom : le premier vivait sous Sylla, le second sous Auguste et Tibère, et le troisième sous Trajan. C'est le second qui est le plus célèbre et celui dont Sénèque, Pline, Juvénal et Martial ont tant parlé.

n'invita jamais M. Laumonier à dîner avec M. Py-
lore, chirurgien fort répandu à Rouen, et qui,
si je ne me trompe, avait été le prosecteur de
M. Lecat.

Parmi ceux qui cultivaient les sciences, on trouvait chez M. Mézaize les docteurs en médecine
Gosseanme et Pinard. Le dernier était professeur de botanique, et bien secondé par M. Varin,
jardinier en chef de l'école. Tous trois étaient
membres de l'Académie. Un homme jeune et
plein d'ardeur pour les sciences et les lettres,
M. Noël de la Morinière, était de toutes les
réunions, parce qu'il était chéri de tout le
monde (1). Don Gourdin, bénédictin, littérateur
très-érudit, est le seul homme de lettres avec
lequel j'ai eu de fréquentes relations. Don
Gourdin, après avoir enseigné les humanités, et
publié différents ouvrages élémentaires sur cet
objet (2), s'était adonné à la bibliographie, et il

____

(1) M. Noël, né à Dieppe en 1765 et mort en 1822, a
publié un grand nombre d'ouvrages intéressants sur l'histoire naturelle, la statistique, les antiquités nationales, la
navigation, etc. La principale de ses productions est l'*Histoire générale des pêches anciennes et modernes dans les
mers et fleuves des deux continents*.

(2) *Principes généraux et raisonnés de l'art oratoire*.
Rouen, 1785, in-12. — *De la Traduction*, ibid. 1789,
in-12.

se trouvait chargé, à Rouen, en 1792, de classer
et de rédiger le catalogue d'une immense quantité de livres, devenus propriété nationale par
suite de l'extinction des communautés religieuses.
Don Gourdin était aidé dans ce grand travail par
M. Turlot, dont il est parlé dans le 1er volume de
ces Souvenirs, page 259. Cet abbé de cour était
difficile à reconnaître dans son costume laïque et
très-négligé, imposé sans doute par les circonstances. Don Gourdin, conservant celui de prêtre
séculier, disait la messe tous les matins, et on
prétendait, même parmi ses amis, qu'il la faisait
servir par une sienne nièce de quatorze ou quinze
ans.

Parmi les membres de l'Académie qui profes-
saient les beaux-arts, ceux avec lesquels je me
trouvai le plus souvent, furent M. Brument, architecte, auquel Rouen a dû plusieurs monuments; M. Jadoulle, sculpteur, qui les a presque
tous décorés, entre autres l'église du Lieu de santé,
dont le portique est du meilleur goût; enfin
M. Descamps, directeur de l'école de dessin et
conservateur du Musée des arts, place déja occupée par son père, peintre habile, et qui a laissé
une mémoire honorée pour avoir publié des
écrits intéressants sur la peinture (1).

______

(1) 1° *Les Vies des peintres flamands, anglais, hollan-*

Fort peu de temps après mon arrivée à
Rouen, M. Laumonier se concerta avec plusieurs
de ses amis pour me faire admettre dans l'académie. Le jour indiqué pour l'élection, on me conduisit dans la salle des pas perdus de l'ancien
parlement, édifice assez imposant, et je fus invité à y attendre le résultat de la délibération
académique. Agréé que je fus, MM. Brument et
Noël vinrent m'annoncer cette flatteuse nouvelle
et me conduisirent dans la bibliothèque publique,
placée dans les mansardes de l'hôtel-de-ville, et où
siégeait l'académie. M. Laumonier, qui présidait
cette compagnie avec toute la gravité et la solennité qu'il eût mise à présider un chapitre de
Rose-croix, me reçut et m'assigna une place assez
près de lui, car les premiers honneurs furent
pour deux visiteurs, M. Lemonnier, peintre
d'histoire, né à Rouen, et M. Deseine, statuaire, tous deux membres de l'académie de
peinture et de sculpture de Paris. Ce titre d'a-
cadémicien me donna en quelque sorte à Rouen
le droit de bourgeoisie ou de cité, et me mit le

---

dais. Paris, 1753-63. 4 vol. in-8° ornés de portraits en
vignettes, gravés par Fiquet.

2° *De l'utilité des établissements d'écoles gratuites de
dessin en faveur des métiers...* 1767, in-8°.

3° *Voyage pittoresque de la France et du Brabant.* Paris,
1769, in-8°, avec 5 planches et une carte.

lendemain dn 10 août à l'abri de toutes les per-
quisitions dont les personnes venues depuis peu
de la capitale furent l'objet.

A peine les résultats de cette fameuse journée
furent-ils connus à Rouen, que l'académie s'em-
pressa d'aller protester de son civisme, et prêter
je ne sais plus quel serment entre les mains du
maire, M. de Fontenay, ex-constituant, mort
sénateur sous l'empire, et qui fut justement
estimé et regretté par tous ceux qui avaient eu
avec lui des rapports commerciaux, administratifs ou de société.

M. Laumonier, président de l'académie, céda
dans cette circonstance la parole au vénérable
M. Dambourney, qui avait été secrétaire de cette
compagnie pendant de longues années, et qu'une
retraite studieuse à la campagne avait forcé de
renoncer à ces fonctions. Cet académicien s'était
d'abord adonné simultanément au commerce et
à la culture des sciences et de quelques arts
d'agrément, tels que la musique et la peinture.
Nommé, en 1761, intendant du Jardin des Plantes de Rouen, il dirigea ses études vers la chimie appliquée aux arts, plus particulièrement
à la teinture, et il fit un grand nombre d'expériences qui furent couronnées des plus heureux succès. La manière qu'il indiqua pour ex-
traire le bleu du pastel, transportée et pratiquée

aux Antilles, fut très-utile aux habitants qui, aujourd'hui même, n'en emploient pas d'autre. M. Dambourney a laissé plusieurs ouvrages très-utiles, et presque tous imprimés aux frais du gouvernement (1).

On vit le même jour deux vieillards respectables, l'un octogénaire et l'autre plus que septuagénaire, venir se mêler aux rangs de l'académie, dont leurs infirmités les éloignaient. Le premier était l'abbé Bacheley, connu dans le monde savant par des recherches suivies douze ou quinze ans de suite sur les fossiles de cette chaîne de rochers qui occupent, de l'est à l'ouest, une longueur de six lieues, entre l'embouchure de la Vire et celle de l'Orne. La dénomination de Calvados que portent ces rochers leur vient du nom d'un vaisseau faisant partie de la flotte que Philippe II envoya contre l'Angleterre, en 1588, et qui échoua sur leurs récifs. M. Cuvier a su profiter des travaux et des belles collections de Bacheley, qui ont été mises à sa disposition.

Le second de ces respectables vieillards, M. Ron-

---

(1) 1° *Mémoire sur la culture de la garance.*

2° *Recueil de procédés et d'expériences sur les teintures solides que nos végétaux indigènes communiquent aux laines.*

3° *Divers mémoires agricoles sur les cidres.*

13.

deau, avait cultivé toute sa vie la physique et les arts. Les mêmes goûts se sont perpétués dans son estimable famille.

Du 12 au 15 août, M. Laumonier me proposa de me conduire à Navarre, grande et magnifique terre appartenant au dernier duc de Bouillon, où l'exil et ensuite ses goûts l'avaient fixé. Ce grand seigneur y tenait un état de maison égal, à peu de choses près, à celui de nos princes. De Rouen à Évreux, on parcourt un pays admirable par sa richesse et la beauté des sites. Le joli village de Fleury, au centre de la vallée d'Andelle; des eaux vives et sinueuses; Charleval d'un côté, la montagne des Deux-Amants de l'autre; les collines couvertes de verdure et environnées de bois, offrent un délicieux spectacle. Enfin, après avoir traversé Louviers, célèbre par ses nombreuses fabriques de draps, on trouve, au milieu d'une agréable vallée, Évreux, bâtie en grande partie en bois et arrosée par l'Iton. Cette ville est le *Mediolanum* et l'*Eburovicum* des anciens. Le château de Navarre, à une très-petite distance d'Évreux, a été construit par l'un des Mansard, qui a surmonté cet édifice d'une sorte de mauvaise coupole destinée à terminer un salon central, octogone et des plus grands grandioses, auquel aboutissent les grands appartements du rez-de-chaussée. Tout ce qui est sus-

ceptible d'être drapé l'était en noir, à cause de
la mort récente du marquis de Banastre, père
de la duchesse, qui avait cessé de vivre presque
en arrivant à Coblentz. J'avais une lettre toute
confidentielle de madame Laumonier pour madame de Banastre, qu'on appelait tout bas, en
style de château au temps des troubadours, la
dame des pensées du duc devenu son gendre.
Cette veuve, d'une belle taille et d'une grande
beauté, âgée de 40 ans au plus, ressemblait
parfaitement à la Niobé, et sa douceur égalait
ses charmes. La marquise nous conduisit chez
M. de Bouillon; et je vis, au milieu d'une grande
chambre à coucher à estrade fermée et toute
dorée, assis sur un riche fauteuil, un vieillard
de la figure la plus imposante. — Hé bien! messieurs, hé bien! Laumonier, se mit-il à dire,
voilà de grands événements qui viennent de se
passer... C'est une révolution complète qui va
nous donner une république... C'est le gouvernement qui convient aujourd'hui à la France, et
qui doit remplacer la plus décrépite de toutes les
monarchies... J'ai fait hier une déclaration publique de mes principes en envoyant à la municipalité d'Évreux mon adhésion pleine et entière
à ce qui s'est fait ou se fera dans le sens populaire...
Je ne suis plus ni duc et pair, ni grand-chambellan
de France. Je m'appelle à présent Bouillon, tout

court, ou Godefroy de Bouillon, si on veut. Comment trouvez-vous cela? — Monseigneur, dit à son tour M. Laumonier, on devait s'attendre au parti qu'a pris S. A., d'après ses sentiments bien connus et manifestés dès le commencement de notre révolution. — Laumonier, nous parlerons demain, et M. le docteur D... G... voudra bien être de la consultation; nous parlerons de ma ponction, qui est la 24e ou la 25e que je subis. Taisons-nous devant la duchesse, qui va arriver dans quelques minutes... Elle entre en effet, s'approche du duc, qui lui serre la main, et elle embrasse sa mère assise près de son gendre. Madame de Bouillon, âgée de 19 à 20 ans, d'une haute taille, d'une figure altière et immobile, enfin d'un ensemble complétement guindé, ressemblait beaucoup à un mannequin. A peine avait-elle eu le temps de s'asseoir, que le maître-d'hôtel en grand deuil, en bourse, et l'épée au côté, suivi de deux valets de chambre dans le même costume, et de quatre valets de pied, entra en disant à haute voix : Son Altesse Sérénissime est servie... M. Laumonier eut l'honneur de donner la main à la duchesse, et moi, à la marquise de Banastre. Un valet de pied se saisit de la queue de la robe de ces deux dames, qui avaient plusieurs aunes de long. — Prenez bien garde, me dit la marquise, quand nous fûmes assis, à ce que vous allez dire; et, si vous m'en croyez, causons ensemble, et ne prenons point part à la conversation générale. Il y a ici des rapporteurs qui font savoir au duc ce que l'on dit pendant le dîner. Hier il y eut une scène fort fâcheuse : M. de ***, capitaine de cavalerie, et dont le régiment est en garnison à Évreux, exprima un blâme... Dès que nous fûmes rentrés chez M. de Bouillon, où l'on prend le café, il s'emporta et interdit sa maison à cet aimable et fort bon gentilhomme, qui est même un peu mon parent. J'en suis très-fâchée pour la Faculté; mais nous soupçonnions plusieurs personnes, et maintenant nous savons très-positivement que c'est le docteur qui est en face de nous, M. Briseorgueil, qui fait ces rapports. — Madame la marquise, il est impossible qu'avec un nom pareil on ne soit pas démagogue. — Ce docteur mène M. de Bouillon sans qu'il s'en aperçoive, et celui-ci a vraiment pour ce pédant les déférences les plus ridicules. Pour vous en donner un exemple, le duc est fou des fleurs, et ma fille et moi les aimons aussi. Vous avez dû voir que nous avons les choses les plus rares dans ce genre. Hé bien! monsieur, croiriez-vous que le docteur s'est emparé de ce qu'il y a de plus beau, qu'il dépèce et déchire tout, sous prétexte, dit-il, d'étudier les sexes?... Au reste, vous le voyez dans ce moment se saisir d'un ananas : il aime au moins les fruits autant que les fleurs.

Rentrés dans la chambre à coucher du duc pour y prendre le café, madame de Banastre lui présenta deux visiteurs survenus pendant le dîner, et cependant encore assez à temps pour en prendre leur bonne part : c'étaient MM. Lemonnier, peintre, et Deseine, statuaire, arrivant de Rouen, où ils avaient été très-fêtés l'un et l'autre. M. de Bouillon les reçut avec beaucoup de distinction, et leur dit, entre autres choses flatteuses, que, n'appartenant à leur académie de peinture et de sculpture que comme honoraire amateur, il sentait tout ce qu'il devait à des artistes aussi distingués qu'eux.

Le lendemain matin, et au point du jour, j'allai voir les immenses jardins de Navarre, qui sont au nombre de trois, et fort distinctement séparés les uns des autres. Le plus rapproché du château, en arrivant par l'avenue d'Évreux, a été tracé, par Le Nôtre, dans le plus grand style, et offre des bassins revêtus en marbre blanc, et ornés de mascarons en bronze. Je ne sais plus si c'est l'Iton ou l'Eure qui forme les cascades ; car je crois que ces deux agréables rivières baignent les jardins.

Celui qui est dans le genre que l'on est convenu de nommer anglais, n'a point été planté

dans la forme qu'il offre aux regards ; mais on
l'a dessiné sur un vaste terrain boisé et présen-
tant des arbres séculaires et magnifiques que l'on
a su encadrer dans des massifs. Une immense
avenue de plus de cent pieds de largeur présente une voûte gothique qui a toute l'élévation
à laquelle nos arbres forestiers peuvent atteindre. Dans ce même jardin, assez près du château
et sur sa droite, je vis un temple en briques et
de forme tout à fait antique avec cette inscription
grecque : ΕΡΩΤΙ ΟΥΡΑΝΙΩ (A l'Amour céleste).
Pénétrant dans l'intérieur du temple, je trouvai
le plus voluptueux boudoir.

Le troisième jardin est un vaste potager auquel est contiguë, et comme un complément,
une série de serres parfaitement bien tenues, et
dans lesquelles on élève des plantes et on fait
mûrir les fruits des climats les plus chauds.

En rentrant de ma promenade, je me rendis
avec M. Laumonnier et le médecin du duc dans
sa chambre à coucher, et le trouvai toujours
dans son grand fauteuil, où il voulut subir la
ponction, après une consultation de quelques
minutes, et qui n'eut lieu que d'après les desirs
de madame de Banastre, qui était présente et
près de M. de Bouillon. Pendant l'opération, ou
plutôt l'issue de l'eau, le duc frappait légère-
ment de la paume de ses deux mains les parois

de son ventre, et nous disait gaiement : La cruche finira par se casser, et je n'aiderai pas à la révolution à marcher : le peuple s'en chargera et réussira... Au reste, j'aurai fourni une assez longue carrière... Presque tous mes amis les plus intimes sont morts...C'est un peu l'intempérance qui m'en a privé; ils étaient probablement moins forts que moi.... On dit que les grands buveurs finissent d'ordinaire par l'hydropisie : qu'en pense monsieur le docteur de Montpellier? Bordeu nous a dit cela souvent. Indépendamment de ses talents et de son esprit infini, il était homme de plaisir et passablement gourmand. Ce fut à ma table qu'il dit un mot qui a couru tout Paris, et qui a contribué à accréditer le bruit répandu que ce grand médecin s'était empoisonné. « Ne mangez donc pas tant, monsieur de Bordeu, lui disait un autre gourmand, l'abbé de S.— Non, vous vous tuerez. Et lui de répondre : Qui vous a dit, monsieur, que je voulais vivre?...» Revenons à la question que je vous adressais : meurt-on souvent hydropique quand on a trop bu? — R... D... G... Il y a, monsieur le duc, un axiome en médecine qui dit : *Qui vivunt in vino, moriuntur in aqua.* — On prétend aussi, messieurs, (c'est M. de Bouillon qui parle) que ceux qui, en buvant trop de vin, ne se privent d'aucune sorte de plaisirs, finissent souvent par une apoplexie, et je suis porté à le croire. Tel a été au moins le sort de mon ancien ami et excellent voisin, le marquis de Conflans, qui est mort récemment dans sa belle terre du Vaudreuil en se faisant la barbe : c'est grand dommage, car il avait une très-bonne tête pour les affaires, ce dont personne ne s'était jamais douté avant les assemblées bailliagères, dans lesquelles il s'est singulièrement distingué, d'après ce que j'ai entendu dire à M. Thouret, qui est un excellent juge.

Quand M. de Bouillon eut consenti à se laisser placer sur son lit : Monsieur le docteur, dit-il à l'auteur de ces Mémoires, j'étais un peu fâché contre vous tout à l'heure... Vous vous êtes fait attendre ; mais point de rancune. — R... D... G... Monsieur le duc, je ne savais pas à quelle heure je serais reçu. — L'heure ? Il n'y a rien de si simple : c'est celle de mon lever ordinaire ; mais laissons cela, et parlons de mes jardins. Je ne crois pas, à tout prendre et bien considérer, que vous en ayez vu d'aussi beaux dans vos voyages en Angleterre et en Italie ; pour la France, la question est décidée en faveur de Navarre... Et mon temple antique, dit-il en regardant la marquise de Banastre avec tendresse, comment l'avez-vous trouvé ? — D'un très-beau style, et on ne peut plus élégamment décoré à l'intérieur. — Un docteur comme vous, monsieur, a dû entendre l'inscription grecque; le temple est consacré à l'Amour céleste, rien de plus clair : mais ce qui suit, ou bien cette seconde ligne qui se compose seulement d'initiales, y avez-vous entendu quelque chose? avez-vous pénétré le mystère? (La marquise souriait avec pudeur.)—R... D... G... Monsieur le duc, je crois que cela est relatif au culte célébré dans ce temple de l'Amour, toujours céleste sans doute, mais descendu des cieux sur la terre. La rougeur gagna madame de Banastre et l'embellit, tandis que M. de Bouillon se mit à rire aussi fort que pouvait le lui permettre son état de santé.

Puisque vous êtes si pénétrant, monsieur le docteur, je veux avoir votre avis sur deux médaillons en camées, que voici, et dont j'ai fait présent, lors de nos noces, à madame de Bouillon. La duchesse les porte souvent en agrafes de ceinture dans le costume grec, que vous savez être de mode maintenant. D'abord je vous prie, monsieur, de me dire si vous jugez que cette Minerve en pied soit un antique. — Oui, monsieur le duc, ou je me tromperais fort. — Puis cet autre camée, il est également antique; n'est-ce pas? — Non, monsieur le duc, c'est évidemment un ouvrage de Pickler. — Cela est vrai, c'est moi qui en ai donné l'idée et fourni le sujet... Hé bien, monsieur le docteur, qu'est-ce

que cela signifie? — Monsieur le duc, il me
semble que c'est le Temps qu'une jeune adoles-
cente, peut-être Hébé, enchaîne avec des guir-
landes de fleurs. — Ce n'est pas Hébé, c'est madame de Bouillon, et pour le Temps, c'est bien moi
qui suis vieux comme les rues... Quant à l'autre
camée, ce serait madame de Banastre, si la figure
de cette Minerve était plus belle, et qu'elle fût
moins sévère... La marquise rougissait de nouveau.

On allait servir le déjeûner, auquel les dames
n'assistaient point, quand un courrier, envoyé
à M. Laumonier par le maire de Rouen, lui
remit une lettre qui le rappelait en toute diligence, en lui annonçant qu'à la suite d'une
émeute, il y avait eu beaucoup de blessés transportés au Lieu de santé, qui réclamaient ses
soins. M. de Bouillon, informé de cet événement,
nous fit donner de suite des chevaux pour nous
conduire en grande diligence à Évreux, où
nous devions prendre la poste. A mi-chemin de
Navarre à Évreux, nous rencontrâmes l'immense
voiture à six chevaux qui allait tous les jours
chercher et reconduisait dans cette ville sept ou
huit personnes qui passaient une partie de leur
vie à Navarre. Les hommes portaient constamment une sorte d'uniforme ou d'habit de chasse,
et M. Laumonier lui-même ne paraissait jamais

à Navarre sans ce costume. Le duc avait toujours prétendu que c'était pour consacrer l'égalité de ses commensaux ; et je pense que c'était, au contraire, un signe de vasselage. Tant est-il que nos voitures, en se croisant, s'arrêtèrent. Messieurs, nous dit un militaire grave et âgé, avez-vous appris ce qui vient de se passer à Rouen? — Confusément, répondit M. Laumonier ; je sais qu'il y a eu une émeute, et que beaucoup de blessés m'attendent à l'hôpital. — Nous en avons appris davantage. Les prolétaires ont d'abord menacé les Suisses, puis insulté la garde nationale et méconnu l'autorité municipale, qui a été assaillie de pierres. Le maire, M. de Fontenay, et le procureur de la commune, M. Basire, n'ayant pu réussir à calmer la fureur du peuple, ont fait avancer deux pièces de canon chargées à mitraille, qui heureusement n'ont pas tiré ; mais ils ont ordonné à la cavalerie de la garde nationale, réunie à deux escadrons de Bourgogne, de charger le sabre à la main les révoltés, et à l'infanterie de la garde nationale de faire sur eux un feu de peloton, qui a tué et blessé beaucoup de monde. — *M. Laumonier :* Nous sommes trop pressés pour nous arrêter plus long-temps.

«Il paraît, se mit-il ensuite à me dire, que ce monsieur, qui est un loyal aristocrate, confond

les carabots, qui sont la lie du peuple et même
celle du faubourg Saint-Sever, avec les prolétaires, ce qui n'est point la même chose, n'est-ce
pas?—*R. D. G. :* Vous avez raison. On entendait
par prolétaires, chez les anciens Romains, les
citoyens dont le bien était au-dessous de quinze
cents pièces d'argent. — Hé bien, il faut alors
simplement dire des carabots, et ceux-là ont rarement six francs dans leur poche.» A tous les relais, on nous raconta l'événement de Rouen avec
peu de variations, si ce n'est sur le nombre des
morts et des blessés que je n'ai jamais su. Les
morts furent d'ailleurs jetés de suite dans la Seine.

Chemin faisant, M. Laumonier amena la conversation sur ce qui pouvait m'avoir le plus
frappé à Navarre, et je lui dis qu'au milieu de
la magnificence et du bon goût qui régnaient
dans ce séjour, j'avais été surpris de ne rien
rencontrer qui y rappelât le souvenir de Turenne. — *M. Laumonier :* Et le fils unique de
M. de Bouillon, ce cul-de-jatte que vous avez
entendu appeler M. le vicomte de Turenne, et
que vous avez vu apporter à table, où on le fait
manger comme un enfant, vous le prenez donc
pour rien? — *R. D. G. :* C'est précisément l'état
déplorable de cet idiot perclus qui, en m'affligeant, m'a rappelé la différence qui le sépare du
grand homme qui fut et la gloire des Latour-

d'Auvergne et celle de la France. Au lieu de tableaux qui retracent les actions de ce héros, on ne voit à Navarre que M. le cardinal de Bouillon, son neveu, remplissant les fonctions de doyen du sacré collége. Puis, quel homme était-ce au bout du compte? Un ambitieux que les nombreux bienfaits de Louis XIV ne purent attacher à son service... Ce cardinal alla même jusqu'à oublier les intérêts de la France : en un mot, il n'a pas été bon Français.

J'ai pourtant trouvé dans les jardins un petit bronze représentant la Pie; mais ce monument mesquin devrait être placé dans un intérieur.

M. Laumonier : Vous avez dû trouver que c'est un usage aussi agréable qu'hospitalier, que d'envoyer le matin chez ceux qui couchent au château, de jeunes jardinières élégamment vêtues, qui leur portent des corbeilles de fleurs ! —Je trouve cela indécent, et voilà tout. —Pour le coup, vous voilà moraliste plus sévère que les chanoines d'Évreux, qui n'ont jamais blâmé ce qui se passait à Navarre, au su et vu de tout le monde, et sous leurs propres yeux.

La rentrée de M. Laumonier dans Rouen fut une espèce d'ovation, car il fut salué et béni par tous ceux qui se trouvèrent sur son passage. Il méritait vraiment cette réception, que je lui fis considérer comme une récompense anticipée

des soins que l'on attendait de lui. Le zèle de
M. Laumonier fut aussi stimulé par la persua-
sion que les blessés étaient des gens égarés, et
cette manière de les juger les lui rendait plus
précieux.

Les meneurs de la capitale avaient toujours
eu les yeux ouverts sur Rouen, et, dès 1789,
ils avaient fait des efforts pour le révolutionner
et le mettre à l'unisson de Paris. Bordier, fameux
acteur des Variétés, et un certain Jourdan, avocat, né à Lizieux, avaient reçu une mission à
cet effet. Ils agirent trop brusquement pour
réussir, et finirent ainsi qu'ils auraient dû s'y
attendre. D'abord ils insultèrent personnellement M. de Maussion, l'intendant, et livrèrent
son hôtel au pillage. Le parlement s'assembla,
et la chambre des vacations condamna de suite
les deux agitateurs à être pendus. Voilà comme
on procédait dans la capitale de la Normandie.
Désappointés dès leur début, Bordier et Jourdan
parvinrent à s'enfuir. Le procureur général, marquis de Belbœuf, les fit poursuivre avec tant de
promptitude qu'ils furent arrêtés à Magny, au
moment où ils allaient franchir les limites de
la juridiction qui les avait condamnés. Ramenés
à Rouen par les huissiers de la cour, ils arrivèrent au pied de la double potence dressée au
bout du pont de bateaux sur la rive droite de

la Seine, et ils y furent immédiatement exécutés. Bordier montra beaucoup de faiblesse, quelque chose que fît son compagnon d'infortune pour lui inspirer du courage. La dérision ajoutait à l'ignominie du supplice et à la perspective de la mort. Il y avait peu de jours que Bordier, jouant dans une pièce où il remplissait le rôle d'un intrigant et peut-être d'un filou, avait dit, comme prophétiquement : « Si je ne réussis pas, vous verrez que je serai pendu pour arranger et terminer l'affaire, et qu'enfin je ferai une fort vilaine mine quand on m'aura attaché au portemanteau... » Ce sont ces paroles qu'il entendit rappeler autour de lui. Jourdan, au contraire, annonçait que la mort qu'ils subissaient, en combattant pour une cause sainte, trouverait des vengeurs. En effet, en 1793, ces deux brigands furent l'objet à Rouen d'une fête expiatoire.

La municipalité de Paris, qui s'organisa d'elle-même le 10 août, et s'installa de la même façon avec des attributions inouïes qui la rendirent rivale de la convention, avait à Rouen des agents très-actifs et porteurs de pouvoirs très-étendus. J'en vis arriver un chez M. Laumonier ; c'était un nommé Roussillon, ancien chirurgien de la marine, et depuis médecin en chef de l'armée de la république aux Pyrénées-Orientales, et enfin membre du conseil de santé de la guerre. Je crois qu'il fut aussi juré au tribunal révolutionnaire, mais je n'ose l'affirmer. Nous nous étions trouvés plusieurs fois assis près l'un de l'autre à la société de médecine, où il m'avait adressé la parole et dit des choses très-propres à me le faire connaître. « Monsieur, me dit-il un jour, vous venez de parler à un mauvais homme, à un aristocrate fieffé, à l'ennemi le plus prononcé des noirs... » Le docteur Dutrone, dont il était question, venait de me dire aussi : « Vous êtes placé près du plus grand révolutionnaire de France; c'est l'un des signataires et des instigateurs de la pétition du Champ-de-Mars; il a été arrêté dans cette fameuse journée sur l'autel de la patrie, d'où il a fallu l'arracher... » Tant est-il que le citoyen Roussillon, comme il voulait déja qu'on l'appelât, avait une lettre du docteur Thouret pour M. Laumonier, et lui fit voir les pouvoirs dont il était porteur. Sa mission principale avait pour objet de mettre en surveillance beaucoup de malveillants, dont il avait le signalement, et de les refouler sur la capitale, où ils seraient sous les yeux et la main des sections. « La guerre à mort, nous disait-il, est déclarée entre les patriotes et les aristocrates... Le 10 août au matin, j'ai massacré sur le Pont-Neuf le bijoutier Carle, commandant du bataillon de Henri IV, qui avait

14.

des intelligences avec les Tuileries... Le même jour, et trois quarts d'heure plus tard, j'ai été sur le point de traiter de même Dubois l'agronome, que je trouvai, rue Dauphine, chez Steinasher l'apothicaire, où je venais de déposer une rame d'assignats qui m'incommodait; mais je me suis retenu par respect pour le domicile d'un ami commun. »

La présence de Roussillon fit quitter Rouen à beaucoup de monde, et en particulier à mon parent et à sa famille, que je suivis à Paris.

Dans la suite, j'ai cultivé plusieurs des connaissances que j'avais faites à Rouen, et en particulier la famille de Fontenay, le sénateur comte Vimar, et M. Basire, conseiller à la cour de cassation. Je suis aussi devenu l'allié de monsieur et de madame Laumonier.

J'entrevis, pendant mon séjour à Rouen, M. Duméril, plus jeune que moi, et sans me douter alors, qu'unis l'un et l'autre par une longue et amicale confraternité, j'aurais autant d'admiration pour l'étendue de ses connaissances que d'estime pour son beau caractère.

CHAPITRE VIII.

Paris en octobre, novembre et décembre 1792. — Changements remarquables dans les choses de même que dans
les opinions et la conduite de plusieurs personnes. —
V... et notre famille, ainsi que leurs sentiments et leurs
relations politiques. La maison de mon oncle est le point
de réunion des conventionnels, appelés d'abord hommes
d'état et depuis persécutés ou immolés sous la dénomination de Fédéralistes et de Girondins. — Bosc-d'Antic
m'invite à dîner chez ses amis monsieur et madame Roland; funestes prévisions de l'un et de l'autre. — Je vois
souvent M. Thouret, l'ex-constituant, alors président du
tribunal de cassation. — Le docteur Thouret fait avec
Roussillon l'inspection des hôpitaux militaires prussiens
restés sur le territoire français après l'invasion, et ils en
rendent un compte sommaire à la Société de médecine.

Nous étions revenus de Paris à Rouen par la
route d'en haut, ou celle de Magny, et nous
revînmes de Rouen à Paris par la route basse,
ou celle de Mantes, où nous couchâmes. En
allant de Saint-Germain-en-Laye à Versailles,
où nous avions affaire, nous passâmes devant
l'abreuvoir de Marly, où nous trouvâmes les deux
beaux groupes de Coustou qui le décoraient,
frappés de balles. Pour mettre ce chef-d'œuvre

de sculpture à l'abri de nouvelles insultes du vandalisme, on avait entouré les deux chevaux et leurs écuyers de bandelettes tricolores, et écrit sur les piédestaux : *Honneur aux arts et respect aux propriétés nationales !*

Tout était fort tranquille sur la route que nous parcourûmes ; mais nous apprîmes à l'hôtel où nous descendîmes à Versailles, près de la rue de la Surintendance, des détails affreux sur le massacre des prisonniers d'Orléans, qui avait eu lieu au pied de l'escalier de l'Orangerie.

Reprenant, en arrivant à Paris, le cours de mes relations, j'appris au Louvre que M. Vicq d'Azyr, réfugié à Valognes près de son vieux père, y était assez tranquille, quoique la municipalité ne lui fît délivrer ses lettres que décachetées.

La société habituelle de M. Portal avait un peu changé de ton, et les Girondins qui en faisaient partie montraient plus de modération qu'avant le 10 août. .. ..

M. Verdier, devenu officier municipal, se trouva chargé, de même que ses collègues et à tour de rôle, de la garde et de la surveillance de la famille royale renfermée au Temple. La commune le chargea en outre de l'approvisionnement de la table de Louis XVI, de Marie-Antoinette, de madame Élisabeth, du dauphin et de la jeune Madame. On allait chercher au

Cadran bleu, sur le boulevard du Temple, tout ce qu'on servait sur leur table. Ces fonctions procurèrent à M. Verdier l'occasion d'avoir avec le monarque détrôné de fréquentes conversations. En voici une que racontait M. Verdier. *Louis XVI* : N'étiez-vous pas, monsieur, maître de pension? — *M. Verdier* : Oui positivement. —Hé bien, j'ai connu votre établissement, dont on m'a très-souvent parlé. Vous aviez chez vous un Talaru, fils unique du vicomte; un Damas, un Puységur, un fils du comte Langeron, un La Roche-Aymon et autres enfants dont les familles étaient à la cour. — Oui, j'avais tout ce monde-là chez moi, et ma pension était l'une des plus florissantes de Paris, et même la première dans son genre. La tyrannie de Buffon et sa cupidité m'ont tout enlevé et plongé dans la détresse. — Expliquez-moi donc comment. — Rien n'est plus facile. Sous prétexte de grandes améliorations, et d'étendre jusqu'à la rive gauche le Jardin des plantes, votre intendant a fait passer des marchés coûteux pour vous, lucratifs pour lui, et il m'a expulsé de vive force de l'hôtel de Magni et jeté sur le pavé. — Mais il y aura eu un jugement, on aura suivi les formes voulues? — Les jugements et les formalités, tout cela était dérisoire du fort au faible, avant l'inévitable révolution dont vous êtes la victime. — Je crois, monsieur, que c'est calomnier la mémoire du comte de Buffon que de l'accuser de dilapidations. J'ai examiné fort attentivement sa gestion, et trouvé qu'elle était fort en règle. La satisfaction que j'en ai éprouvée est même l'un des motifs qui m'ont engagé à faire élever, de son vivant, une statue à ce grand écrivain qui a très-bien administré le mien et le sien, dit-on, ce que je n'ai pu trouver mal. — Le sien, oui; mais le vôtre, non : voilà comme on a toujours su vous tromper.—Pas aussi souvent, monsieur, que vous paraissez le croire; j'ai donné aux affaires une attention sérieuse, et quelque jour on me rendra cette justice que l'on me refuse à présent.

M. Verdier racontait aussi des entretiens qu'il avait eus avec Marie-Antoinette, et il ressortait de ses propres aveux qu'il avait manqué aux bienséances et aux respects dont rien ne le dispensait. Après ces reproches par trop mérités, je crois pouvoir affirmer que M. Verdier ne se sera jamais oublié au point d'insulter d'aussi grandes infortunes, comme on le lui a reproché.

La grande et belle salle des séances de l'académie des sciences, placée dans le vieux Louvre, et servant également aux réunions de la société de médecine, avait, peu après le 10 août, été envahie par une bande de plus de cent tailleurs qui, les jambes croisées sur des tables, confectionnaient des uniformes pour habiller des troupes de nouvelles levées. Reléguées sous les combles ou galeries dites des Machines, ces deux compagnies savantes, presque désertes, se réunissaient fort rarement, et le contraste tranchant des opinions politiques en avait banni le charme.

Pour suivre l'ordre des temps avec exactitude, il aurait fallu dire qu'en arrivant à Paris, je m'empressai de voir mon oncle V..., et ne sachant pas son adresse, je l'attendis un jour au sortir de la convention, que je vis ainsi, spectacle assez curieux, défiler presque tout entière. L'accueil que me fit cet oncle fut plus que froid et même très-sévère; car il me dit tout d'abord qu'il savait à quoi s'en tenir sur mes sentiments d'après mon dernier domicile, puisqu'il avait su que je venais de Rouen, repaire et refuge tout à la fois des aristocrates les plus incorrigibles. Mon langage et ma défense furent très-mesurés, et je déclarai à mon oncle que s'il voulait que je continuasse à lui rendre mes devoirs, ce serait à condition que nous parlerions le moins possible d'affaires publiques, et que j'espérais qu'il reconnaîtrait bientôt qu'il se trompait sur mon compte, quoique à la vérité nous n'entendissions pas la liberté de la même façon. V..., très-irascible, mais bon pour tous et excellent pour moi, se calma de suite, m'indiqua sa demeure, rue d'Orléans-Saint-Honoré, et me dit que j'étais sûr d'y trouver toujours ma tante son épouse, ses deux jeunes enfants, son fils et sa fille, et une charmante cousine, Aimée Des M..., âgée de 19 ou 20 ans, modèle de douceur, d'esprit et de graces; il ajouta que pour le voir, il ne pouvait me donner d'autre heure que celle du dîner; qu'il me recevrait toujours avec plaisir, en évitant même, autant que possible, de parler politique, à cause de cette inflexibilité que je tenais du caractère breton de ma mère.

Ayant cru prudent de débuter par aller demander à dîner, espérant que la présence de ma tante et de ma cousine m'épargnerait un peu l'âpreté de la controverse éventuelle, je me rendis à six heures chez mon oncle V..., qui n'arriva qu'à sept heures et demie. A peine fut-il à table qu'il se mit à parler de la séance de laquelle il sortait, et s'éleva avec une véhémente colère contre les entreprises audacieuses et téméraires de la municipalité de Paris, qui menaçait d'imposer ses volontés à la république, au lieu de se renfermer dans les limites circonscrites de son administration... Elle a de l'appui dans la convention, et surtout dans ce Robespierre qui m'a fait hausser les épaules quand on me l'a désigné, en me le montrant, comme aspirant à la dictature... Ensuite un Danton, un Chaumette, un Marat, nous feraient la loi!... Pour ce qui est du dernier, que l'on soupçonne être un fou furieux, il s'occupe beaucoup de moi, et m'a affublé du titre de chef de la *faction des hommes d'état*... Je l'accepte très-volontiers ce titre d'homme d'état, c'est ce que doivent être tous les conventionnels pour maintenir la république et la défendre contre le déchaînement infernal des passions ennemies au dedans et au dehors.

 Après avoir affectueusement prié mon oncle de manger tranquillement, ma bonne tante me dit : Vous ne nous demandez pas des nouvelles de vos plus proches parents? —C'était, ma tante, pour esquiver les questions politiques. — Vous devez savoir, au reste, mon cher neveu, que votre père, le chef actuel de notre famille, est l'aristocrate le plus fameux du département de l'Orne. —Cela est vrai, observa avec douceur ma belle cousine. Mon oncle, votre père, étant un jour très-inquiet de ne pouvoir plus boire et manger d'aussi bon appétit qu'à son ordinaire, consulta notre parent et son ancien ami le docteur Desnos, qui est patriote celui-ci, et il lui dit : Au dégoût absolu que j'éprouve, il se joint une sensation d'amertume telle, que c'est comme si j'avais du fiel ou la constitution dans la bouche... Cela était par trop plaisant pour ne pas faire rire, et cependant l'auteur de ces Souvenirs fut assez heureux pour se contenir, en inclinant la tête en avant et baissant les yeux. — Mon fils, dit V..., ton cousin te donne un bel exemple, en se refusant à partager notre gaîté aux dépens de son père. Tu vas aussi entendre une chose que je t'ordonne de ne pas oublier, c'est que je demande excuse à Des G... de lui avoir parlé de son père avec une chaleur déplacée, quand je l'ai revu après tant d'années, et l'autre jour, dans la cour du Manége. Il y a des choses qu'un fils ne peut entendre dire de son père, et conserver son sang-froid...

—Hé bien, mon cher neveu, continua à dire ma tante, on est plus à son aise en parlant de vos sœurs, c'est tout à fait un autre chapitre; il n'y a que de l'affection, de l'amitié, de la tendresse, et les respects cessent tout à fait. Votre sœur aînée, qui caresse et réchauffe sans cesse l'humeur chagrine de votre père, s'est mise fort en évidence. Elle fait fi en toute occasion des prêtres assermentés, va à la messe des réfractaires, et ce qu'il y a d'inconvenant et de bizarre, c'est qu'elle y va avec une lévite aux trois couleurs et comme une amazone nationale. On ne lui a point épargné les avertissements, et elle a même été prévenue que si elle persistait dans cette conduite, on lui donnerait le fouet en pleine rue. Elle s'est moquée des avis, et a répondu qu'elle portait toujours un couteau à gaîne bien affilé pour s'en servir au besoin, et qu'elle ne craignait pas les curieux. Les patriotes, loin de reculer, allaient la fouetter d'importance, un dimanche matin, quand on vint en prévenir mon mari, qui accourut, et il en était temps... — *V...* : Je ne pus, en effet, souffrir que la fille de mon frère subît un pareil outrage, quoiqu'elle l'eût provoqué. — *Ma tante et ma cousine Aimée toutes deux à la fois* : Comment trouvez-vous cela, Des G..., pour une demoiselle de plus de 3o ans? — *R. D. G.* : Les vieilles filles ne sont ni des demoiselles ni des dames, et ont rarement des idées nettes sur les véritables caractères de la pudeur et de la vraie décence. Après cela, je vous confierai que j'ai souvent assisté à la messe des prêtres constitutionnels, et que j'ai même prêté main-forte à quelques-uns, toutefois en qualité de garde national commandé pour ce service (voyez page 134 et suivantes.) — *Madame de V* : Pour mademoiselle du F..., votre sœur cadette, vous savez qu'elle a le privilége de dire tout ce qui lui passe par la tête, et elle est si bonne que personne ne lui reproche ses boutades contre la révolution.

Neuf heures allaient sonner, et on alluma du feu et des bougies dans le salon pour recevoir 15 ou 20 députés qui s'y rassemblaient presque journellement pour délibérer sur les affaires publiques les plus urgentes, et ne se séparaient jamais avant minuit. Pendant les préparatifs dont il vient d'être parlé, on annonça successivement chez ma tante, femme du meilleur ton, les députés Buzot de l'Eure, Salles de la Meurthe et Girard de l'Aude.

Buzot, ex-constituant assez peu remarqué dans cette première assemblée, quoiqu'il y parlât souvent et presque sur tout, était jurisconsulte et homme du monde. « Après m'avoir appelé, dit-il, peu après qu'il fut assis, après m'avoir appelé le prophète du malheur, les journaux de l'anarchie, les organes de ceux qui veulent tuer la convention en semant la division parmi nous, me désignent aujourd'hui comme vendu de tout temps au parti d'Orléans. Il est pourtant constant que j'ai formellement demandé que le duc et ses fils fussent déportés hors de la France, pour avoir eu le malheur de naître près du trône, d'en avoir connu les maximes et les exemples. Rien n'est plus positif que cette opinion; mais il faut nous attendre aux plus atroces calomnies. »

Salles, médecin à Vézelise, dans l'ancienne Lorraine, débuta jeune, en 1789, dans les affai-

res publiques comme député du tiers-état de
Nancy aux états-généraux. Quoiqu'il parlât rarement, il ne fut pas sans influence dans plusieurs circonstances des plus importantes. Ainsi
en 1791, et lorsqu'après la fuite de Louis XVI,
on proposa d'annuler l'inviolabilité du monarque, Salles déclara (ce sont ses propres expressions) « qu'on le poignarderait plutôt que de lui
faire souffrir que le gouvernement passât des
mains d'un seul dans celles de plusieurs. » Salles,
avec l'extérieur et le maintien d'un niais, quoiqu'il fût un bel homme, avait fort peu d'usage
de la société. Cela était racheté par de la can-
deur, des connaissances étendues et quelques
talents oratoires.

M. Girard, député de l'Aude, âgé d'une cinquantaine d'années, sec, exalté et toujours armé
de deux pistolets et d'une canne à épée, fort
assidu aux conférences de la rue d'Orléans,
conduisait toujours avec lui sa jeune et belle
épouse. Celle-ci attendait la fin des délibérations
dans la société de ma tante V... et de ma cousine Aimée. La naïveté de l'aimable Languedo-
cienne plaisait beaucoup à ces dames, et elles
suivaient également avec plaisir les progrès que
la jeune méridionale faisait dans les usages du
monde qu'elle avait pu à peine entrevoir à Carcassonne.

Nous parlerons plus tard de quelques autres députés, tels que Grangeneuve, Rabaud de Saint-Étienne et Guadet, qui assistaient très-régulièrement aux conférences tenues chez V..., et que je vis quelquefois chez ma tante.

Bosc-d'Antic, le savant naturaliste avec lequel j'étais lié d'amitié depuis ma sortie du collége, et qui se trouvait, vers la fin de 1792, administrateur des postes, m'invita à dîner au ministère de l'intérieur chez ses amis les Roland, auxquels il resta si courageusement dévoué dans leur infortune extrême.

Madame Roland se souvint de nos relations à Londres (1), et rappela avec une sensibilité mélancolique, que le bonheur dont elle jouissait à cette époque de sa vie ne fut jamais troublé par aucun nuage. Depuis 1784, c'est-à-dire environ dix ans après, cette dame était changée et à son avantage. Elle avait pris de l'embonpoint, et portait sur son front cette empreinte de calme et de gravité qui sied si bien aux mères. Ses graces naïves ne l'avaient point abandonnée ; mais l'enjouement avait fait place aux soucis de sa position, car tout le monde sait que le ministère de l'intérieur était entièrement dirigé

---

(1) Voyez le Ier volume de ces Mémoires, chap. XIII, pag. 101 et suivantes.

par madame Roland. On la vit dicter à son mari, peu avant le 10 août, l'éloquente et courageuse lettre dans laquelle il prévenait Louis XVI des malheurs prêts à fondre sur la France et sur lui.

Madame Roland, assise au coin d'une cheminée, dit à Bosc et à moi, en jetant les yeux sur son mari et Chambon, maire de Paris, qui conversait d'affaires à quelques pas de nous : « Voilà deux hommes qui se ressemblent beaucoup extérieurement, et je suis portée à croire qu'ils ont aussi le même désintéressement, le même genre de patriotisme, enfin les mêmes vertus... » L'auteur de ces Mémoires, qui connaissait M. Chambon depuis long-temps, répondit qu'il y avait en effet de grandes analogies entre le ministre de l'intérieur et le maire; mais il s'abstint de dire que ce dernier ne pensait et n'agissait aussi que sous l'inspiration de son épouse.

On se mit à table pour dîner à peu près comme à Lacédémone, et on réserva deux places, l'une pour mon condisciple Lanthenas et l'autre, autant que je puis m'en souvenir, pour M. de Champagneux. Lorsqu'ils arrivèrent, on alla rechercher la soupe, et le ministre de dire de suite à Lanthenas : « Hé bien! qu'avez-vous fait aujourd'hui à la convention? — Nous avons décrété de juger nous-mêmes Louis XVI. — La convention accusatrice et juge! Elle se désho-

nore. » Et en frappant un grand coup de poing
sur la table : « Elle est déshonorée. » — Madame
Roland tomba subitement dans une profonde
rêverie, et elle y était encore plongée, lorsqu'à
la fin du dîner, on lui amena sa fille, intéressante enfant qu'elle adorait. Celle-ci, vêtue de
blanc, et dont la blonde chevelure tombait à
terre, s'approcha de sa mère qui la reçut et l'é-
treignit dans ses bras, en laissant tomber quelques larmes. J'ai toujours cru que cette femme
héroïque eut dans ce moment le pressentiment
de ses malheurs, et peut-être du martyre qui
devait terminer sa vie.

Le docteur Thouret, à mon retour de Rouen,
m'avait présenté à sa belle-sœur et à son frère
aîné le constituant. Deux choses auxquelles je
ne m'attendais pas, me frappèrent en abordant
cet homme supérieur : ce furent, d'abord l'élégance de sa mise et de ses manières, et ensuite
sa prononciation grasse, traînante et accentuée,
comme s'il ne fût jamais sorti de Pont-l'Évêque,
sa patrie. Un jugement éminemment droit sur
tous les objets, et une redoutable dialectique
portée dans les affaires, étaient les caractères distinctifs de l'esprit de ce grand jurisconsulte.

Je ne trouvai point dans M. Thouret cet attachement dont on le soupçonnait ou l'accusait
pour la constitution de 1791. Convaincu, tout

au contraire, du peu de sincérité de l'acceptation
de Louis XVI, et ultérieurement de ses intelligences avec les puissances étrangères, il jugeait
que le renversement du trône était devenu inévitable; et c'est dans ce sens qu'il s'exprima à la
barre de la convention, quand il y parut, pour
la saluer, à la tête du tribunal de cassation.

Trois hommes étaient alors les idoles du peuple, qui les brisa ensuite tour à tour : c'étaient
l'incorruptible Robespierre, le vertueux Péthion
et Danton. M. Thouret méprisait les deux premiers, mais il regardait le dernier comme doué
d'un génie révolutionnaire. « Il a d'ailleurs,
disait-il, toute l'audace et précisément ce genre
d'éloquence hyperbolique qu'il faut à un tribun
du peuple; et il le deviendra, ou mieux il l'est
déja... On l'a vu proscrire, quoiqu'il ne soit pas
sans générosité... Il a même avoué les massacres
de septembre, en disant froidement qu'ils étaient
nécessaires ! »

On doit se rappeler que le roi de Prusse Fré-
déric-Guillaume II avait pris Longwy, Verdun,
et pénétré en Champagne à la tête de 5o,ooo
hommes. Immédiatement après l'échec que ce
monarque éprouva à Valmy, il opéra sa retraite
sans être poursuivi, et laissa cependant en arrière des hôpitaux encombrés de malades, et
dont le conseil exécutif de la république prit

15.

soin, par humanité ou par une convention secrète avec l'ennemi. Dans cette circonstance,
le gouvernement envoya sur les lieux, comme
inspecteurs, Thouret et Roussillon. L'épidémie
qui frappait les Prussiens était une dyssenterie
très-meurtrière, et à laquelle on n'opposait ni
régime ni remèdes; l'abandon était presque complet. M. Thouret porta dans cette mission et son
bon cœur et les talents administratifs qui ont
honoré sa vie; et il fut très-bien secondé par
Roussillon. Celui-ci, quand ces inspecteurs rendirent compte à la société de médecine de leur
mission, raconta qu'il n'avait pu voir, sans répandre des larmes, les maux qu'enduraient ces
victimes de l'ambition et des caprices des rois;
et il ajoutait en sanglotant, « je ne puis voir
souffrir mes semblables. »

Ce républicain sincère, étrange composé d'humanité et parfois de férocité, eut à sa disposition des trésors, sut vivre pauvre et mourut vers
1798, dans le dénûment le plus absolu, poursuivi à toute outrance par les réactions de parti.

CHAPITRE IX.

Janvier, février et première quinzaine de mars 1793. —
Grangeneuve, Guadet et Rabaud de Saint-Étienne.
— Tristes prévisions de V... et vœux qu'il forme pour son
fils. — L'auteur de ces Mémoires reçoit le brevet de médecin ordinaire de l'armée d'Italie, et M. Vicq-d'Azyr,
qui l'en félicite et envie cette position, exige de lui qu'il
lui fasse connaître un service qu'il a été assez heureux
pour lui rendre et qu'il desirait lui cacher. — Hébert,
son épouse et leur intérieur; sa reconnaissance le porte
à des ouvertures relatives à mon oncle V... — Mes adieux
à celui-ci, à son épouse, à ses enfants, à ma cousine
Aimée. — Départ pour l'armée d'Italie.

Le procès de Louis XVI s'avançait, et les détails en sont assez connus, de même que la part
que prirent à cette catastrophe les députés dont
j'ai déjà parlé ou ceux dont j'aurai l'occasion de
parler encore. Ce qu'ont fait, et les opinions
qu'ont émises les conventionnels, appartiennent
depuis long-temps au domaine de l'histoire; en
conséquence, je m'étendrai fort peu sur les
premiers jours de 1793.

En allant de loin en loin chez mon oncle V...,
je vis quelques députés dont je ne puis me défendre de dire un mot, ce sont Grangeneuve,
Guadet et Rabaud de Saint-Étienne.

Grangeneuve, avocat de Bordeaux, substitut du procureur de cette commune, député du département de la Gironde à l'assemblée législative, y provoqua les mesures les plus sévères, voulut faire considérer les massacres d'Avignon comme des erreurs, et concourut enfin à 'faire adopter les lois révolutionnaires qui amenèrent le régime de la terreur. Plus modéré dans la convention, Grangeneuve paya de sa tête son retour à des principes plus équitables et plus humains. C'était un homme simple et de conviction qui avait dans l'intérieur et l'intimité la gaîté et l'étourderie d'un écolier sortant du collége.

Guadet, quoique fort jeune, présidait le tribunal criminel de la Gironde, quand il fut député à l'assemblée législative par ce département. Aussi violent que son collègue Grangeneuve, pendant cette session, de même que lui il se calma sous la convention, au milieu de laquelle il attaqua pourtant de front Robespierre, Danton, Marat et quelques autres députés siégeant à la Montagne. Beaucoup plus courageux et même plus éloquent que Vergniaux, alors qu'il improvisait, Guadet peut être regardé comme le chef de la députation de la Gironde. Dans la société, il avait de l'urbanité et des manières distinguées.

L'idée que je m'étais faite de Rabaud de Saint-Étienne se trouva inexacte quand je le vis. Il est bon de dire qu'il sortait de table, car je crois qu'il eût parlé avec plus de sang-froid avant de s'y mettre. Frappé par les prévisions les plus sinistres, l'ex-constituant, député du Gard, voyait l'anarchie s'avancer à grands pas, et détruire toutes les institutions sociales. Il nous faudra retourner dans les forêts, disait-il à ma tante et à ma cousine, et il fit alors une description fort poétique des premiers âges de l'homme. Descendant ensuite des hautes régions de l'imagination, il raconta qu'il avait vu, le jour même, l'un de ses compatriotes, officier supérieur aussi brave qu'expérimenté, qui lui avait dit : « Faites à la convention tout ce que vous croirez bon et utile pour consolider l'ordre de choses que vous avez établi ; quant à nous autres soldats qui courons aux frontières, nos devoirs se bornent à combattre et à repousser l'ennemi, et nous le ferons sans nous occuper de ce qui pourra se passer dans l'intérieur... » — Cela est beau et antique, observa Rabaud de Saint-Étienne... — Cela est sans doute beau, fit observer à son tour l'auteur de ces Mémoires, mais les temps modernes ont vu chose pareille. Sous la domination de Cromwel, le célèbre amiral Robert Drake disait souvent à ses marins : « Mes enfants, notre devoir est de

combattre pour la patrie dans quelques mains
que le gouvernement soit tombé. »

Je suivais fort exactement les leçons de chimie et d'histoire naturelle de Fourcroy, qui
avait toujours pour moi une bienveillance qui
ne s'est jamais démentie, et je m'étais aussi lié
avec le savant et bon Vauquelin, qui a toujours
eu aussi pour moi les mêmes sentiments affectueux. J'avais obtenu la permission de conduire
à cet excellent cours de leçons le jeune V...,
mon cousin, qui savait en profiter. Son père,
auquel je faisais part des espérances qu'il pouvait concevoir d'après l'intelligence, l'application et les talents de son fils, me dit un jour :
« Qu'il emploie bien son temps, et se prépare
de bonne heure un avenir... Il n'aura peut-être
pas long-temps mon appui... Qu'il ait le sien et
le tien... Tu ne peux manquer de prospérer
dans le monde... Pour moi, le reste de ma vie
est dévoué aux tribulations politiques... Je m'attends à tout... Ah ! si j'avais l'espoir que mon fils
pût devenir un jour capitaine du génie, j'éprou-
verais quelque consolation avant de mourir. »

La Savoie et le comté de Nice venaient d'être
envahis par nos troupes, tandis qu'une expédition dirigée contre la Sardaigne s'exécutait. On
savait aussi que, menacé dans ses propres pos-
sessions en Italie, l'empereur d'Autriche venait

avec de grandes forces au secours de son allié,
le gardien des Alpes.

Les difficultés du temps et le desir que j'avais
depuis long-temps d'entrer dans la carrière de
la médecine militaire, s'il se présentait des circonstances favorables, me déterminèrent à demander du service pour l'armée d'Italie. Le
docteur Thouret, auquel je fis part de ce projet,
l'approuva et me fit dîner avec le docteur Biron,
secrétaire du conseil de santé du département
de la guerre. Celui-ci me donna fort obligeam-
ment les noms de ceux qui composaient ce
bureau ministériel, et il m'engagea à leur faire
une visite et à leur soumettre ma demande.

Le conseil de santé se composait à cette
époque de MM. Daignan et Coste, médecins;
Dezoteux et Desault, chirurgiens; Bayen et Par-
mentier, pharmaciens.

Agréé avec bonté par ces messieurs, je reçus
du conseil ou pouvoir exécutif un brevet de
médecin ordinaire de l'armée d'Italie, à la date
du 21 février 1793, signé du président Lebrun et
contresigné par le ministre de la guerre Bour-
nonville.

Peu de jours après, j'allai voir M. Vicq-d'Azyr
qui était de retour à Paris. «Monsieur, me dit-il,
quand je l'abordai, je vous félicite sur la belle
place que l'on m'a appris que vous veniez d'ob-

tenir. Vous allez sortir de la tourmente où nous sommes. La carrière que vous allez parcourir a été pour plusieurs de nos confrères, dont vous connaissez quelques-uns, une source de célébrité, d'honneurs et de fortune... Ah! monsieur, que j'envie votre sort!—Que pourrait jamais, monsieur, m'envier un homme tel que vous? Les fonctions qui me sont aujourd'hui confiées sont tout simplement celles d'un médecin d'hôpitaux militaires, plus ou moins importants, à quoi il faut ajouter, à la vérité, l'application journalière de l'hygiène à toutes les positions des hommes de guerre; d'ailleurs je ne fais que débuter. — Je connais nos médecins militaires, monsieur, et j'ose vous prédire des succès. Mais revenons sur la position douloureuse où je me trouve et que vous ne pouvez pas soupçonner. J'étais, comme vous le savez, fixé à la cour, et quoi qu'il puisse arriver, j'honorerai toujours la mémoire du feu roi, et je dirai dans l'intimité que la reine est le modèle des mères. Hé bien, monsieur, malgré tout mon dévouement, je suis, depuis la révolution, devenu suspect à la cour et ne vois plus mes anciens amis. On disait à la cour que j'étais le complice des philosophes, et ceux-ci disaient que j'étais un valet. Madame Élisabeth, j'en suis certain, a même écrit à ses frères, MM. de Provence et d'Artois, qu'il y avait au château deux personnes dont on se méfiait beaucoup, sans pouvoir les écarter, et c'était moi et mademoiselle G..., ou madame C..., qui est la même personne, parce que l'on croit que celle-ci partage les opinions de son frère.

« Monsieur, continua de me dire M. Vicq-d'Azyr, dans presque toutes les lettres que Descot m'a écrites en Normandie, il m'a parlé de l'intérêt que vous ne cessiez de me porter, et il m'a donné à entendre depuis mon retour, que vous m'aviez rendu un grand service, sans pouvoir m'apprendre en quoi il consistait... Je voudrais bien avoir quelque éclaircissement à ce sujet... — Cela n'en vaut pas la peine. — Je vous conjure de me dire... — Puisque vous l'exigez, monsieur, voici simplement ce que c'était. Un jour, je me suis trouvé chez un député qui était occupé dans ce moment à examiner plusieurs pièces relatives au procès du roi... Il tombe sur un billet que vous écrivait madame la princesse de R... R... — *M. Vicq-d'Azyr :* Oh la folle! elle m'aura compromis. Hé bien! monsieur? — Hé bien, monsieur, le député me dit : Voilà un célèbre docteur dans une intrigue : lis un peu cela... Je lus et répondis : C'est une intrigue, en effet, mais je la crois purement de galanterie. — *M. Vicq-d'Azyr :* Vous aviez bien raison, monsieur, car cette femme, qui n'est plus jeune, qui écrit ou parle sans cesse et ne dort point, est encore obsédée par le délire de l'imagination la plus érotique. C'est le prince L...., son cousin, qui m'a entraîné un jour chez madame de R..., et je n'y suis plus retourné, malgré les instances du cardinal... Je serais porté à croire qu'elle a voulu jeter sur moi un dévolu et m'adjoindre à son B... de M...; au moins, c'est ce que me donne à penser un petit cadeau qu'elle m'a fait d'une demi-douzaine de cuillers à café en vermeil, avec un petit pot renfermant un aphrodisiaque (1) de la composition de Cagliostro. A cet envoi était joint un commentaire ou plutôt une instruction, qui suffirait pour faire mettre madame de R... aux petites-maisons.... Mais enfin, monsieur, qu'est devenu ce diable de billet? — M'apercevant, monsieur, qu'il n'était ni coté ni paraphé, je l'ai traité comme un chiffon, l'ai froissé dans mes mains et l'ai jeté au feu. — Que de remercîments je vous dois! Et le député qu'a-t-il dit? — Il s'est écrié : Ah, coquin! et ne m'en a plus parlé; il est vrai qu'il ne m'a plus laissé approcher de sa table de travail. »

Cet entretien est le dernier que j'ai eu avec M. Vicq-d'Azyr, dont la mort, arrivée en 1794, me

____

(1) Les aphrodisiaques sont des médicaments propres à exciter au culte de Vénus (Ἀφροδίτη).

causa les plus vifs regrets. Ce savant si spirituel, si profond et si laborieux, a eu plusieurs biographes et même des panégyristes; mais aucun d'eux n'a réussi à le faire bien connaître. C'était à Cuvier de peindre Vicq-d'Azyr. Cependant le plus laborieux de nos érudits vient de consacrer à la mémoire du secrétaire perpétuel de la société royale de médecine quelques lignes profondément pensées, et qui sont insérées dans la préface d'une traduction de l'allemand dont il vient d'enrichir les sciences naturelles (1).

Dès mon retour à Paris, à la fin de 1791, j'avais rencontré à la Grève, ou plutôt sous l'arcade Saint-Jean, mon compatriote et presque condisciple Hébert, qui m'avait témoigné, avec la satisfaction qu'il éprouvait en me revoyant, combien il avait souvent regretté que je fusse absent de la capitale aux premiers jours de la révolution. «Vous auriez sûrement joué un rôle important, me disait-il; mais vous nous arrivez quand tout est à peu près fini. . Je demeure assez

____

(1) *Traité élémentaire d'anatomie comparée, suivi de recherches d'anatomie philosophique ou transcendante sur les parties primaires du système nerveux, et du squelette intérieur et extérieur, et accompagné d'un atlas de 31 planches in-4°; par C. G. Carus, traduit de l'allemand, sur la seconde édition, par A. J. L. Jourdan.* Paris, 1835, 3 vol. in-8°.

près d'ici, rue Saint-Antoine, en face du passage de ce nom, qui débouche rue du Roi des Deux-Siciles. Mon petit logement est au troisième sur le devant. Je n'ai point oublié du tout et vos constantes bontés, et ce que je vous dois, je veux parler de l'argent si généreusement prêté, car je n'oserais rappeler et ne pourrais compter celui que vous avez souvent donné pour moi chez les traiteurs des rues de la Parcheminerie, de Mâcon et de la Grille du Carrousel. Sans vous et les honnêtes Parisot, de la rue des Noyers, je serais mort de faim... Je ne puis répondre, monsieur, des heures auxquelles je suis chez moi, où je dîne pourtant tous les jours, et où je m'estimerais aussi honoré qu'heureux de vous posséder. Mais vous êtes sûr de trouver toujours mon épouse, car je suis marié. Madame Hébert est une ex-religieuse de la Conception-Saint-Honoré, jeune et fort spirituelle. Malgré son ardent patriotisme, elle a conservé beaucoup de piété, et comme je l'aime tendrement, je ne la contrarie point sur cet article, et me borne simplement à quelques plaisanteries. »

Je n'avais point répondu à cette invitation, ni même eu l'occasion de revoir Hébert depuis la fin de 1791, lorsque, le 24 février 1793, je l'aperçus, rue Saint-Honoré près celle du Roule, faisant partie du cortége qui précédait et conduisait les restes de Pelletier de St-Fargeau au Panthéon. Cette imposante réunion se composait des membres de la convention nationale, de toutes les autorités administratives et judiciaires du département, de la municipalité et du bureau de ses 48 sections, enfin de la société des Jacobins. M'étant arrêté pour voir défiler ce cortége, suivi et fermé par de belles troupes, je fus reconnu et salué par le maire Chambon et le procureur de la commune Chaumette. Hébert, qui m'aperçut aussi, se détacha du groupe municipal, m'aborda en me serrant brusquement la main et me dit : Où diable demeurez-vous donc? — Rue du Paradis au Marais, n° 3. — J'ai des choses importantes à vous communiquer et suis toujours logé rue St.-Antoine.

Je m'abstins encore d'aller trouver Hébert. Cependant, au bout de très-peu de jours, j'appris qu'un monsieur d'assez bonne mine, me dit-on, bien mis et se disant substitut du procureur de la commune, était venu me demander, et qu'il avait paru contrarié de ne m'avoir pas rencontré. Ne croyant pas pouvoir reculer, je me rendis le lendemain vers cinq heures chez Hébert, où je trouvai son épouse, la ci-devant sœur Goupille, qui, en attendant son mari, s'occupait des apprêts d'un dîner assez délicat, car le tribun aimait la bonne chère.

Madame Hébert me reçut fort bien et me dit que son mari lui avait tant de fois parlé de moi et avec tant d'affection, que nous étions deux anciennes connaissances. Je m'approchais, pour la contempler, d'une gravure d'après le beau tableau du Titien ou de Paul Véronèse, qui représente Jésus-Christ avec deux de ses disciples chez Emmaüs, quand je vis qu'Hébert avait écrit au dessous : *Le sans-culotte Jésus soupant avec deux de ses disciples dans le château d'un ci-devant...* « Voilà, me dit madame Hébert, une de ces mauvaises plaisanteries que mon mari se permet souvent contre la religion, par suite d'une détestable habitude dont je désespère de le guérir... Je suis, monsieur, très-attachée au christianisme... C'est notre révolution dans ce qu'elle a de plus beau, car je n'avoue pas tout... Je prêche aux Jacobins, dans la société de nos sœurs, la même doctrine que l'abbé Fauchet prêche à nos frères dans leurs réunions. — Pardon, madame, pour celui-là, c'est un drôle d'apôtre, à moins qu'une éclatante conversion.... — Oui, monsieur, un grand et véritable apôtre qui m'a inspiré une portion de l'enthousiasme qui l'anime, et j'ai lieu de croire qu'il n'est pas non plus mécontent du zèle avec lequel je cherche à l'imiter. Je sais tous les avantages qu'a sur moi l'évêque du Calvados; il les doit à la nature et à ses talents supérieurs, car c'est un très-bel homme, et tout le monde convient qu'il est aussi très-éloquent.

Hébert arriva à six heures. Avant de se mettre à table, où nous restâmes trois heures, il prit dans un secrétaire une centaine de francs en or, qu'il me remit comme une vieille dette avec mille remercîments. Au bout de quelques instants, on frappe très-rudement à la porte, et j'entends un homme d'une voix forte et enrouée dire, en jurant, qu'il vient pour la troisième fois, depuis midi, pour parler au père Duchesne... A ces mots, Hébert se leva et alla prendre par la main cet homme musculeux, d'une figure dure et même hideuse, et tout déguenillé... — Te voilà, bon b....., lui dit-il, je suis bien fâché de tes allées et venues; mais je me suis occupé de toi; tu n'es pas de ceux qu'on peut oublier... Mais si par hasard tu n'avais pas dîné? — Moi, il y a bien long-temps que c'est fait... au coup de deux heures tout juste, puis il ne me faut pas tant de fricot... Donne-moi seulement un verre de ton vin qui ne m'a pas l'air chien, et je vais boire à ta santé et à celle de l'aimable compagnie. — Fort bien, trinquons ensemble, et retire-toi tranquille. Ton affaire se fera ce soir aux Cordeliers, comme j'en suis convenu avec Danton et Legendre, et tu auras une place

de concierge des prisons que tu as bien gagnée.
Adieu, frère et ami, puisque tu ne veux rien
prendre de plus... Vous voyez, monsieur, me dit
alors Hébert, que ce patriote s'adressait au père
Duchesne, et vous avez aussi entendu que c'est
le père Duchesne qui lui a répondu. A l'Hôtel-
de-ville et en fonction, j'ai, comme dans le
monde, un tout autre langage. Je suis même du
très-petit nombre d'hommes du 10 août qui ont
conservé leur coiffure et un costume décent. Les
sabots que porte Chaumette ne font pas sur le
peuple l'effet qu'il en attend.

Parlons maintenant un peu d'Alençon et des
premiers temps de notre jeunesse. Madame Hébert verra que je ne lui ai rien caché sur l'époque de ma vie à laquelle on a prétendu que
j'étais un vaurien.

Vous vous rappelez sûrement, monsieur, qu'au
sortir du collége, où j'avais tout simplement la réputation bien méritée d'un paresseux et d'un es-
piègle, j'eus le malheur, ou peut-être le bonheur
de me brouiller avec la justice? — *R. D. G.* : Je
m'en souviens bien. — *Madame Hébert* : Mais
cela est toujours fort sérieux. — *Hébert* : Cela
fut très-sérieux aussi, car le bailliage d'Alençon
me condamna au bannissement ; mais j'en appelai
au parlement de Rouen, qui ne confirma pas la
sentence des premiers juges. — *Madame Hé-*

bert : Je n'ai jamais su cela qu'en gros et très-imparfaitement. — *Hébert :* Hé bien, tu sauras, ma bonne amie, que dans la ville où nous sommes nés, monsieur et moi, les femmes ont eu de tout temps une grande réputation de galanterie. Or la veuve d'un apothicaire, qui avait été accusé de bigamie, avait à son tour beaucoup d'amants. On comptait en première ligne un médecin qui était un très-bel homme, et après lui, et logeant sous le même toit que la dame, son premier garçon, comme on s'exprimait alors, enfin celui qui dirigeait la pharmacie, très-achalandée. Une rivalité qui existait sourdement entre le médecin et l'apothicaire éclata un jour avec tant de fureur, que le docteur assassina son rival.... — *Madame Hébert :* Quelle horreur! comment cela arriva-t-il? — *Hébert :* Le médecin prit un pilon de fer ou de cuivre, et il en donna plusieurs coups fortement assenés sur la tête et au travers de la figure de mon pauvre ami L...., que l'on fut sur le point de trépaner.

Cependant, avant même que sur la rumeur publique le procureur du roi fût saisi de cette affaire criminelle, elle était assoupie ou plutôt étouffée par une transaction que l'on attribua dans toute la ville à l'esprit conciliant de M. Des G..., votre respectable père. Le docteur Cl.... avait pourtant aggravé son crime, car serré de près et poursuivi, il est vrai, l'épée à la main, par le frère de L...., employé dans les fermes, il avait brûlé deux amorces sur la poitrine de celui-ci, et par conséquent essayé deux fois de le tuer. Outré de rage en apprenant qu'une juste vengeance allait échapper aux frères L... et à leurs amis, je rédigeai un placard qui fut affiché de nuit aux portes de l'église principale, de l'intendance, des juridictions et autres lieux. — *Madame Hébert* : Que disait ce placard? — *Hébert* : Cela portait : « Sentence rendue au tribunal suprême de l'honneur qui condamne au pilori de l'infamie le docteur Cl..., en réparation, etc. » Puis j'avais dessiné en sautoir deux couteaux ensanglantés, avec cette devise : *Olim veneno, nunc cultro.* — *Madame Hébert* : Ce qui veut dire? — *Hébert* : Autrefois avec le poison, maintenant avec le couteau. — *Madame Hébert* : Est-ce bien cela, M. Des G... — Oui, madame, et si vous voulez une variation : « Il a remplacé le poison par le couteau. » Cependant je dois avoir l'honneur de vous faire observer, et votre mari sait bien que le docteur n'employa pas le couteau. — *Hébert* : J'étais, monsieur, suffisamment autorisé à le dire d'après le rapport des chirurgiens qui parlaient d'une solution de continuité récente et sanglante à la lèvre supérieure... Au reste, le couteau rendait Cl... plus odieux, et c'est ce que je me proposais de faire.

L'assassinat, continuait de dire Hébert, est donc toléré par une juridiction qui venait de faire pendre deux malheureux, pour avoir volé avec effraction quarante sous dans un tronc d'église, que j'appellerais volontiers provocateur, puisqu'il faisait saillie sur un grand chemin. On étend le voile de l'oubli sur un crime que devait punir le supplice de la roue, et me voilà, pour un placard qui réparait les torts de la justice, me voilà poursuivi extraordinairement, et, pour commencer, décrété d'ajournement personnel. Ce n'est point encore assez, et on invoque contre moi et Dieu et le diable. — *Madame Hébert :* Vous n'ignorez pas, mon ami, que toute justice émane de Dieu; mais l'intervention possible du diable dans un jugement rendu par les hommes est une superstition que je repousse, quoique vous m'ayez parfois regardée comme superstitieuse. Monsieur, en s'adressant à l'auteur de ces Mémoires, je ne le suis point; mais nul n'est plus pénétré que moi et de la puissance de Dieu et des ineffables bienfaits de la religion de Jésus-Christ... N'est-ce pas le Sauveur qui a dit aux hommes : *Vous êtes les enfants de la femme libre* (1)? Je n'ai jamais

____

(1) Celle qui professa ces doctrines, et ne les démentit jamais, fut condamnée à mort et exécutée le 24 germinal

rougi de mon premier état, et l'avoue devant
tout le monde. Je conserve encore, et vous
l'avez sous les yeux, le lit que j'avais à l'Assomp-
tion; devenu celui d'une mère, il ne changera
ni de forme ni de couleur... Mes principes sont
encore les mêmes que ceux de la sœur Goupile.
Mais, dis-moi, Hébert, je t'en prie, comment
a-t-on fait entrer satan dans ton affaire? — *Hébert* : Parce qu'elle a été portée devant l'offi-
cialité de Seez, et que le grand-vicaire et
chanoine de la cathédrale, qui préside ce tribunal ecclésiastique, a lancé contre moi un
monitoire (1).

Cet acte fulminé au prône dans l'église paroissiale de Notre-Dame d'Alençon, avec un apparat
et des cérémonies empruntées de l'inquisition,
remplit le bas peuple de terreur, et une partie
de la population se barricadait chez elle, à l'entrée de la nuit, tandis que les fiers-à-bras de la
ville, et surtout les bouchers armés cherchaient

---

an II (13 avril 1794), comme complice de la faction de la
Commune et des Athées.

(1) On appelle monitoire des lettres de l'official d'un
évêque ou d'un autre prélat ayant juridiction, pour obliger,
par censures ecclésiastiques, tous ceux qui ont quelque
connaissance d'un crime ou de quelque autre fait dont on
cherche l'éclaircissement, de venir à révélation.

partout le loup-garou (1). Vous savez, monsieur, que c'est une espèce d'hommes brutale et même féroce. On a long-temps entretenu dans notre ville le fanatisme des bouchers, en les faisant paraître avec leurs couperets et leurs chiens à la procession de la petite Fête-Dieu, en mémoire de l'assistance qu'ils avaient prêtée, en 1500, aux catholiques contre les calvinistes, alors fort nombreux et très-puissants dans notre pays. Vous souvenez-vous, monsieur, d'avoir vu cette cérémonie? — *R. D. G.* : Oui, monsieur, et d'avoir vu à la tête des bouchers, l'épée haute et le bras nu, un Malêfre. Ce gentilhomme qui, je crois, habitait Seez et avait un fief aux portes d'Alençon, descendait de celui qui avait le premier commandé les bouchers dans cette cérémonie. On avait supprimé les chiens, parce qu'ils mordaient ceux des assistants qui leur marchaient sur les pieds, et que d'ailleurs ils hurlaient d'une manière épouvantable quand les coulevrines du château venaient à tirer pour saluer le Saint-Sacrement. — *Hébert* : Si les bouchers, auxquels ma gaîté connue plaisait, m'eussent soupçonné d'être l'auteur du placard,

---

(1) Un loup-garou est un homme que le peuple superstitieux suppose sorcier ou ensorcelé, et qui court les rues et les champs, transformé en loup.

j'aurais été fort mal à l'aise, et s'ils en eussent été convaincus, j'aurais peut-être été traité comme le loup-garou qu'ils voulaient écorcher comme un veau... Claquemuré chez ma pauvre mère, qui empruntait pour moi des livres de tous les côtés, j'acquis cette connaissance approfondie de l'histoire que vous avez souvent daigné m'accorder. Mes malheurs à Alençon, réparés un peu à Rouen, m'ont conduit à Paris, et vous savez, à très-peu de chose près, quel a été le reste de ma vie.

Madame Hébert : C'est sur ton début à Paris, mon cher ami, que tu as été le plus silencieux...
— *Hébert :* Je n'avais cependant aucun motif pour taire que j'ai long-temps et rudement tiré le diable par la queue, et même jusqu'à l'époque où j'obtins une petite place de buraliste au théâtre des Variétés. Oui, j'ai souffert pendant long-temps de la faim, de la soif et du froid. Tu n'ignores pas les services que m'a rendus monsieur (en indiquant l'auteur de ces Mémoires); j'ai eu aussi bien des obligations au coiffeur Parisot de la rue des Noyers, ainsi qu'à son épouse. Ce couple gracieux rappelait, le perruquier, l'Amour du *Lutrin*, et Anne sa perruquière... Nous avions encore de charmantes voisines, les deux filles du charcutier en face de la rue Saint-Jean-de-Beauvais... Puis, près de celle des Anglais,

cette femme qui vous aimait tant... — *Madame Hébert* : Est-ce que vous aviez aussi, monsieur D... G..., une bonne amie dans le quartier? — Non, madame, mais je causais souvent avec une vieille femme passablement risible, qui tenait un bureau de tabac et logeait deux ou trois étudiants. La maison, qui n'avait pas plus de quinze pieds de largeur, autant de profondeur, et pourtant cinq étages, avait appartenu au père de J.-B. Rousseau, qui y était né le 6 avril 1671. La bonne femme dont il est question, qui répétait journellement et avec naïveté qu'elle avait été jeune autrefois et avait toujours hanté des gens d'esprit, avait fait écrire sur sa porte :

> C'est ici que naquit Rousseau,
> De son siècle le flambeau.

Arrivant rapidement aux premiers jours de la révolution, Hébert se mit à raconter comment il avait pris la détermination d'écrire dans un genre qui n'était ni dans ses goûts ni dans ses habitudes, mais qu'il considérait comme devant agir puissamment sur les masses populaires.

Tout le monde a cru que le Père Duchesne fut un homme essentiellement grossier; on le croira en lisant ses feuilles, et on se trompera, car il était, au contraire, très-poli.

La conversation, qui changeait de sujet et

d'objet à chaque instant, parce qu'Hébert avait assez peu de suite dans les idées, se porta sur Louis XVI et sa famille, que le substitut de la commune voyait très-souvent depuis le 10 août et au Temple. D'abord il parla du monarque détrôné comme d'un vaincu qui ne lui inspirait aucune espèce d'intérêt. Cependant le jour où Garat le jeune, comme ministre de la justice, et Grouvelle, comme secrétaire général du conseil exécutif, notifièrent et lurent à Louis XVI son jugement, il partagea l'émotion que leur causait cette grande infortune... Il assista d'office à l'exécution, et en racontait les circonstances avec une insigne infidélité... Après avoir cru un moment, disait-il, qu'il allait fléchir le peuple, Capet montra la plus grande lâcheté et se mit à crier comme un veau... Il a fallu le traîner pour le placer sous le couteau... — *R. D. G.* : Ce que vous dites, monsieur, est en opposition complète avec ce qu'ont vu et entendu des milliers d'hommes... La résignation de Louis XVI est un fait historique qui ne peut être altéré, et on n'oubliera pas plus cette résignation que les sublimes paroles de l'abbé Edgeworth, qui durent l'inspirer. — *Madame Hébert* : Cela est vrai, et si Louis Capet, comme nous le croyons, fut un tyran, nous devons aujourd'hui, et d'après sa mort, le considérer comme un martyr de sa position, et moi aussi je l'invoquerais peut-être. — *Hébert :* Ma bonne amie, voilà des extravagances... Les femmes n'écoutent presque jamais que l'imagination et rarement la raison. Au reste, dit-il (tirant un mouchoir ensanglanté de sa poche), voilà de son sang... Je l'ai recueilli découlant de l'échafaud... Je n'ai cru, monsieur, au succès de la révolution que quand j'ai vu les Suisses égorgés ou désarmés, la statue de Henri IV renversée et la tête de Louis XVI à bas.

La catastrophe du 21 janvier 1793 et celle qui termina les jours de Charles Ier, le 9 février 1649, se ressemblent beaucoup.

Je crois devoir rappeler ici quelques détails relatifs à la fin du monarque anglais, et je les emprunte à un historien témoin des faits, le docteur George Bate, connu en médecine par une Pharmacopée publiée à Londres en 1688, et souvent réimprimée.

.... *Ad truncum tanquam ad orandi pluteum se devolvens, generosas cervices Deo humillime demisit a larvato carnifice amputandas. Quod repente factum est, uno ictu, sed fortiori impresso...*

Neque satis ducunt in vivum sæviisse : fœdant securi percussum corpus, cruore manus abluunt, et baculos intingunt; truncum in segmenta di-

*scissum et arenam subjacentem sanguine imbutam
licitantur; capillos etiam venum exponunt. Quæ
omnia in dispares usus coemebant spectatores.
Hi, quasi cara pignora et reliquiæ principis
quem deperibant; illi, ne scrophularum curæ
(quo reges nostri privilegio gaudere creduntur)
remedium deficeret; multi autem, ut manubias
haberent et exuvias hostis quas ovantes osten-
tarent. Cromwellium (quo ad extremum usque
hoc spectaculo satiaret oculos) cadaver aperto
loculo quo intra basilicam è pegmate delatum
est, curiose inspectasse, digitis caput a cervice
revellendo, audivimus a præsentibus.*

*Corpus posteà exenterandum tradunt medi-
castro cuidam nebuloni et chirurgis castrensibus
(abactis propriis administris) regio nomini in-
fensissimis; quibus in mandatis erat inquirere
sedulo (hoc ipsis perinde erat ac si pronunciare
juberentur) an non morbo aphrodisio laboraret,
vel frigiditatis indiciis, inde capturi infamiæ vel
sibi vel posteris inurendæ occasionem. Verum
id sceleris in ovo (quod aiunt) oppressit honesti
pectoris medicus, qui corporis dissectioni se in-
gerens, præsentiæ suæ reverentia et auctoritate
distinuit.*

L'ouvrage d'où j'ai tiré les passages ci-dessus
a pour titre : *Elenchi motuum nuperorum in
Anglia, pars prima; simul ac juris regii et par-*

lamentarii brevis enarratio. Londres, 1663, in-12.
— *Elenchi, etc., pars secunda, simul ac regis
effugii mirabilis e prælio Wigorniæ enarrarii.*
Londres, 1665, in-12.

On voit en tête de la première partie le portrait gravé de Charles Ier, au-dessous duquel on
lit ce passage de Tacite : *Alii diutius imperium
tenuerunt, nemo tam fortiter reliquit.*

Le portrait de Charles II orne le second volume.

Hébert : En désirant, monsieur avoir l'honneur de m'entretenir avec vous, j'étais mû par
un motif plus important que les objets dont
nous avons parlé jusqu'ici. Ma reconnaissance
envers vous me fait un devoir de vous prévenir
de ce qui se passe relativement à M. de V...,
votre oncle, et à ses amis. Vous n'ignorez peut-
être pas qu'ils se sont déclarés les ennemis de la
municipalité de Paris, qui les redoute peu et
accepte le combat, fût-il à mort. — *R. D. G. :*
Monsieur, je ne suis point dans les confidences
politiques de mon oncle... Il a la rigidité de Caton, et je ne puis rien lui dire. — *Hébert :* Les
hommes d'État, monsieur, ont parlé de nos
têtes... La municipalité demandera les leurs, au
besoin, et le peuple les lui accordera. — *R. D. G. :*
Je vous remercie, monsieur, de vos communications, mais je ne puis m'en servir et les considère comme inutiles.

Quand nous nous séparâmes, il était plus de neuf heures, et je ne revis plus Hébert ni son épouse.

J'allai prendre congé, le 15 mars au soir, de mon oncle V... et du reste de sa famille, alors réunie près de lui, et j'embrassai ainsi pour la première et la dernière fois mon adorable cousine Aimée, qui mourut de chagrin peu après la fin tragique de notre oncle.

Ce jour-là, je trouvai chez ma tante l'épouse d'un député du Var qui assistait aux conférences tenues chez V... Cette femme, en apparence fort timide, probablement parce qu'elle n'avait aucun usage du monde, apprenant que je partais le lendemain matin pour Nice, me dit qu'elle était de Grasse et fille d'un médecin, et que si jamais j'allais dans cette ville, elle m'engageait à voir sa famille, qui m'accueillerait avec empressement.

TROISIÈME PARTIE.

CHAPITRE PREMIER.

Voyage de Paris à Nice, quartier-général de l'armée d'Italie. — Rencontre de l'ex-général en chef d'Anselme à la Palisse. — Lyon, lors de mon passage dans cette ville, est dans l'agitation, et M. Gilibert est détenu à l'hôtel-de-ville. — Je revois mes amis et condisciples Marc-Antoine Petit et Parat, et fais connaissance avec M. Martin l'aîné. — Voyage de Lyon à Avignon en descendant le Rhône; rencontres diverses et entretiens politiques et scientifiques.— Aix, le docteur Gibelin et sa famille. — L'auberge de Fréjus, et première entrevue avec Joseph et Napoléon Bonaparte, revenant de l'expédition de Sardaigne et se rendant à Nice.

En suivant la route de l'ancien Bourbonnais pour me rendre à Lyon, je descendis à la Palisse dans l'auberge des diligences, pour y dîner. Presque au même instant, je vis sortir d'une berline conduite par la poste le général d'Anselme, en habit bourgeois, et deux gendarmes, en uniforme, dont l'un d'adjudant et l'autre de maréchal - des - logis. Le général, après avoir salué les assistants, prit place à la table d'hôte que l'on était en train de servir. Comme je me

trouvais assis près de lui, il me demanda des
nouvelles de Paris. En répondant avec réserve
à ses questions, je lui donnai le titre de général.
— Serais-je connu de vous, monsieur? me dit-il
avec une extrême politesse.—Oui, général. J'ai
eu l'honneur de vous voir à Montpellier en 1791
avec M. le marquis de Montesquiou, et de vous
rendre à tous deux une visite comme membre du
conseil général de la garde nationale. M. d'An-
·selme me raconta alors qu'il était en état d'arrestation et traduit à Paris par ordre du conseil exécutif, pour répondre sur la conduite qu'il avait
tenue à Nice depuis qu'il s'en était rendu maître.
Son apologie me parut assez spécieuse, et pour
ne point aggraver la position dans laquelle il se
trouvait, je feignis d'ignorer les reproches sanglants qu'on lui adressait, et qui faisaient, à mon
départ de Paris, l'objet de toutes les conversations. Il me dit, au reste, des choses curieuses
et que j'ai reconnues pour vraies, tant sur le
personnel militaire qu'administratif de l'armée
d'Italie. Ce fut de moi qu'il apprit, en retour,
qu'il était définitivement remplacé dans son
commandement en chef par M. de Biron.

Lyon, au moment où j'y arrivai, était dans
une grande agitation. Logé près de la place des
Terreaux, je la vis toute couverte de monde qui
attendait avec anxiété le résultat d'un conseil

extraordinaire délibérant à l'hôtel-de-ville, et où
M. Gilibert, au lieu de présider comme maire,
était détenu ou consigné par une mesure sinon
violente, au moins fort sévère.

Je revis mes amis et mes condisciples,
MM. Marc-Antoine Petit et Parat qui, sans se
prononcer ouvertement pour aucun des partis
qui agitaient violemment la ville, me parurent
incliner tous deux vers les opinions modérées
ou un amour sage de la liberté. Ces confrères
me conduisirent au bel hôpital de la Charité,
que je ne connaissais point, et ils me présentèrent à leur ami, M. Martin l'aîné, chirurgien en
chef de cet établissement, qui m'accueillit avec
autant de bienveillance que d'urbanité. Je fus
aussi invité par lui à prendre part à une consultation relative à un accident grave qui venait
d'arriver. Un canonnier de la garde nationale
étant tombé par terre pendant une manœuvre,
une pièce de quatre lui avait passé sur la tête et
fracassé le crâne. J'opinai contre le trépan, en me
fondant sur ce fait, que, d'après la fêlure qui
sillonnait l'une des arcades sourcilières, le plancher supérieur de l'orbite devait être brisé en
divers fragments; ce qui n'avait pu avoir lieu
sans une violente commotion, et peut-être d'autres lésions telles que des déchirures. J'ai su
depuis que mon pronostic s'était trouvé juste.

L'auteur de ces Mémoires fut rejoint à Lyon par le docteur Guilloneau, qui se rendait à l'armée d'Italie avec le même grade que lui. Embarqués sur le Rhône pour gagner Avignon, nous trouvâmes le coche d'eau très-encombré par des Marseillais faisant partie des bataillons qui avaient emporté le château des Tuileries le 10 août. Leur chirurgien qui, je crois, était de Brignolles ou de Draguignan, mais établi à Marseille, me reconnut pour m'avoir vu à Montpellier, où il avait pris ses grades en médecine, nous combla de prévenances et nous protégea très-efficacement contre la bruyante turbulence de ses compatriotes et frères d'armes, ainsi qu'il les appelait.

Nous rencontrâmes encore, M. Guilloneau et moi, sur ce même coche, un confrère de Montpellier, le docteur Massot aîné qui, de retour de Russie, retournait à Perpignan sa patrie pour s'y marier, si je m'en souviens bien, avec une de ses cousines. Celui-ci réunissant à une noble et belle figure un esprit délié et cultivé, et enfin un grand usage du monde et des cours, nous raconta fort agréablement une portion de sa vie. Nous sûmes par lui que, né au sein de l'art de guérir, et après avoir été reçu à Montpellier docteur en médecine et en chirurgie, il se rendit à Paris. Le marquis de La Fayette, auquel il était recom-

mandé, lui conseilla d'entrer dans la médecine
militaire, et ce fut d'après ses instantes sollicitations qu'il parvint, après un noviciat assez
court dans les hôpitaux militaires, au grade de
chirurgien-major des gardes-du-corps du roi,
compagnie de Noailles. « Peu après, et sur une
demande faite par la cour de Russie, je fus,
nous disait-il, envoyé à Saint-Pétersbourg. En
quittant Versailles, on me promit la conservation de ma place, et on me fit entrevoir comme
devant m'être prochainement accordé l'ordre
de Saint-Michel, que j'ai effectivement reçu.
Bientôt le sort m'attacha au char de Potemkim,
et j'ai suivi dans ses plus belles campagnes ce
fameux favori et de Catherine II et de la victoire.»
Le portrait que M. Massot faisait du feld-maréchal, ou plutôt du généralissime des armées
russes de terre et de mer, ressemblait à celui
qu'a tracé l'habile pinceau du comte de Ségur.
« Un hasard singulier, nous a dit l'ambassadeur
de France, créa Potemkim pour l'époque qui
lui convenait. Il rassemblait dans sa personne
les défauts et les avantages les plus opposés.
Avare et magnifique, despote et populaire, politique et confiant, libertin et superstitieux, audacieux et timide, rien n'égalait l'activité de son
imagination et la paresse de son corps. Envieux
de tout ce qu'il ne faisait pas, il était ennuyé

de tout ce qu'il faisait. Tout en lui était décousu, travail, plaisir, caractère, maintien. Il avait l'air embarrassé dans toutes les sociétés, et sa présence gênait tout le monde. Il traitait avec humeur ceux qui le craignaient, et caressait ceux qui l'abordaient familièrement. On pourrait représenter Potemkim comme l'image vivante de l'empire de Russie. Il était colossal comme cet empire, rassemblant dans son esprit de la culture et des déserts. On y voyait de l'asiatique, de l'européen, du tartare et du cosaque; la grossièreté du onzième siècle et la corruption du dix-huitième. »

Long-temps après le comte de Ségur, le prince de Ligne a fait aussi de Potemkim un portrait original et piquant dont voici quelques traits : « Grégoire-Alexandrowitch le Taurique a l'air paresseux, et travaille sans cesse; toujours couché, il ne dort ni jour ni nuit; inquiet avant les dangers, et gai quand il y est; triste dans les palais, et malheureux par trop de bonheur; ministre habile; grand politique ou enfant; croyant aimer Dieu, mais craignant plus le diable. Faisant la mine la plus sauvage ou la plus agréable; ayant tour à tour l'air d'un satrape de l'Orient ou d'un courtisan de Louis XIV... Quelle est donc sa magie? du génie... Potemkim a, outre son génie, de l'esprit naturel, une mémoire ex-

cellente, de l'élévation dans l'ame, de la malice
sans méchanceté, de la ruse sans astuce, une
grande générosité, de la grace et de la justesse
dans les récompenses, beaucoup de tact, le talent de deviner ce qu'il ne sait pas, enfin une
parfaite connaissance des hommes. »

Ayant vécu dans l'intimité et pour ainsi dire
sous la tente de Potemkim pendant plusieurs
années, M. Massot, homme de beaucoup de pénétration, avait été à même de l'observer encore
mieux que l'ambassadeur de Louis XVI près
de Catherine II, ou le futur feld-maréchal autrichien, quelque spirituels qu'ils fussent tous
les deux. Ainsi, loin de considérer Potemkim
comme superstitieux, M. Massot affirmait qu'il
était de la plus profonde indifférence à l'égard
de tous les cultes répandus sur la terre, et ne se
montrait même déiste, dans l'intimité, que par
un sentiment de convenances. Mais destiné en
naissant, et par sa famille, à courir la carrière
du sacerdoce, et ayant étudié en conséquence
au séminaire de Moscou, et, d'un autre côté,
connaissant très-bien l'histoire, il se servait de
la religion et de ses pratiques comme d'un levier
qu'il maniait habilement, pour mouvoir à son
gré l'armée et les populations qui lui étaient
soumises. Militaire instruit aux meilleures sources, Potemkim ne manquait pas d'une érudition

solide et pure, car il ne lisait ou plutôt ne se faisait lire, surtout dans ses longues insomnies, que les classiques grecs et latins , et de préférence les historiens.

Amené ensuite à parler de l'impératrice de Russie, M. Massot nous disait que, très-occupée des affaires de l'Europe, elle faisait son métier, et cherchait par tous les moyens à maintenir et son autorité personnelle et celle des autres souverains.

Quand le coche d'eau fut en vue de Condrieux, les voyageurs marseillais saluèrent par de grands cris de joie, et ses vignobles renommés et un château appartenant au patriote Servan qui, après avoir été deux fois ministre de la guerre, commandait alors en chef l'armée des Pyrénées occidentales.

Les vins des coteaux voisins avaient promptement répandu l'allégresse à toutes les tables, lorsque le docteur Guilloneau fut saisi d'un besoin de controverse, et entama avec M. Massot une discussion sur le nerf intercostal. Quoique les deux confrères fussent en état de traiter passablement ce point délicat d'anatomie, le bon vin qui les échauffait, leur faisait oublier tant de rapports connus, ou créer tant de sympathies, que l'auteur de ces Mémoires crut devoir intervenir dans cette discussion très-animée par des prétentions réciproques. Il nous fut d'autant plus facile de jouer le rôle d'arbitre, que nous avions tout récemment publié sur cet objet un fort beau travail du professeur Girardi de Parme (1).

Nous quittâmes au Pont-St.-Esprit M. Massot, dont l'auteur de ces Mémoires aura occasion de reparler.

Arrivés à Avignon, nous vîmes obéir et reculer, pour la première fois peut-être de leur vie, les portefaix de cette ville, auxquels les Marseillais défendirent très-impérativement de se mêler de notre débarquement et de nous en imposer les conditions. J'entendis ensuite le caustique, ou le plaisant et bel esprit en titre de la troupe, s'écrier avec un accent vraiment pathétique : « Oh, mes amis ! nous voilà enfin avec des hommes qui parlent comme nous. »

Nous passâmes à l'hôtel de Saint-Omer une journée presque entière, et le déjeûner et surtout le souper furent très-égayés, grace à un jeune officier de chasseurs corses et à l'ex-chanoinesse comtesse de F..., qui chantèrent admirablement

---

(1) *Michaelis Girardi prolusio de origine nervi intercostalis. Typis Gallicis edidi curavit* R. D. G. Paris, 1792, gr. in-8°.

l'un et l'autre plusieurs ariettes et barcaroles italiennes.

D'aimables conversations de même que les chants recommencèrent partout où nous arrêtions, et ne cessèrent qu'à Aix où nous nous séparâmes, en grande partie, pour suivre différentes directions.

Le docteur Guilloneau alla voir Marseille et Toulon, tandis que l'auteur de ces Mémoires se rendit directement d'Aix à Nice, en passant par Tourvès, Brignolles, Le Luc, Vidauban, Le Muy, Fréjus, le bois de l'Estrelle, Cannes et Antibes.

N'oublions pas de dire que nous allâmes voir à Aix le docteur Gibelin, auquel nous avions porté en 1789 des lettres de M. Fontana, que nous ne pûmes lui remettre en mains propres. Ce savant, du caractère le plus aimable, a rendu beaucoup de services à la physique, à la chimie et à la médecine, par des recherches siennes et surtout de nombreuses et fidèles traductions de l'anglais et de l'italien. Le médecin provençal dont nous parlons avait long-temps vécu à Paris et à Londres dans la société du physicien de Florence, et l'avait reçu chez lui à Aix. M. Fontana rappelait avec un grand plaisir cette cordiale et délicieuse hospitalité. Il parlait avec enthousiasme de la vivacité d'esprit et des charmes des sœurs de M. Gibelin. Celles-ci se souvenaient aussi d'avoir fait tourner la tête au philosophe toscan. Mais ces temps d'heureux délire, que l'on nomme en Italie fabuleux, s'étaient écoulés depuis bien des années.

Tourvès n'est qu'un gros bourg, dont j'aurai occasion de reparler.

Brignolles est une petite et agréable ville située au milieu d'un pays délicieux et très-fertile en fruits et en vins. Son cours bien planté est orné par une ou deux fontaines exécutées par le Pujet, et qui ne le cèdent point aux chefs-d'œuvre du même genre dont ce grand artiste a embelli Aix, Marseille et Toulon.

Le Luc, Vidauban et le Muy sont de gros bourgs, également bâtis sur de riches territoires.

Fréjus, qui est le *Forum Julii* des anciens Romains, sur une plage insalubre et dépeuplée, n'offre plus que quelques débris épars de sa splendeur passée.

Toutes les auberges de la ville étaient encombrées de militaires de tous les grades et de toutes les armes, se rendant à l'armée d'Italie et revenant presque tous de l'infructueuse expédition de Sardaigne.

Assis à une table autour de laquelle soupèrent une trentaine d'officiers, je remarquai deux chefs de bataillon des milices corses, qui se traitaient de frères, et qui m'adressèrent sur Paris plusieurs questions auxquelles je répondis avec empressement, pour lier la conversation avec eux. L'intérêt toujours croissant que m'inspirèrent ces deux inconnus me fit désirer, avant de nous séparer, de savoir leurs noms. Un sous-officier corse, qui les servait avec déférence et respect, et auquel je m'adressai à cet effet, me répondit : Ils se nomment Bonaparte. Celui qui paraît le plus jeune est pourtant le plus vieux ; c'est le comte ou Joseph ; l'autre, le canonnier, est un fier militaire ; s'il nous avait commandés, il y a quelques jours, nous ne serions pas ici, et la république tiendrait un bon morceau de plus du royaume des marmottes... Mais on se reverra, et vous entendrez parler un de ces matins du cadet des Bonaparte...

L'aîné, beau comme Antinoüs, était aussi aimable qu'enjoué, tandis que le canonnier, hâve et décharné, avait les traits sévères et quelque chose du second des Brutus. Joseph caressait son second frère, et celui-ci avait visiblement pour le premier les égards et les prévenances dont, parmi les nobles, les chefs de la famille ont toujours été l'objet.

Nous n'avons pu oublier quelques particularités de la conversation de Fréjus, que les destinées de deux des interlocuteurs ont rendues remarquables.

Entre autres choses piquantes, Joseph dit à son frère : « On fait sur nos têtes un tapage épouvantable, et si on enfonçait le plancher, qu'en résulterait-il ? » Napoléon répondit : « Cela dérangerait sûrement beaucoup l'armée d'Italie. »

« Vous nous assurez, monsieur, nous dit le même, que d'Anselme est définitivement remplacé par Biron ?... *R. D. G.* : Oui, messieurs, je le sais très-positivement. — Hé bien, mon frère, c'est le duc de Lauzun qui a servi en Corse en 1769. Nous aurons un chef qui sera de race. »

Napoléon, qui causait beaucoup, buvait et mangeait fort peu, vint à parler de Louis XVI, et s'exprima sur son compte avec une sorte de dédain, en le traitant comme un prince qui, dans le poste le plus élevé de l'Europe, n'avait eu ni le sentiment de ses forces, ni le talent et le courage nécessaires pour s'en servir.

CHAPITRE II.

Arrivée à Nice; MM. Eyssautier et Courtès. — Séjour d'environ trois mois à Grasse, et relations dans cette ville avec les docteurs Giraudy, Baron, Rossignoly et sa famille, ainsi que plusieurs habitants. — M. Lorentz, premier médecin, entre en fonction. — M. de Biron, général en chef, et arrestation chez lui de son aide-de-camp le jeune Montpensier. — Départ de Grasse pour le quartier-général de Nice.

Mon premier soin, en arrivant à Nice, fut, ainsi que j'en avais reçu l'ordre à Paris, de me présenter à l'ordonnateur en chef de l'armée pour recevoir mon brevet ministériel, être reconnu et entrer en fonction. En lisant mon nom et en s'informant du pays où j'étais né, il se trouva que M. Eyssautier connaissait ma famille, parce qu'ayant servi dans le régiment de Rohan-Soubise, infanterie, il avait été en garnison à Alençon. Dès ce jour-là commencèrent entre nous des liaisons qui prirent bientôt et ont conservé le caractère de l'estime et de l'amitié, quand j'eus pu apprécier l'habile et intègre administrateur, et que, devenu médecin de ses enfants, je trouvai dans M. Eyssautier un homme aussi spirituel que bon, et le plus sensible des

pères. Ce que le général d'Anselme m'avait dit,
à la Palisse, de l'ordonnateur en chef de l'armée
d'Italie, de ses principes et de son importance bu-
reaucratique, n'était vrai que pour l'enveloppe;
mais il n'avait pas pénétré au fond de l'homme.

M. Courtès, le plus ancien des médecins ordinaires et médecin en chef provisoire de l'armée, me donna l'ordre de me rendre à Grasse
pour y être chargé du service de l'hôpital militaire établi dans cette ville peu avant le passage
du Var par nos troupes.

La situation de Grasse, dont la population
riche et industrieuse s'élève à 12 ou 15,000 habitants, est délicieuse. Grasse, d'où l'on découvre
la mer et les îles de Lerins, est bâtie sur le revers d'une colline, et domine des champs, des
vergers, des jardins où l'oranger, le grenadier,
l'aloës, les myrtes, le jasmin, les cassis, la tu-
béreuse, les roses et l'héliotrope, confondent
au printemps leurs divers parfums. On aperçoit
aussi de tous côtés des essaims d'abeilles qui
recueillent sur les fleurs ces sucs qui servent
encore aux Grassins à composer leurs essences
et leurs parfums si justement renommés.

Je dus me présenter, à Grasse, devant l'administration du district, faisant fonctions de commissaire des guerres près les établissements
militaires de cette ville. Le président, M. Gi-

raudy, ex-oratorien et docteur en médecine, et le procureur-syndic M. Girard, négociant, me reçurent avec beaucoup de bienveillance, s'occupèrent de suite de mon logement près de l'hôpital, et le second m'y conduisit et m'installa le lendemain matin, accompagné de deux notables, membres de la société populaire.

Le docteur Baron que je remplaçais, et qui se crut éliminé du service, en conçut un chagrin fort vif, et qu'il exprima avec une exaltation que je parvins à calmer. J'offris à l'instant à cet habile et spirituel confrère ma médiation pour le faire conserver; je réussis et acquis de la sorte un ami précieux par ses talents et les plus estimables qualités.

D'après ce que madame Ricord avait bien voulu me dire à Paris, chez ma tante V..., je me présentai chez son père le docteur Rossignoly (1). Celui-ci était encore un ex-oratorien, mais qui ne ressemblait en rien au président du district de Grasse. En effet, M. Giraudy, sexagénaire studieux et érudit, doué d'un goût délicat et de mœurs douces et aimables, paraissait né pour répandre l'instruction et plaire. Le docteur Rossignoly, au contraire, épicurien paresseux et caustique, s'était rendu redoutable

____

(1) Voyez la page 254.

par les satires en vers les plus mordantes. En
examinant leurs dissemblances physiques, on
trouvait dans le premier une très-haute stature,
une démarche grave et tous les traits de la
figure annonçant la sérénité d'une belle ame. Le
second, plus que septuagénaire, asthmatique,
ne marchant qu'avec l'appui d'une tige de fe-
nouil haute de six pieds, ressemblait assez à
Silène par sa taille et sa rondeur, et tout à fait
à un vieux satyre, à cause du feu qui jaillissait
encore parfois de ses yeux, et des mouvements
convulsifs de ses lèvres qui faisaient voir deux
ou trois dents menaçantes.

Les deux docteurs dont nous venons d'esquisser le portrait n'avaient jamais eu une grande
vogue comme praticiens, et je ne sais ce qui avait
pu valoir au premier le sobriquet de *Catafalque*.

M. Rossignoly, qui m'accueillit affectueusement, passait sa vie au milieu d'une famille intéressante, qui se composait de son épouse, femme
d'une douceur remarquable, de deux filles ma-
riées, qui ressemblaient à leur mère, et d'une
plus jeune à qui la nature, en lui tournant l'é-
pine du dos, avait donné en dédommagement un
esprit pénétrant et vif. Cette demoiselle Thérèse
ou Théréson, sensible et bonne, souriait aux
malices paternelles, mais n'en disait jamais. D'aimables voisines, telles que mesdemoiselles Jau-

mes et Mion Berard, rendaient la société de M. Rossignoly fort agréable.

J'avais pour collaborateurs, chefs de service à l'hôpital militaire, MM. Gensolin et Antoine; le premier était un jeune chirurgien aide-major, Provençal, plein de gaîté et d'ardeur. Le second, qui venait de remplir provisoirement les fonctions de pharmacien en chef de l'armée, était un savant naturaliste, un philologue érudit, plein de goût, et un excellent homme. Sa modestie me laissa ignorer qu'il avait été en correspondance avec Voltaire.

Les malades, dont le mouvement allait de 200 à 250, étaient divisés en fiévreux, blessés, galeux et vénériens.

Une maladie identique attaquait à peu de chose près tous les fiévreux, et il en sera parlé plus tard.

M. Lorentz, notre médecin en chef, se rendit de Corse au quartier-général de l'armée, et y arriva vers la mi-mai. J'allai à Nice le saluer, et il me retint pour dîner. Cet excellent chef et habile praticien, courtisan fort exercé, faisait une cour très-assidue à M. de Biron qu'il connaissait depuis long-temps, et celui-ci le traitait avec beaucoup de considération. Tous deux étaient vraiment des hommes de l'ancien régime, quelque chose que fît l'ex-duc pour persuader

qu'il appartenait au nouveau. Conformément
aux usages militaires, M. Lorentz ayant été
prendre, à midi, et en grande tenue, les ordres
du général en chef, M. de Biron l'engagea à
dîner, et d'après son refus et ses excuses moti-
vés sur ma visite, il fut invité avec persis-
tance à venir et à m'emmener avec lui. Nous
voilà donc à sept heures chez M. de Biron, et
bientôt à table. Le général en chef, âgé de 40
à 45 ans, de la plus belle et de la plus noble
représentation, avait, comme le dernier maréchal
de Biron, son oncle, une réputation de bravoure,
de loyauté et de bonté justement acquise. Sa
politesse était délicate et aisée, et il s'occupait
de tout le monde dans ses réceptions. La magnificence de M. de Biron tenait aux habitudes de
sa vie, et peut-être un peu aux dissipations de
sa jeunesse. Dès que le dîner fut fini, le général
en chef entra dans son cabinet. La compagnie
resta dans le salon groupée presque tout entière
autour d'un canapé sur lequel était assise la
maîtresse en titre de M. de Biron, et qui, je
crois, s'appelait Laurent ou Laurens, ce que
l'on prononçait souvent Lorentz. La similitude
ou plutôt la consonnance du nom de cette agréable personne un peu boiteuse, après avoir été
l'une des nymphes les plus sveltes de l'Opéra,
amusait un peu aux dépens du premier médecin,

élégant et bel homme, qui, à 5o ans au plus, était loin d'avoir renoncé aux plaisirs de ce bas-monde. Pudibond comme un adolescent, malgré les avantages dont il était doué et sa réputation bien méritée de savoir, M. Lorentz, quand il devenait l'objet de la plus légère plaisanterie, rougissait facilement et se mordait les lèvres en cherchant à se contraindre.

Le jeune Montpensier, l'un des aides-de-camp de M. de Biron, le plus libre et le plus gai dans ses attaques malicieuses et galantes, presque étendu sur une table, s'occupait dans ce moment à dessiner ou plutôt à projeter sur le papier ces belles masses de rochers et de grottes d'une couleur si chaude, et qui se trouvent au bord de la mer, près de Roquebrune entre Monaco et Menton. M. Henri, jeune et aimable Lyonnais, directeur de l'administration des postes de l'armée, vint à entrer avec les dépêches du général en chef sous le bras, et en se dirigeant vers son cabinet et saluant la société, il nous dit : « Voilà sûrement des nouvelles intéressantes. » Au bout de quelques instants, le directeur de la poste sortit, et à peine la porte fut-elle refermée sur lui, que l'aide-de-camp de service, officier suédois, qui avait servi dans les hussards de Lauzun, appela M. de Montpensier, que l'on nommait Égalité... Entré qu'il

fut, on entendit un cri affreux et perçant...
Voici, comme nous l'avons su depuis, ce qui se
passait, et quel fut le court dialogue qui eut lieu
dans cette circonstance. *M. de Biron :* J'ai, mon
cher Égalité, une bien fâcheuse nouvelle à vous
apprendre. — Ha! mon général, mon père est
assassiné! — Non, mais il est en état d'arrestation, et vous y êtes vous-même ainsi que vos
deux frères, si on peut les atteindre. — Puisque
ce n'est que cela, c'est encore peu de chose. Au
bout d'une demi-heure, nous vîmes arriver le
général Gauthier de Kerveguen, chef de l'état-
major de l'armée, accompagné du commandant
de la place, le colonel de dragons Labarre, qui
entrèrent de suite dans le cabinet de M. de Biron où M. de Montpensier, qui en était sorti,
fut appelé de nouveau. Le colonel de gendarmerie Virvin et M. Pelissier, capitaine ou lieutenant de la même arme, s'établirent dans le
salon, en attendant les ordres du général en
chef.

Le lendemain, et à 5 heures du matin, en me
rendant à Grasse, je trouvai M. de Montpensier
qui traversait le pont du Var avec une escorte,
un train de chevaux de selle et des fourgons,
pour se rendre à Paris par la route d'Aix, où il
fut retenu par le directoire du département des
Bouches-du-Rhône et ensuite transféré à Mar-

seille. Je saluai le jeune prince qui, se souvenant que nous avions dîné et causé ensemble la veille, m'adressa des choses obligeantes, et m'apprit lui-même avec calme et résignation le coup qui venait de le frapper lui et les siens.

De retour à Grasse, où j'apportai au docteur Baron l'assurance de sa conservation au service, je me trouvai entouré de ses nombreux amis, appelé avec lui chez les malades les plus importants de la ville, et traité avec beaucoup de reconnaissance. Entraîné ou plutôt forcé par divers motifs de me montrer au club, j'y votais d'ordinaire avec l'avocat Mangin, ex-constituant, et l'ex-procureur du roi Ricord, personnages influents et modérés; je contenais le chirurgien Lambert, et combattais un petit bossu fort exalté et très-dangereux, ainsi qu'une audacieuse amazone qui vit encore, et donne maintenant au monde le spectacle édifiant d'une vie pénitente. Le jour auquel on apprit à Grasse qu'Isnard avait été élevé le 16 mai à la présidence de la convention nationale, il fut décidé par la société populaire, qu'une nombreuse et solennelle députation se rendrait de suite chez le père du nouveau président, pour le féliciter à cette occasion, et je fus chargé de la harangue. Quoiqu'un peu embarrassé de la mission, je ne pus refuser, et préparai, chemin faisant, quelques phrases assorties à la circonstance. Je savais qu'Isnard, l'un des plus fougueux révolutionnaires de France en 1791 et 1792, avait dit à la convention, au commencement de 1793 et en s'adressant aux tribunes : « Peuple, la liberté est placée entre le despotisme et l'anarchie; tu as brisé le premier de ces écueils, mais crains de te briser contre le second. » J'augurais de ces paroles ce qu'on avait lieu d'attendre désormais d'Isnard devenu l'ami de la liberté sans excès... Son père, qui le connaissait mieux que moi, nous dit qu'il tremblait pour son Maximin, dont la tête n'était pas aussi bonne que le cœur, et qu'au lieu de jouir des honneurs dont nous lui parlions, il préférerait le voir dans sa maison, à la place aux Aires et près de lui... Justes prévisions d'un père !

En effet, le 27 du même mois de mai, le conseil général de la commune de Paris vint à la barre de la convention demander la proscription des Girondins et la liberté d'Hébert. L'histoire nous a conservé, et elles en sont dignes, les énergiques paroles qu'Isnard adressa, à cette députation, en lui répondant : « Écoutez bien, dit-il, ce que je vais vous dire : Si le fer était porté au sein de la représentation nationale, je vous le déclare au nom de la France entière, Paris serait anéanti. Oui, la France entière tirerait vengeance de cet attentat, et bientôt on chercherait sur quelle rive de la Seine Paris aurait existé. » On sait que ce fut l'anarchie qui triompha.

L'auteur de ces Mémoires entretenait une correspondance très-active avec le premier médecin de l'armée, quand celui-ci, embarrassé de son rôle, et ayant perdu l'appui de M. de Biron, remplacé par le général Brunet, me sollicita vivement de venir le joindre à Nice. Me trouvant fort bien à Grasse, je me défendais depuis trois semaines, quand il m'arriva un ordre auquel j'obéis.

Le ministre de l'intérieur, Rolland, m'avait envoyé, pour l'examiner et lui faire un rapport à ce sujet, un mémoire de notre commun ami M. Jouty de Lyon (1), dans lequel il proposait à notre gouvernement de se procurer une copie de la collection d'anatomie artificielle du beau cabinet d'histoire naturelle et de physique de Florence. Ce rapport que je rédigeai à Grasse, sans notes et tout à fait de souvenirs, parut en 1793 dans plusieurs journaux scientifiques, entre autres ceux de physique rédigé par De la Métherie, et de médecine, par Bacher. Notre travail

----

(1) Voyez le tome Ier, page 174.

portait le titre suivant : *Réflexions générales sur l'utilité de l'anatomie artificielle, et en particulier sur la collection de Florence, et la nécessité d'en former de semblables en France.*

CHAPITRE III.

Le comté de Nice, sa capitale et son territoire. — Discussion médicale fort importante. — L'Escarenne , Sospello, les camps de Bruis, de Baolets et l'avant-garde de Maringone. — Arrestation du général en chef Brunet. — Retour à Nice, et contre-coup du siége de Toulon.

Le comté de Nice, dans la capitale duquel j'allais résider pour quelque temps, est séparé de l'Italie par des montagnes élevées qui ne laissent pour moyens de communication que quelques gorges étroites. Ce beau pays, qui a environ 20 lieues de long sur 10 de large, est en partie couvert par les Alpes inférieures ou maritimes, borné au levant par le Piémont et la rivière de Gênes; au midi par la Méditerranée; au couchant par le Var; et au nord par le département des Basses - Alpes. La population du comté de Nice, à l'entrée de l'armée française en 1792, était de 115 à 120,000 habitants.

Nice, sa capitale, située au 23ᵉ degré, 33 minutes, 30 secondes de longitude, et au 43ᵉ degré, 41 minutes, 30 secondes de latitude, méridien de Paris, à une lieue au-dessus et au levant du Var, est célèbre dans l'Europe par la douceur de son climat.

On peut distinguer Nice en vieille ville et en

nouvelle. La première a environ un quart de lieue de tour, et est bâtie sur la pente occidentale d'un rocher considérable au sommet duquel on voit les ruines d'un château démoli en 1706 par le maréchal de Berwick. Les rues sont étroites, tortueuses, sales et obscures, à cause de l'élévation des maisons. La ville neuve, au contraire, bâtie le long de la mer, ainsi que les places publiques, sont belles et régulières. Le port et les constructions qui l'entourent sont également agréables. Le faubourg de la Croix-de-Marbre est aussi fort beau. La population de Nice, en 1792, était d'environ 24,000 habitants, et celle de son territoire, de 15,000.

Le thermomètre est à Nice, comparativement avec Paris, à 7 degrés de moins de froid. Dans l'été, sa température moyenne est de 22 à 24 degrés. Cette chaleur est modérée par la brise de mer qui s'élève tous les jours à 10 heures du matin, et dure jusqu'au coucher du soleil, où commence la brise de terre.

Quoique Nice ait été bâtie par les descendants des Phocéens qui fondèrent Marseille, on n'y retrouve aucun vestige d'antiquités ; mais, à environ une demi-lieue au nord, on voit sur une colline enchantée, qui conserve le nom de Cimiers, les ruines considérables et intéressantes de *Cimellæ*, colonie romaine et capitale, suivant quelques géographes, de la province des Alpes maritimes.

Le territoire de Nice est une belle plaine d'une lieue carrée environ, coupée par d'agréables coteaux couverts d'oliviers, d'orangers, de citronniers, de cédrats, de palmiers, d'aloès, de caroubiers, de lauriers, de myrtes et de grenadiers. Une culture bien entendue y présente encore des vignes, des figuiers, des pêchers et des amandiers; le blé et les fèves, entremêlés en planches, ornent et couvrent les champs. Ce riant paysage est terminé d'une manière imposante et sévère par trois rangs de montagnes qui s'élèvent en amphithéâtre, et dont les dernières se confondent avec l'immense chaîne des Alpes couronnée presque toute l'année de neiges et de frimas.

Villefranche, à une demi-heure de marche au-dessus et à l'est de Nice, est bâtie au fond d'un golfe et au pied d'une montagne très-escarpée qui circonscrit, en décroissant, une rade immense.

Sa crête orientale se termine par un isthme qui forme la péninsule triangulaire de Saint-Hospice, sur l'un des angles de laquelle s'élève le phare de Villefranche, qui s'aperçoit au loin sur la mer. La crête occidentale sépare le territoire de Nice de celui de Villefranche; c'est sur son point le plus élevé qu'est assis le fort Montalban.

Villefranche est très-mal bâtie; mais indépendamment du château, l'on trouve au couchant des établissements et des édifices consacrés à la marine, et qui sont d'un assez beau style, tels que la darse, un bassin de construction, l'arsenal, la corderie, les casernes et l'ancien hôpital militaire.

La population de Villefranche est d'environ 3,000 habitants, presque tous marins.

Nous étions occupé du matin au soir et de notre service dans le grand hôpital de Nice, ainsi que des soins que réclamait une clientelle très-nombreuse, quand il s'éleva tout à coup une discussion médicale des plus graves et à laquelle nous prîmes une part fort active.

Le ministre de la guerre Bouchotte, ayant reçu sur l'état sanitaire de l'armée d'Italie des rapports alarmants et contradictoires, écrivit à l'ordonnateur en chef, pour qu'il eût à convoquer un conseil de santé extraordinaire auquel on ferait les trois questions suivantes :

1° L'armée d'Italie est-elle en proie au scorbut?

2° Cette maladie a-t-elle été bien reconnue par nos officiers de santé et convenablement traitée?

3° A-t-elle été méconnue, et par conséquent traitée irrégulièrement?

D'après ce qui aura été déterminé, portaient les ordres du ministre, on pourrait avoir à juger s'il y a eu, de la part de nos officiers de santé, ignorance ou malveillance. Dans le premier cas, ils seront remplacés dans le plus court délai; et dans le second, ils seront traduits devant les tribunaux militaires comme conspirateurs.

Le conseil dont il s'agit fut présidé par le commissaire des guerres Vialet, et, outre les officiers de santé en chef de l'armée, c'est-à-dire le médecin en chef et son adjoint, le chirurgien consultant et le chirurgien-major, et enfin le pharmacien-major, on convoqua tous les médecins ordinaires et les chirurgiens de première classe employés à Nice. L'auteur de ces Mémoires fut chargé de tenir la plume.

Après cinq à six heures de la discussion la plus animée et roulant sur toute autre chose que les questions proposées, quand enfin le besoin de dîner avertit le conseil de mettre un terme aux personnalités, l'auteur de ces Mémoires suspendit ses fonctions de greffier, et crut devoir prendre la parole.

Nous annonçâmes alors que nous nous proposions d'établir : 1° que le scorbut ne régnait point à l'armée d'Italie; 2° que l'affection catarrhale dont elle était attaquée n'avait point été méconnue; 3° que cette maladie avait été et continuait d'être traitée méthodiquement.

Les motifs, dîmes-nous, sur lesquels nous établissons notre opinion, sont les rapports dont nous avons eu communication, ce sont les documents que vient de fournir la discussion, et en dernier lieu notre propre expérience ou les faits que nous avons observés depuis notre arrivée à l'armée.

1° La correspondance du médecin en chef, analysée avec la sagacité qui lui est propre, démontre jusqu'à l'évidence que la maladie dominante n'a point reçu ce nom, n'a point été qualifiée de la sorte par les médecins de l'armée. Quelques égers symptômes du scorbut compliquant l'affection catarrhale dominante ont fait timbrer les billets d'hôpitaux et recevoir les malades sous le nom de scorbutiques, et voilà l'erreur qui a excité la juste sollicitude du ministre de la guerre. Ce ne sont point, je le répète, l'affirme et le soutiens avec confiance, les médecins qui ont commis la faute dont il est question, ce sont ceux qui ont envoyé et ceux qui ont reçu nos malades dans les hôpitaux. — Ici il s'élève une rumeur au milieu de laquelle domine la voix du chirurgien consultant qui paraît faire cause commune avec l'adjoint au mé-

decin en chef. — Citoyens, me mis-je à dire,
j'ai écouté avec assez de patience pour réclamer
maintenant votre attention... Vous répondrez
quand j'aurai fini... Je vous éviterai les divaga-
tions et les personnalités... Il ne s'agit pas de
notre religion politique, mais de notre savoir
en médecine... Vous ne paraissez pas pénétrés
de l'importance de la discussion; il est pourtant
question de notre honneur ou de nos têtes...
Puisque le calme se rétablit heureusement et
par l'intervention bienveillante de notre digne
président, je vais, dit l'auteur de ces Mémoires,
établir les vrais caractères de la maladie ré-
gnante, ce qui détruira complétement toutes les
assertions relatives à l'existence du scorbut (1).

2° Si quelqu'un d'entre nous a cru que le
scorbut régnait dans l'armée, et a contribué à
accréditer et répandre cette erreur, son silence,
dans ce moment, équivaut à une rétractation
formelle. D'un autre côté, ceux qui, comme moi,
soutiennent qu'il n'y a pas de scorbut, et croient
l'avoir démontré dans cette discussion, prennent

____

(1) Tout ce qui dans ces Mémoires a rapport à l'art de
guérir, n'étant en grande partie qu'accessoire, je me borne
à renvoyer aux articles que j'ai publiés sur les maladies de
l'armée d'Italie, dans divers *Journaux de médecine* ainsi
que dans la *Décade philosophique*.

acte des concessions qui leur ont été faites, et que je viens de consigner au procès-verbal de la rédaction duquel vous m'avez chargé, et dont lecture va vous être donnée.

3° Il nous reste à énoncer notre opinion personnelle, fondée sur nos propres observations faites particulièrement dans l'hôpital militaire établi à Grasse, où il n'a passé que trop de malades, à cause des évacuations, dont plus tard j'attaquerai l'abus pernicieux.

Je rappelai que Grasse, située au 24° 36′ 5″ de longitude et 40° 39′ 25″ de latitude, et bâtie sur le penchant d'une colline, est sans cesse battue par des vents de terre et de mer qui contribuent à sa salubrité. Les vents du sud-est et sud-ouest ayant soufflé dans le printemps, avaient amené des pluies auxquelles on est accoutumé dans cette saison.

Nous dîmes pour ceux qui pouvaient ne pas connaître ce site délicieux, que l'on trouve au point le plus élevé de Grasse une source d'eau vive (la Foux), presque aussi forte que la fontaine de Vaucluse, et qui se divise en deux branches. L'une d'elles se porte dans un bassin qui sert de lavoir public, et, au sortir de là, elle met en mouvement des moulins à huile et à blé, et vivifie des tanneries. L'autre branche donne de l'eau à près de 60 fontaines, et réunie ensuite

au bas de la ville avec la première branche, elles
contribuent de concert à l'arrosage de nombreux
jardins et d'immenses prairies qui se fauchent
trois fois l'an. Les eaux sont si bien distribuées,
qu'après avoir parcouru deux milles, elles sont
consommées. Cette source, qui enrichit le sol
qu'elle parcourt, offre une eau constamment lim-
pide et pure; dans l'été, elle est fraîche comme
la glace, et l'hiver, elle est tempérée.

L'hôpital militaire, qui est le point sur lequel
nous avons observé, est placé dans un ancien
couvent, lieu bas et humide, où cependant il y
avait quelques bonnes salles. Ce local, propre à
recevoir commodément 150 malades, en recevait abusivement une centaine de plus.

Dans l'hôpital de Grasse, comme partout où
les médecins ont su observer, et ici je dois citer
la pratique de mon collègue Guilloneau à Vence,
on a reconnu que l'armée n'offrait qu'une maladie identique et des fluxions catarrhales, ou
mieux un catarrhe compliqué d'une ulcération
des gencives, et du gonflement de quelques
glandes et de leur pourtour.

Par suite de ces considérations, je propose
qu'il soit répondu au ministre :

1° Que l'armée n'est point atteinte du scorbut.

2° Que la maladie dominante est une affection simplement catarrhale.

3° Que cette maladie, reconnue de bonne heure, a été traitée méthodiquement et avec succès.

Nous croyons qu'il convient de prier l'ordonnateur en chef d'attester notre zèle au ministre de la guerre, et de dire, relativement à notre capacité, ce que nous ne pouvons pas énoncer nous-mêmes.

Terminons, il est temps, terminons, citoyens, cette discussion. Oubliez-vous qu'une hache à deux tranchants menace, ce qui est tout un, notre honneur ou nos têtes? Dans cet état de choses, je prie notre président de mettre simplement aux voix l'admission ou le rejet de ma proposition. »

Il s'établit un morne silence. Le chirurgien consultant réclama le scrutin secret, qui eut lieu, et notre proposition passa à une très-grande majorité, car il n'y eut que trois opposants sur dix-huit votants.

Le succès fort connu que je venais d'obtenir, et une très-nombreuse clientelle, me rendaient le séjour de Nice on ne peut plus agréable. J'étais le médecin des premiers administrateurs des vivres, des fourrages et des transports, des postes, de la trésorerie, des hôpitaux de la marine, et enfin de la comédie. Tout ce monde eût, sans aucun doute, appelé de préférence

M. Lorentz, s'il ne se fût refusé à répondre à la confiance publique, sous le prétexte controuvé d'une faible santé. On a souvent de la peine à avouer des habitudes d'indolence; mais on a bien soin de cacher l'indifférence et l'égoïsme, vices qui, pourtant, sont si communs parmi les célibataires, comme l'était notre médecin en chef.

Animé plus que jamais du désir de parcourir honorablement la carrière dans laquelle j'étais entré, je priai M. Lorentz de m'envoyer aux avant-postes, pour me mettre à même d'étudier les hommes de guerre dans toutes les positions, et reconnaître les causes qui maintiennent et celles qui attaquent leur santé. Je sacrifiai à ce besoin d'instruction tous les agréments dont je jouissais à Nice. D'ailleurs, le général en chef Brunet avait établi son quartier général à Sospello, d'où il surveillait personnellement les mouvements de l'ennemi. Le 2 juin 1793, nos troupes avaient complétement battu les Sardes, mais nous avions été repoussés avec beaucoup de perte, le 12 du même mois, à l'attaque du camp des Fourches, et nous ne fûmes pas plus heureux, le 17, devant la formidable position de Saorgio.

La mitraille que l'artillerie sarde vomit contre nous dans ces trois journées, et surtout la dernière, renfermait des fragments de pierres lamelleuses, qui produisirent des déchirures, et par suite le tétanos, dont nous perdîmes beaucoup de blessés.

Je voyais assez souvent à Nice, et toujours avec un nouveau plaisir, le capitaine d'artillerie Bonaparte, car il était revenu à ce grade, et servait en cette qualité. Le lieu du rendez-vous était un magasin de modes, dans lequel de jeunes personnes agréables, une Lyonnaise entre autres, attiraient beaucoup d'officiers. L'artilleur ne venait là que pour causer, et quand il est devenu un général célèbre, avant d'être le maître d'une partie du monde, les modistes de Nice, en rendant justice à sa retenue, sans approuver sa froideur, se rappelèrent qu'il n'était jamais entré une seule fois chez elles sans y acheter quelque chose, ne fût-ce que des cure-dents.

Nous passions des heures à causer ensemble, et je me souviens que, lui ayant annoncé que je partais pour les avant-postes, afin d'étudier l'armée sous le rapport de ma profession, il loua cette détermination, et me dit qu'il recueillerait peut-être un jour les fruits de ce zèle qui m'animait et de cette expérience que je cherchais à acquérir... « Pour moi, » continua-t-il de dire, « je vais m'éloigner le plus promptement possible de cette Capoue où nous nous trouvons, et qui ne mérite même plus le nom de ville de guerre, depuis que le maréchal de Berwick en a fait sauter le château. »

Le premier point sur lequel je me rendis, fut l'Escarenne (*Scarena*), bourg assez considérable, à quatre lieues de marche, au nord-est de Nice, sur la magnifique route qui, de cette ville, se porte à Turin en traversant les Alpes. La population habituelle de l'Escarenne est d'environ 1,200 habitants, et la garnison était de 600 hommes. Ce bourg, entouré de montagnes très-élevées, est bâti dans un vallon, sur la rive gauche du Paglione, qui coule du nord au midi, pour aller se jeter dans la mer sous les murs de Nice. L'hiver y est humide et froid ; la chaleur y est excessive dans l'été. Les fièvres putrides vermineuses, comme on disait alors, sont fréquentes dans cette dernière saison ; les eaux peu abondantes, mais d'une bonne qualité. La végétation est vigoureuse, et on mange à l'Escarenne beaucoup de bons légumes et des fruits. L'hôpital militaire n'était pas désavantageusement situé, à la droite et à la gauche de la grande route, mais il n'était approvisionné que pour vingt-cinq à trente malades, tandis qu'il en recevait journellement soixante-quinze ou cent, qui y passaient la nuit dans des greniers, étendus sur un peu de paille, en se dirigeant sur Nice.

Au bout de quinze jours, je me rendis près du général en chef, à Sospello (*Sospitellum*), comme j'en avais reçu l'ordre. Cette ville moderne, qui est à neuf heures de marche à l'est de Nice, a d'ordinaire 4,000 habitants, et sa garnison se bornait à 600 hommes. Au nord-est, on aperçoit sur une élévation les ruines de l'ancien Sospello. Le nouveau est situé dans un beau vallon entouré d'une chaîne de montagnes élevées et traversé par la Bevera, rivière qui vient des montagnes du Moulinet, coule du nord au levant, et va se jeter dans la Breglia pour se perdre avec elle sous les murs de Vintimille. Sospello, par sa position, est en général humide et froid, excepté pendant un mois de chaleurs excessives. La culture des terres et des jardins, qui a beaucoup souffert des circonstances de la guerre, est belle, et payait abondamment dans d'autres temps les soins des habitants qui les fertilisent et se nourrissent volontiers des excellents végétaux que produit leur territoire. Les maladies les plus généralement dominantes sont, au rapport des anciens médecins de ce pays, des affections catarrhales et rhumatismales, et des fièvres putrides assez souvent compliquées de vers. Les eaux sont bonnes et réunies dans de vastes et beaux réservoirs. Celles de la Bevera, que les animaux même refusent de boire, déposent une grande quantité de sédiments calcaires. L'hôpital militaire, placé dans une ancienne caserne, était incommode, malsain, et infecté par des latrines. Les malades, dont le mouvement journalier était de cinquante ou soixante, n'y séjournaient pas; mais la ville était remplie d'officiers, de sous-officiers, d'employés de différentes administrations, de femmes et d'enfants suivant l'armée, manquant de tout, et trop malades la plupart pour pouvoir être transportés ailleurs. Le jour entier me suffisait à peine pour porter dans leurs domiciles épars, les secours ou les consolations que réclamaient leurs maux.

Le général en chef m'avait invité une fois pour toutes à dîner ou plutôt à souper chez lui, c'est-à-dire à prendre cordialement ma part d'un repas frugal. Ce militaire, plein d'activité, né dans un pays de montagnes et chasseur, connaissait parfaitement les localités qu'occupaient les troupes à ses ordres, ainsi que celles de l'ennemi. Le général Brunet montait régulièrement à cheval à la pointe du jour, et ne rentrait presque jamais qu'après le coucher du soleil. N'entendant point, un matin, le bruit des chevaux qui annonçait son départ, je me présentai chez lui vers neuf heures, pour savoir s'il était indisposé. Entrez, cher docteur, me dit gaiement son premier aide-de-camp, Dupuy le Toulousain, et vous apprendrez de notre général en chef lui-même le motif qui le retient au lit. J'entre. «Vous me prenez peut-être pour un paresseux.... Vous vous tromperiez, cher docteur; je suis au lit parce que cela donne le temps de raccommoder ma culotte, et que je n'en ai qu'une à mon service. »

Pour étudier l'état des troupes, j'allai observer les camps de Bruis, de Baolets et l'avant-poste de Mariugone.

Le camp de Bruis, sur la grande route de Nice à Turin, à une heure de marche au-dessus de Sospello, était assis sur une colline, et s'étendait sur une longue ligne irrégulière et un terrain inégal, dans la direction de l'est à l'ouest. Sa partie orientale s'appuyait sur Montebosco, et l'occidentale sur un plateau couvert par Montebosco et la montagne de Baolets. L'eau était à proximité et bonne; mais ce qui pouvait puissamment contribuer à l'insalubrité, c'étaient des brouillards presque continuels qui s'élevaient le matin et le soir, et quelquefois en plein midi, sans que le soleil parût les dissiper. Leur odeur fétide et presque ammoniacale, et un picotement sensible aux yeux, annonçaient assez leur dangereux caractère. Il y avait dans ce camp 6,000 hommes, dont 2,000 étaient continuellement de service.

Le camp de Baolets, situé au sommet de la montagne du même nom, était étendu sur un plateau irrégulier de l'est au nord. La portion opposée au nord était couverte par la montagne de Mangia-Bove. L'exposition en eût été salubre sans la présence des mêmes brouillards qu'au camp de Bruis. L'eau, d'ailleurs assez bonne, était à deux heures et demie environ de distance, et le bois, très-rare, à trois. La paille, en très-petite quantité, était vieille. La malpropreté régnait dans les intervalles des tentes, plantées confusément; point de latrines ou de fosses d'aisances communes. Il y avait dans ce camp 3,000 hommes, dont 700 étaient continuellement de service.

Ce camp était commandé par Masséna, chef de l'un des bataillons du Var, et le plus ancien des officiers supérieurs par la date de son entrée au service. Il sera souvent parlé, dans la suite de ces Mémoires, de ce grand homme de guerre qui nous a honoré d'une constante amitié.

L'avant-poste de Maringone, où bivouaquaient continuellement 150 grenadiers, fournis par le camp de Baolets, était situé au sommet d'une montagne très-élevée, en face du grand camp ennemi de Raous. Les brouillards y dominaient sans cesse. Le chaud et le froid étaient extrêmes, et de fréquents orages se formaient tantôt sur la tête et tantôt sous les pieds de ceux qui occupaient ce poste élevé.

Tous les points dont je viens de parler méritaient ces détails, parce que ce sont des positions militaires importantes et toutes très-connues dans l'histoire des guerres d'Italie.

Quant aux subsistances, on se plaignait des légumes, pois et haricots; l'huile était très-mauvaise; le vinaigre, qui est si essentiel et si aisé à se procurer de bonne qualité, manquait souvent.

Les troupes étaient presque toutes nues. Que faisait-on dans les grands hôpitaux, d'une quantité prodigieuse d'habits, des bas, des souliers, des sacs qui encombraient les magasins, et infectaient ces établissements?

On commença seulement le 1er août à donner des capotes et des couvertures pour le bivouac, quoique les nuits fussent extrêmement froides (1).

L'auteur de ces Mémoires remit, le 18 du même mois d'août 1793, au commandant de la place, la note suivante :

____

(1) On entend par bivouac une garde extraordinaire que l'on fait la nuit en plein air pour la sûreté d'un camp, d'un détachement, d'un poste.

« Je soussigné, médecin ordinaire des hôpitaux de l'armée d'Italie, de service au quartier général de Sospello, m'étant transporté dans le caveau de la chapelle de Saint-Pierre, située à l'une des extrémités du grand pont, sur et au niveau de la grande route, ai trouvé un amas de cadavres qu'on y a confusément jetés il y a environ neuf mois, à la suite d'un combat acharné et sanglant entre les troupes impériales ou austro-sardes et celles de la république.

«Cette masse hideuse, indécemment exposée aux regards publics et à la voracité des chiens, ne présente guère plus que des squelettes recouverts de peaux desséchées et mêlées à des vêtements en lambeaux.

« Parmi plusieurs raisons que je pourrais alléguer pour prouver la nécessité d'enfouir ces débris et de fermer le caveau, je me contenterai de dire que l'humidité peut, d'un moment à l'autre, atteindre, pénétrer, ramollir ces substances animales, et les ramener à un état de putréfaction dangereux.

« En conséquence, je demande qu'il soit fait une réquisition à la municipalité de Sospello, pour qu'elle fasse, dans le délai de vingt-quatre heures, recouvrir de terre ces débris humains, et ensuite murer les ouvertures du caveau qui les renferme. »

J'eus un jour besoin de faire approuver une
mesure sanitaire par le général en chef, et, sachant qu'il était chez lui, je m'y rendis à midi.
Nous causions dans son cabinet, où nous étions
seuls, lorsque je vis entrer un chef de brigade
de gendarmerie, accompagné d'un adjoint aux
adjudants-généraux, venant directement de Nice
et porteurs de dépêches. Je me retirai, pour les
laisser seuls, dans une pièce voisine, où se tenait le commissaire des guerres Leroux, qui
avait toute la confiauce du général Brunet, et la
méritait sous tous les rapports.

Au bout d'une demi-heure environ, j'entendis sortir les deux officiers dont il vient d'être
question, et je rentrai dans le cabinet du général en chef, que je trouvai renversé sur un canapé et la tristesse peinte sur la figure. — *R.
D. G :* « Oserai-je, mon général, vous demander
à quoi tient le changement subit?... — *Le général.* D'abord, le titre que vous me donnez ne
m'appartient plus... je suis suspendu de mes
fonctions par un arrêté des représentants du
peuple en mission près de l'armée... Cet acte
est basé sur ce que je n'ai point obtempéré à
la réquisition irréfléchie de me dégarnir de
quelques bataillons, pour les leur envoyer dans
le Var et les Bouches-du-Rhône... Je vois l'intention de faire en grande partie retomber sur

moi la perte de Toulon, que je crois dans ce moment au pouvoir des alliés ou près d'y tomber... On méconnaît tout à fait ma position... Les mouvements de l'ennemi par terre et par mer sont concertés... Le roi de Sardaigne et son fils, le duc d'Aosta, sont à Côni, avec des forces imposantes et prêts à fondre sur moi, tandis que le général autrichien, baron de Wins, m'occupe sur ma gauche et menace de passer le Var. Ayez la bonté d'appeler M. Leroux. » Celui-ci entra. « Venez, mon ami, apprendre la destitution de votre général. — Votre destitution! — Oui. Que l'on cherche Dupuy... je veux partir à trois heures... Qu'il commande une escorte un peu forte; j'en aurai peut-être besoin pour traverser Nice, où je suis probablement annoncé comme un traître. »

Ce brave militaire et bon citoyen fut décapité à Paris le 4 novembre 1793.

M. Lorentz m'envoya l'ordre de me rendre à Nice, où le général Dumerbion, qui remplaçait le général Brunet, avait définitivement fixé le grand quartier général.

Me promenant un soir sur la belle terrasse qui borde la mer, je me rencontrai nez à nez avec les représentants Barras et Fréron, qui flanquaient de droite et de gauche madame Ricord, la femme de leur collègue, qui les suivait

à quelques pas, causant avec Robespierre le
jeune. Un essaim de jeunes officiers d'état-major entourait à une distance respectueuse la représentation nationale. Force me fut de saluer
le premier groupe et d'aborder la représentante,
pour lui demander des nouvelles de sa santé et
lui parler de sa famille, qui m'avait si cordialement reçu à Grasse. « Monsieur, » se mit à me
dire la citoyenne Ricord, « n'êtes-vous pas un
peu Girondin? — *R. D. G.* Non, madame, mais
tout simplement médecin. » Battant ensuite et
lentement en retraite, j'allai joindre le mari,
qui me tendit affectueusement la main et s'é-
carta de quelques pas de Robespierre pour que
nous pussions parler plus à notre aise. « Citoyen
représentant, lui dis-je, votre épouse vient de me
faire une question beaucoup plus qu'inconvenante, » et je la lui répétai. — « Certainement,
beaucoup plus qu'inconvenante, ce qui ne me
surprend pas, parce que ma femme me compro-
met tous les jours... Oubliez ce qu'elle vous a
dit... Je compte sur votre silence. — Avouez
cependant, citoyen représentant, que si la demande de madame Ricord pouvait m'attirer
quelques chagrins, je ne pourrais pas m'empêcher de dire que les soupçons de votre épouse
portent infailliblement sur ce qu'elle m'a vu à
Paris chez mon oncle V... Elle vous y attendait,

vous le savez bien, en causant avec ma tante et
ma cousine, pendant que vous délibériez dans
le salon voisin.... Cela est-il vrai? — Mais
sûrement; aussi je vous répète que ma femme
n'a pas le sens commun. Soyez tranquille, et
quelque chose qui puisse arriver, vous aurez en
moi un ami chaud et qui fera valoir vos services. »

Tout en comptant sur la parole un peu inté-
ressée de M. Ricord, homme loyal, je ne fus pas
complétement rassuré. J'avais humilié l'amour-
propre et par trop ravalé les ridicules prétentions
de quelques Figaros, patriotes exclusifs et escu-
lapes valets des proconsuls, pour ne pas appré-
hender les dénigrements. Me renfermant donc
dans une clientelle qui s'accroissait chaque jour,
j'évitais avec un soin extrême la représentation
nationale et tout son entourage.

Une fois seulement, et dans l'intérêt des malades, j'avais sollicité une audience des représentants Bayle et Bauvais, parce que ce dernier
était médecin, mais il se trouva qu'il n'entendait
rien du tout à la tenue des hôpitaux.

On n'a point oublié que, dans la nuit du 24
au 25 août 1793, les Anglais entrèrent dans la
rade de Toulon, et que le port et les vaisseaux,
la ville et les forts, leur furent livrés.

Peu de jours après, les alliés débarquèrent à

Toulon une garnison composée d'Anglais, d'Espagnols, de Portugais, de Napolitains et de Piémontais, qui fut portée à près de 27,000 hommes; et, aux grands moyens de défense qui existaient déja, ils s'empressèrent d'ajouter ceux qu'ils crurent propres à se maintenir dans cette place importante.

Des courriers extraordinaires avaient apporté à l'armée et répandu dans les départements méridionaux une proclamation de la convention nationale, qui ordonnait de faire rentrer Toulon, son port et ses vaisseaux, sous les lois de la république.

L'élite des hommes et du matériel de l'armée fut dirigée vers Toulon, où le commandement en chef avait été donné au général Dugommier, l'un des plus beaux caractères de la révolution, et qui venait de se couvrir de gloire à Gilette, en soutenant avec six cents hommes, sans artillerie, un combat qui dura dix heures, et dans lequel il repoussa complétement quatre mille hommes d'élite, Autrichiens, Croates et Piémontais, soutenus par six pièces de canon, et faisant partie d'un corps de huit mille hommes aux ordres de M. de Wins, qui avait pénétré en France par Entrevaux.

M. Lorentz avait suivi le mouvement qui, d'après les ordres des représentants du peuple, avait appelé aux environs de Toulon les chefs de toutes les armes et de toutes les administrations. Dans ces circonstances et avec l'agrément du général en chef Dumerbion et de l'ordonnateur Eyssautier, je fus chargé à Nice des fonctions de médecin en chef, que j'exerçai sans me dispenser de celles de médecin ordinaire, chargé d'un service dans le plus considérable des hôpitaux de la place.

Le premier objet dont je m'occupai, comme suppléant M. Lorentz, fut de m'élever avec force, dans un conseil administratif, contre l'abus des évacuations, qui nous menaçaient de faire fondre et s'écouler l'armée par les hôpitaux. J'établis la proportion des hommes qui disparaissaient en raison de leur éloignement du quartier général; ainsi, pour en donner un exemple, ceux qui, après avoir franchi le Var et le bois de l'Estrelle, dépassaient la rivière Dargent, ne reparaissaient plus, ou bien l'on en comptait à peine dix sur cent. Chargé de rédiger un mémoire sur cet objet, je remis tout simplement quelques notes que j'avais à la main en prononçant mon discours. Ce travail fut envoyé aux représentants réunis devant Toulon, lesquels prirent un arrêté qui ordonnait les mesures que j'avais proposées. Cet acte, qu'on pourrait dire proconsulaire, louait nos vues médicales et administratives ainsi que notre civisme...

Nous voilà donc rassuré sur les inconséquences de madame Ricord, car l'arrêté était signé par les citoyens Gasparin, Barras, Salicetti, Robespierre jeune, Fréron et Ricord, et j'ai toujours cru que c'était ce dernier qui avait voulu me couvrir de cette impénétrable égide.

Le ralentissement pourtant graduel des évacuations blessa beaucoup d'intérêts, et excita des mouvements violents dans les établissements destinés aux galeux et aux vénériens, quand ceux-ci apprirent qu'il leur faudrait quitter ces locaux, et que l'on se proposait même de les traiter sous la toile ou baraqués, dès que la saison pourrait le permettre. M'étant un jour rendu avec le pharmacien en chef ou major de l'armée dans l'immense hôpital des galeux et vénériens de Villefranche, ceux-ci, auxquels la malveillance m'avait fait connaître, m'accablèrent d'injures ainsi que mon compagnon de voyage, et ils menaçaient d'en venir aux coups, lorsque Lacour, plus téméraire encore que brave, s'établit dans une porte, l'épée à la main, et soutint comme un autre Bayard l'assaut des insurgés, et nous permit de battre en retraite assez honorablement quoique avec précipitation.

Au bout de quelques jours, et pour faire céder cet établissement aux fiévreux, il fallut faire marcher un bataillon qui fut obligé de

croiser la baïonnette, et même prêt à faire
feu.

Les maladies que les médecins avaient alors
à traiter, étaient des fièvres de différents types;
mais la plus commune fut la dyssenterie de diverses espèces, qui exigeait par conséquent un
traitement différent. Dans le degré le plus élevé,
elle frappa spécialement les bataillons sortis des
départements de l'Aveyron, du Puy-de-Dôme
et du Cantal. Une maigreur hideuse défigurait
tous ces jeunes gens, peu avant si robustes.
Leur visage paraissait recouvert d'un vernis bi-
lieux, tandis que leurs pieds et leurs mains, en-
duits d'une croûte de crasse très-tenace, et
semblable à la patine qui recouvre les bronzes
antiques, annonçaient assez la désorganisation
de la peau. Cette circonstance était commune à
tous ceux qui furent attaqués de la dyssenterie,
quelle qu'en fût l'espèce particulière; mais ce
qui caractérisait la plus pernicieuse, était une
extrême prostration des forces vitales, des tranchées vives, un tenesme continuel et des déjec-
tions sanguinolentes, putrides et gangreneuses.
Les militaires atteints de cette maladie, aux
avant-postes, étaient forcés la plupart de faire
dix, quinze heures de marche, et souvent davantage, avant de trouver des secours convenables.
On les transportait à l'ordinaire, malgré nos

vives réclamations, qu'une insouciance homi-
cide traita souvent d'importunités, on les transportait sur des chariots découverts aux heures
les plus brûlantes du jour. Accablés de tant de
souffrances, à peine arrivaient-ils dans les hôpitaux fixes, qu'ils creusaient par leur position
sur leur paillasse une espèce de fosse où, mornes,
silencieux, immobiles, ils paraissaient attendre
paisiblement la mort.

Après des prodiges de valeur de la part des
assiégeants, et la défense la plus vigoureuse des
assiégés, les troupes victorieuses de la république entrèrent dans Toulon, et occupèrent tous
les forts le 19 décembre 1793, au matin. Les
représentants du peuple près de l'armée de siége
avaient déployé la plus grande énergie, et le
général en chef Dugommier, ainsi que les chefs
de bataillon Marescot et Bonaparte, le premier
commandant l'arme du génie et le second celle
de l'artillerie, s'étaient couverts d'une gloire
que partagèrent les généraux Masséna, Victor,
Mouret, Garnier, La Barre et Lapoype.

L'histoire mettra au nombre des atrocités de
cette époque la vengeance qu'exerça la convention nationale et le massacre de plusieurs milliers de Toulonnais. L'armée de la république,
en exécutant les ordres du gouvernement, fut
saisie de pitié; car, comme nous l'avons dit

ailleurs : *Les plus braves des hommes sont encore les plus compatissants* (1). Le général en chef Dugommier intercéda inutilement près des représentants en faveur des Toulonnais. Voici les mémorables paroles qu'il prononça en invoquant leur clémence : « Il y eut sans doute à Toulon des traîtres qui ont ouvert sesportes aux Anglais; mais les plus grands coupables ont fui. S'il est des hommes criminels qui aient osé attendre la justice nationale, le temps vous les fera connaître; lui seul peut éclairer votre justice, et calmer les haines qu'enfantent les guerres civiles. Si vous punissez aujourd'hui, toutes les passions choisiront leurs victimes. Contemplez cette ville déserte et désolée. Hé! qui allez-vous faire périr? des vieillards, des femmes, des enfants, des individus sans courage et sans énergie, qui n'ont pas même eu l'intention de porter les armes contre vous, ou qui n'ont été qu'égarés. »

On a eu raison de dire qu'en 1793 et 1794, l'humanité et l'honneur français s'étaient réfugiés dans nos armées.

---

(1) « On n'a jamais veillé avec plus de soin sur la conservation des troupes : généraux, officiers, sous-officiers et les simples soldats même y ont concouru. Les plus braves des hommes sont donc encore les plus compatissants. » *Hist. médicale de l'armée d'Orient*, 3ᵉ édit., p. 240.

Tout ce qui avait été détaché de l'armée d'Italie à l'occasion du siége de Toulon se reployait sur Nice, et quand le médecin en chef y arriva, il me trouva si fatigué, que je tombai malade peu de jours après. L'assiduité de M. Lorentz près de moi pendant la durée du typhus que je subis, fut assez amicale; mais il me força de reprendre un service étendu, avant que ma convalescence fût accomplie, et il me fut facile de m'apercevoir que le crédit dont je jouissais ne lui était point agréable.

Sur ces entrefaites, j'eus une affaire fâcheuse. La position de mon logement au centre de Nice fit qu'un bon nombre d'officiers de santé de toutes professions et de tous grades se donnèrent rendez-vous chez moi, pour me prier de rédiger une lettre adressée aux représentants du peuple, au ministre de la guerre et au conseil de santé, contenant une protestation contre la nomination d'un second chirurgien major de l'armée égal au premier, le citoyen Bourgine, en droits et en autorité. Or, on contestait à l'intrus, dont j'ai oublié le nom, et talents et civisme. Modeste ou coulant sur le premier article, l'inculpé s'offensa vivement de la seconde allégation, et, comme il avait navigué, il nous aborda franchement, ce furent ses expressions, et nous traduisit comme calomniateurs et inciviques nous-mêmes devant la commission ou le tribunal de police militaire attaché à l'armée, L'information ou instruction juridique était à peine commencée que plusieurs des signataires s'excusèrent d'avoir concouru à cet acte, dont ils n'avaient pas jugé l'importance; d'autres déclarèrent qu'ils avaient été séduits. Quand je parus devant le juge d'instruction, ce jeune magistrat, instruit et plein de bienveillance, ne put, en me voyant avouer ma coopération irréfléchie, s'empêcher de me dire : « C'est sur vous, monsieur, que retombera principalement la gravité du délit, puisque vous n'avez pas craint de prendre la qualité de rédacteur. — Je ne l'ai pas prise, monsieur, et c'est déja bien assez d'avoir été me mêler du civisme des autres. — Mais que signifie donc cet R majuscule qui précède votre nom? — René. — Ha! monsieur, vous me soulagez beaucoup, car vous avez de nombreux amis. »

J'allai de suite trouver le citoyen Ricord, et, après m'être accusé d'une inconcevable étourderie, je le priai de prendre avec l'un de ses collègues, ainsi qu'ils en avaient le droit, un arrêté qui évoquât l'affaire devant eux. L'arrêté fut pris, enregistré au tribunal comme acquit et récépissé, et les pièces du procès remises aux représentants furent jetées au feu; ainsi se termina heureusement cette équipée.

Peu après mon retour des avant-postes de l'armée, et avant le siége de Toulon, on amena à l'hôpital militaire et j'eus à soigner un émigré pris le 2 juin, les armes à la main, et que l'on disait être un ecclésiastique. Des informations très-exactes m'apprirent en effet que c'était un docteur en théologie, curé ou chanoine d'Aix, et qui avait joui dans cette ville d'une grande considération. En même temps que l'on me fit connaître un complot ourdi pour le faire évader, on m'annonça qu'il se refusait à l'exécution de ce projet, dans la crainte de compromettre ses gardiens, et qu'il avait résolu de se laisser mourir de faim. Mon ministère voulait que je l'engageasse à vivre, et je lui dis (lui parlant toujours latin) toutes sortes de choses propres à le détourner de son dessein. La peinture que je lui fis des douleurs atroces qu'il endurerait, avant de mettre fin à son existence, ne put l'é- branler. Lorsque deux fois le jour je lui tâtais le pouls, il me serrait la main avec une affec- tueuse reconnaissance. L'ayant trouvé, un ma- tin, debout, la tête appuyée contre le mur, comprimant fortement la région des hypocon- dres avec ses deux poings, j'insistai de nouveau, mais inutilement, pour qu'il prît du bouillon coupé, en le prévenant que quelques heures plus tard, il ne serait probablement plus temps.

— Qui, je souffre, me dit-il; je ressens, comme
vous me l'avez prédit, mes entrailles déchirées,
mais je meurs dans la paix du Seigneur... L'aumônier de l'hôpital, qui jusqu'ici n'avait fait que
rôder autour de lui, se présenta, avec timidité
pourtant, pour lui offrir ses services, et voici
ce qui se passa entre eux. *Le prêtre émigré :*
«Avant tout, monsieur, dites-moi si vous êtes
assermenté.— *L'aumônier :* Oui, mon cher frère,
— Je ne suis point votre frère, et vous prie de
vous retirer. — Mais, monsieur, laissez-moi vous
dire que je suis l'un de ces anciens minimes qui
habitaient le couvent où nous nous trouvons,
et dont on a fait un hôpital et des magasins, et
que je ne savais où donner de la tête, quand on
m'a offert de rester ici comme aumônier, en
prêtant... — C'est-à-dire en abjurant la foi de
Jésus-Christ et le catholicisme. — Mais enfin,
monsieur, quand il serait vrai que j'aurais juré de
bon cœur, saint Paul ne nous apprend-il pas
que la parole de Dieu peut nous arriver même
par un mécréant? — Ceci est trop fort : saint
Paul cité par un homme comme vous! Retirez-
vous, monsieur; ce n'est pas à vous, encore
une fois, qu'il appartient d'invoquer et même
de prononcer le nom de l'apôtre des nations. »
L'exaltation avec laquelle furent articulées ces
paroles, jeta le malade dans le plus grand affais-

sement; alors il joignit ses mains, dit deux ou trois fois et avec la plus grande componction : *Dómine, miserere meí*, et il expira peu d'heures après.

L'auteur de ces Mémoires faisait très-régulièrement son service, qui consistait en deux visites par jour dans le grand hôpital de Nice, et répondait en même temps à la confiance de nombreux clients, quand il reçut l'ordre ministériel de se rendre à Antibes, comme médecin de l'hôpital sédentaire de cette place, faisant partie de la 8e division militaire, dont le chef-lieu est à Marseille.

CHAPITRE IV.

Antibes pendant le second semestre de l'an II (1794). — Le docteur Ramel. — Le successeur de Baliste, sa femme et l'éloge du docteur Manuel. — Le commandant Masséna, le général d'Hilaire et le commissaire Emond. — Le maire Lamarre, le procureur de la commune Bernardi, et l'avocat Barquier. — Hôpitaux militaires et hospice civil. — Mesures d'hygiène pour l'assainissement de la commune. — Assistance donnée aux prisonniers de guerre et le contre-maître Baldwin. — Puissance des convictions religieuses et mes relations avec le P. Bonavie. — Les évacuations sont réprimées. — Le représentant Salicetti annule un acte des conservateurs de la santé du Port-la-Montagne (Toulon). Antichambre du proconsul, madame Gesnelle, le général en chef et son chef d'état-major, Haller, le général Cervoni, l'ex-abbé Varese ou Varesi. — L'auteur est appelé dans la division Masséna, qui occupait le territoire génois connu sous le nom de *Riviera di Ponente*. — Entrevue avec le général Bonaparte à Nice; récit des motifs, des circonstances de son arrestation et de sa mise en liberté. — Je lui donne des nouvelles d'une portion de sa famille et de Pauline en particulier.

ANTIBES (*Antipolis*, ΑΝΤΙΠΟΛΙΣ) remonte à une très-haute antiquité, car elle a été fondée 340 avant l'ère chrétienne par la même colonie de Phocéens qui bâtit Marseille. Au temps d'Auguste, qui lui donna le titre de municipale (*Municipium*), cette ville était considérable; elle avait un théâtre et d'autres édifices publics, ainsi qu'un aqueduc, dont il subsiste quelques ruines. Un commerce étendu et la pêche du thon et du corail animaient son port et ses rivages. Antibes ne comptait plus, en 1793, 94 et 95, que 4,000 habitants, ne faisait aucun commerce, et ne pouvait plus même se livrer à la pêche, à cause des croisières ennemies; son port n'offre d'ailleurs plus d'asile qu'à de très-petits bâtiments. Ce qui conserve de l'importance à Antibes, c'est sa position militaire. Comme place de guerre, elle n'est à la vérité que de troisième classe; mais fortifiée avec art par Vauban, elle offre une barrière suffisante aux invasions qui pourraient menacer la France sur la frontière du Var. Les Antibois sont belliqueux et très-attachés à la patrie.

Je venais remplacer à Antibes ou plutôt en déplacer le docteur Ramel, médecin détaché de l'armée d'Italie, et qui devait y rentrer. Comme il sera souvent parlé de lui dans la suite de ces Mémoires, il n'est pas inutile, pour plusieurs motifs, d'esquisser son portrait. Ce confrère était d'ailleurs assez avantageusement connu en médecine par des ouvrages qui lui avaient pro-

curé des titres et des palmes académiques. (1).
On prétendait, à la vérité, et je suis assez porté
à le croire, que le père de Ramel, esprit sage et
éclairé, avait contribué pour beaucoup aux productions de son fils, dont l'imagination avait
souvent quelque chose de délirant. L'exaltation
de son patriotisme l'avait fait à tort, ou avec
raison classer parmi les terroristes et, comme
on le lira plus tard, l'obligea tantôt de fuir,
et tantôt le plaça sous les poignards de la
réaction.

   Ramel, élève des Oratoriens, car il n'était pas
assez lettré pour avoir pris part à leur enseignement, avait environ 50 ans. D'une taille ramas-
sée, sa tête ample était fort engagée entre deux
épaules des plus rondes. La physionomie de
Ramel, sur laquelle se peignaient la pénétration
de l'esprit et un caractère très-inquiet, exprimait
en outre une satisfaction de soi qui allait jusqu'au dédain pour les autres.

   Le hasard voulut que la première personne

---

   (1) Les principaux ouvrages de Ramel sont : 1° *Consul-
tations de médecine*. La Haye pour Marseille, 1785, in-12.

   2° *Aperçu et doutes sur la météorologie appliquée à la
médecine*. Aix, 1787, in-12.

   3° *De l'influence des marais et des étangs sur la santé de
l'homme*. Marseille (an X), in-8°.

à laquelle j'adressai la parole à Antibes fût
Ramel, que je pris pour le maître d'un cabaret
borgne, ce qui l'offensa beaucoup, et cependant
il m'indiqua, toujours fort brusquement, l'auberge tenue par le successeur de M. Baliste,
où je me rendis monté sur un bon cheval bien
équipé, suivi d'un mulet portant mes cantines,
trois valises et mon bureau de campagne. Trois
caisses de livres m'arrivaient en même temps.
Pendant qu'on m'apprêtait un bon dîner à la
provençale, je reçus la visite du directeur des
hôpitaux, du secrétaire du commissaire des
guerres, retenu dans son lit par une indisposition, et enfin la visite d'un adjudant de la place,
chargé par le commandant, M. Marcel Masséna,
de me dire que l'on avait envoyé directement du
bureau de la consigne mon nom à la municipalité pour que je fusse de suite et convenablement
logé. Les apprêts du dîner étaient un peu longs,
et l'hôtesse, pour me faire patienter, vint faire
la conversation avec moi. C'était une grande,
jeune et belle femme blonde, ce qui est rare en
Provence, et très-douce, ce qui n'est pas aussi
fort commun. « Monsieur, me dit-elle, c'est
donc vous qui allez être notre médecin? c'est bien
heureux! — Hé! qu'en savez-vous, ma belle hôtesse? — C'est que nous avons un bien vilain
médecin, qui est fier, avaricieux, et ne va qu'avec

des perturbateurs comme lui. —Le docteur Ramel?— Oui, voilà ce qu'on en dit. Puis il est venu remplacer un si brave homme, qui ne serait pas mort, s'il s'était mieux porté. — N'est-ce pas du docteur Manuel dont vous parlez? — Oui, monsieur, je parle de M. Manuel de Barcelonnette. Ce que j'en dis, ce n'est pas pour le soin qu'il a pris de moi, car il en a guéri bien d'autres... Un homme qui était si bon, si humain pour tout le monde, et si généreux pour les pauvres. —Je m'attacherai à l'imiter et à mériter aussi votre bonne amitié. »

Le mari entra porteur de la soupe au poisson qu'il mit sur la table. « Va-t'en, Gothon, va à tes affaires. Les Parisiens ont toujours quelque chose de gracieux à dire aux femmes... Aujourd'hui, monsieur, vous n'aurez que la bouride, deux rougets, un canard aux olives et des viédases. Vous ne savez peut-être pas ce que cela veut dire? —*R. D. G.* : Je connais cela; ce sont des aubergines. — Avec de fines herbes et de l'huile de première qualité. — *R. D. G.* : Je ne suis pas habitué à cette chère délicate, à toute cette somptuosité. — Voyez-vous bien, M. le médecin, il ne peut y avoir rien de trop bon pour vous. Le vieux vin de Vauclaret que je vous fais servir, et qui vient sous le fort Carré, vaut le meilleur Bordeaux; et ensuite j'ai encore

du vin de Lamalgue et de la Gaude à votre
service. — *R. D. G. :* Votre maison est bien
montée! — C'est un restant de M. Baliste quand
il était directeur des paquebots de Corse. Fallait
voir ce que c'était! Au jour d'aujourd'hui que
tout a dégénéré, il y en a qui ont l'audace de
vouloir payer avec des assignats, d'autres qui,
en payant un petit écu pour dîner, emportent
un couvert d'argent pour se dédommager....
Tout cela est l'auteur qu'il n'y a plus à dix lieues
à la ronde que trois bonnes tables de récitées :
c'est Camatte, au Cheval-blanc à Grasse; moi
donc ici, à Antibes; et un Parisien, dans le
faubourg de la Croix de marbre à Nice, à la
Grotte de Marat. »

Le docteur Ramel, revenu de sa mauvaise humeur, et apprenant un peu tard qui j'étais ou ce
que je venais faire, se rendit à l'auberge pour
m'embrasser, disait-il. On le fit attendre à mon
insu jusqu'au moment auquel on me servit le
café. « Tu seras, me dit le confrère en entrant,
tu seras mieux que moi dans ce pays-ci, je le
vois à la manière dont on te choie dès en arrivant. Je pars mécontent et n'exciterai aucun re-
gret. Antibes n'offre qu'une population froide,
incivique et très-intéressée. — Peut-être, cher
confrère, que les Antibois, à leur tour, vous trouvent trop chaud et mettant un prix trop élevé à

vos services?.— Il y a peut-être quelque chose comme cela... Au reste, je vais, si tu le trouves bon, prendre avec toi du café et un petit verre de liqueur; tout est excellent dans cette maison, mais fort cher... Si tu passes jamais à Aubagne, et que j'y sois, je serai enchanté de te rendre politesse pour politesse. »

Le café pris, je commençai mes visites. La première que je fis fut au commandant de la place, oncle du général Masséna. Ce digne militaire qui me prit de suite en amitié, quand nous eûmes parlé de son neveu, me conduisit chez le général de brigade d'Hilaire-Chanvert, commandant supérieur d'Antibes et dépendances, qui apprenant de moi que j'étais Normand, me dit qu'en 1758, il était à Saint-Cast, aide-de-camp de mon compatriote le lieutenant-général d'Aubigny. Ce souvenir fut entre nous le commencement de liaisons amicales très-prolongées.

Le commissaire des guerres Émond me reçut dans son lit, et me pria de lui donner des soins, ce que je commençai à faire à l'instant même.

Le maire, M. Lamarre, notaire fort expert et formaliste consommé, m'accueillit avec beaucoup de solennité, et me dit qu'Antibes, où j'étais précédé par la meilleure des réputations, espérait retrouver en moi les soins affectueux et

désintéressés que le feu docteur Manuel prodi-
guait à ses indigents. — Je répondis que je
m'empresserais d'imiter un aussi bel exemple,
et que, dès le lendemain, si j'en obtenais l'agrément de la municipalité, je me chargerais du
service de l'hôpital civil, dans lequel je fus
effectivement installé par le maire, le procureur
de la commune, Bernardi, et l'avocat Barquier,
l'un des recteurs-administrateurs de cet établissement charitable.

L'hospice civil dont il est question, placé au
milieu de la ville, bien percé et bien aéré, se
composait seulement de deux pièces ou salles
principales pouvant contenir 36 ou 40 lits bien
espacés. Les gens du pays n'y venaient chercher
un asile et des soins qu'à la dernière extrémité,
ou réduits à une profonde misère, ce qui était
fort rare à cause des sentiments charitables et
généreux de la population tout entière. C'étaient
donc des passagers et surtout des Génois appelés
Figons, qui viennent en Provence cultiver la
vigne et l'olivier, qui étaient reçus dans l'hospice d'Antibes. L'auteur de ces Mémoires avait,
d'après ces considérations, proposé de faire gra-
ver sur le fronton de l'hospice, soutenu par deux
colonnes antiques et en marbre, l'inscription
suivante :

PIETAS ANTIPOLENSIS
SUIS EXTRANEISQ. ÆGROTANTIBUS
HAS   ÆDES
SACRAVIT

L'hôpital militaire et sédentaire, construit pour la garnison par le maréchal de Vauban, et coordonné avec les fortifications de la place, un peu surbaissé et mal aéré, était destiné à recevoir de 200 à 250 malades.

L'hôpital de siége, à l'abri de la bombe, et établi sous l'un des cavaliers de la place, pouvait contenir 150 à 200 hommes (1).

Enfin un hôpital temporaire, créé pour les besoins de l'armée d'Italie, et établi dans un vaste couvent, pouvait recevoir commodément 300 malades.

Le premier soin auquel je crus devoir me livrer fut d'étudier dans les plus grands détails la topographie d'Antibes. Il résulta immédiatement de mes recherches qu'il y avait de nombreux abus à réformer et des améliorations à proposer pour maintenir la salubrité de la commune.

Une loi du 3 ventôse an II subordonnait la

______

(1) Un cavalier est une pièce de fortification en terre et fort élevée que l'on arme de canons, soit pour l'attaqué ou la défense d'une place.

police des villes de guerre aux autorités militaires. C'était donc près d'elles que les officiers
de santé devaient réclamer l'exécution de toutes
les mesures conservatrices de la salubrité publique. Ce devoir, négligé par plusieurs, ou tout à
fait oublié, nous était pourtant imposé par les
articles 6, 7, 8 et 9 du titre XIII de la loi pré-
citée, et par un réglement explicatif et complémentaire approuvé par la convention nationale.

De nombreux rapports furent en conséquence
adressés au général commandant relativement
aux hôpitaux, aux casernes, aux prisons, aux
boucheries, cimetières, voiries, etc. Copies de
ces divers actes, censés rédigés en commun et
signés par les trois officiers de santé en chef de
l'hôpital sédentaire, étaient envoyées à l'ordonnateur ou intendant de l'armée d'Italie et à celui
de la 8e division militaire.

Nous faisions aussi procéder fréquemment à
la purification de l'air dans les établissements
publics, d'après l'instruction rédigée par le conseil de santé du département de la guerre, en
exécution du décret de la convention du 14
pluviôse an II.

La commune d'Antibes applaudissait unanimement à ce zèle actif qui nous faisait solliciter
et obtenir tant d'améliorations, quand nous bles-
sâmes des habitudes invétérées et des intérêts
chéris.   21.

Le chirurgien-major Plaucheur aîné, et le pharmacien du même grade Trastour, Antibois tous deux et propriétaires dans le territoire, n'osèrent concourir à la note qui suit, et que je dus remettre, le 3 floréal an II, en mon propre et privé nom au général commandant :

« L'article le plus important de notre rapport, l'objet sur lequel j'appelle toute votre sollicitude, est l'état affreux de malpropreté de la commune, où l'on entasse journellement et dans tous les lieux une quantité considérable de fumiers et d'immondices. Nous demandons qu'on commence par les écarter des environs des hôpitaux ; car sans cette mesure ils y porteraient l'infection, et par suite des maladies contagieuses immanquablement suivies d'une mortalité qui frapperait bientôt la garnison et les habitants de la commune.

« C'est à la municipalité à prendre, sur votre réquisition, les mesures les plus promptes et les moyens les plus propres pour effectuer ce nettoiement.

« La société populaire, dans laquelle on a plus d'une fois agité cette question, en a senti toute l'importance. Elle a même émis à cette occasion un vote qui entraînera l'assentiment de la population tout entière.

« On se propose de demander un certain

nombre de forçats qui seraient employés à ce nettoiement; j'indiquerai, si on les obtient, ce que j'ai conseillé et fait exécuter à Nice pour ces malheureux, en leur accordant un régime spécial et en réglant les heures et la durée de leur travail.

« Si l'on diffère encore quelque temps, les grandes chaleurs qui s'approchent, rendront cette opération difficile, peut-être impraticable, et il n'y aura plus de remède à opposer aux maux que nous cherchons à prévenir. »

Après avoir jeté les hauts cris, les Antibois me remercièrent d'avoir sollicité une mesure qui changeait l'aspect, et, on peut dire, l'atmosphère de leur ville.

Le conseil de santé des armées, avec lequel il était enjoint aux hôpitaux militaires sédentaires de correspondre directement, avait été remplacé par une commission composée de 18 membres, en comptant deux secrétaires avec voix délibérative. Autour de quelques hommes de mérite conservés dans cette commission, se groupaient des ignorants et des intrigants sans aucun autre titre que leur exaltation patriotique feinte ou sincère.

Cette dernière classe d'hommes, voulant donner un gage de plus de son zèle, imagina de faire ordonner par le comité de salut public, que tous les officiers de santé de l'armée indistinctement subiraient à huis clos et par écrit un examen, dont la commission de santé séant à Paris serait juge. Les plus habiles et les plus expérimentés subirent l'épreuve; mais comme s'ils se fussent concertés, ce qui était impossible, ils demandèrent presque tous que leurs juges justifiassent de leur capacité, et enfin fussent examinés à leur tour. Les médiocrités et les nullités de la commission comprirent la position dans laquelle elles se trouvaient; les uns abandonnèrent la partie, et d'autres furent bientôt chassés, et tous rentrèrent enfin dans l'obscurité qui eût dû de tout temps être leur partage.

Cependant quelques membres de cette commission furent détachés et envoyés en inspection aux armées, où on les fit accompagner par un homme étranger à l'art de guérir et à l'administration. C'était plutôt un surveillant qu'un collègue que l'on donnait à ces inspecteurs.

Nous vîmes arriver à l'armée d'Italie, en carmagnole et bonnet rouge, Heurteloup, bon administrateur, homme du meilleur ton et plein des sentiments les plus bienveillants pour tout le monde. Il avait pour associé dans sa mission un certain Morin qui, de son aveu, avait rempli les fonctions de valet de bourreau. Les deux inspecteurs dont je parle étaient porteurs de pouvoirs ostensibles des plus étendus, et il suffit de dire qu'ils correspondaient directement avec le comité de salut public... Illusion! tous les pouvoirs délégués par les comités du gouvernement cessaient devant l'autorité des représentants en mission, surtout s'il se trouvait parmi eux un homme du caractère de Salicetti. Heurteloup, employa pour sa correspondance plus d'une rame de papier, et ne put jamais faire changer une paillasse dans un lit d'hôpital. En revanche, les inspecteurs de ce genre, bien servis en voitures et en relais, commodément hébergés partout, se laissaient donner journellement par l'administration et les pauvres officiers de santé des hôpitaux, de grands dîners qui se terminaient toujours par des chants patriotiques et une complainte larmoyante sur la mort de ce Marat qui devait bientôt descendre du Panthéon pour aller pourrir dans l'égout Montmartre. La terreur était alors à son comble et à l'ordre du jour, au quartier-général de l'armée d'Italie autant que dans la capitale de la France. La guillotine, en permanence à Nice sur la place de l'Égalité, fit souvent tomber des têtes. Les victimes étaient des émigrés, des Lyonnais qui avaient pris part à l'insurrection, des prêtres réfractaires et fugitifs et jusqu'à des religieuses. Au reste, ce régime justement abhorré ne fut

pas défavorable à la tenue de nos hôpitaux militaires. La terreur enchaîna la cupidité. Il y eut
aussi à la tête de cette administration des ré-
gisseurs ou entrepreneurs probes et habiles, tels
que Chevalier et Duranti, surveillés d'ailleurs
par des fonctionnaires d'un ordre supérieur, tels
que les ordonnateurs Eyssautier, Alexandre,
Aubernou et Chauvet.

Des évacuations immodérées et liées, je l'ai
toujours cru, à un système occulte de désorganisation, vinrent à recommencer. Elles se composaient d'hommes bien portants, de malades et
de mourants versés sur Antibes par la double
voie de terre et de mer. Nos réclamations adressées aux représentants du peuple en mission
près l'armée d'Italie tempérèrent un peu ces
abus, sans pouvoir les déraciner complétement.
Dans la localité où je me trouvais, avec plus de
crédit sans doute que d'autorité, je parvins cependant à faire camper et traiter les galeux sous
la toile. D'un autre côté, je fis établir une
succursale des hôpitaux d'Antibes pour 75
convalescents, sur un monticule élevé de plus
de 50 toises au-dessus et au bord de la mer, et
battu par les vents de nord-ouest et de sud-est.
Le point dont nous parlons, désigné sur les
cartes géographiques par le nom de cap de Notre-Dame de la Garde, et l'une des vigies de

cette côte de la Méditerranée, a aussi quelque célébrité due à la crédulité et aux nombreux *ex-voto* des matelots.

La prison civile et militaire tout à la fois fut rendue plus salubre; un cachot infect fut muré sur nos réclamations, et le geôlier puni de son inhumanité envers les détenus.

Les prisonniers de guerre, presque tous Piémontais ou marins anglais, excitèrent aussi la sollicitude de l'auteur de ces Mémoires. Les derniers de ces infortunés, préoccupés de l'avenir le plus funeste, redoutaient l'application du décret qui mettait les sujets de la Grande-Bretagne hors la loi. J'obtins pour eux de la paille, parce qu'ils couchaient sur la terre dans un souterrain très-humide, à l'exception du capitaine qui avait conservé son hamac. Le pain des prisonniers de guerre était fort mauvais, mais comme c'était celui de la garnison, il ne put être changé. Le pain des hôpitaux, fabriqué sous les yeux de l'honnête et habile munitionnaire Mazeron, avait alors lui-même une saveur très-désagréable d'acidité et de poussière.

Je fis transporter à l'hôpital sédentaire, pour le traiter moi-même, le contre-maître Henri Baldwin, attaqué d'une cachexie scorbutique générale et d'hydropisie du bas-ventre. Quoique parlant facilement la langue anglaise, j'eus sou-

vent la permission de faire sortir le capitaine
et le chirurgien de leur souterrain, sous prétexte d'avoir besoin d'eux comme interprètes.
Master Henri, comme je l'appelais d'ordinaire,
me prit de suite en affection, et elle redoubla
sensiblement quand il m'eut vu écouter avec
intérêt les prières qu'il récitait à toute heure
avec un grand recueillement. J'appris dans la
suite, et me trouvant alors aux avant-postes de
la division de droite, que Henri avait succombé,
et qu'en mourant il m'avait légué sa bible, qui
me fut en effet remise et que je suis fâché d'a-
voir perdue. Placé dans ma bibliothèque, ce
livre, ainsi que quelques autres, m'offrirait un
touchant souvenir de plus.

Ceux qui méconnaissent l'empire des opinions
et des convictions religieuses ignorent ce qui se
passe dans les replis du cœur humain. Ceci m'engage à parler de mes relations à Antibes avec le
P. Bonavie, sexagénaire fort sec, ex-cordelier et
professeur royal d'hydrographie. La première
fois que je me trouvai avec ce religieux, ce fut
au lit de mort d'une fille de dix-huit ans à laquelle il administrait l'extrême-onction. Suc-
combant sous le poids d'une fièvre pétéchiale
développée dans un local étroit, et dont les
alentours étaient encombrés de débris sanglants
d'animaux à demi putréfiés, Catherine (car c'é-

tait son nom) n'entendait et ne sentait plus rien,
et sa respiration s'éteignait quand nous la quittâmes. Ses deux mains jointes sur sa poitrine
découverte soutenaient une croix de bois. Sa
peau naturellement basanée était parsemée de
taches violacées, et ses lèvres demi closes avaient
pris la même teinte. Les traits réguliers de son
visage qu'encadraient deux tresses de cheveux
noirs comme l'ébène, des formes bien dessi-
nées, et que la maladie n'avait pas eu le temps
d'affaisser, donnaient à Catherine une grande
ressemblance avec Atala, telle que Château-
briand et Girodet nous peignent cette bien-
aimée de Chactas descendant dans la tombe.

Émus de cette fin prématurée, nous marchions
lentement, en nous retirant chacun chez nous,
quand le P. Bonavie parla de la sorte à l'auteur
de ces Mémoires : « Monsieur le médecin, nous
nous connaissons maintenant personnellement...
Vivons amicalement, et en nous aidant réciproquement à bien faire... Les temps sont encore
bien durs; mais ils l'ont été davantage. — *R. D.
G.* : L'isolement dans lequel se trouve Antibes
aurait dû vous épargner beaucoup d'horreurs.
— Vous vous trompez, monsieur, car nous avons
tout vu dans nos murs; et moi qui vous parle,
j'ai cru un moment que j'allais mourir martyr,
et j'étais résigné. — Racontez-moi donc, P. Bo-

navie, ce qui vous est arrivé dans cette circonstance. — Le voici, monsieur. Un bataillon des
Landes se trouvant ici, sut qu'il y avait des prêtres insermentés en prison, il les en arracha, les
pendit subitement à des arbres, et exerça sur
leurs cadavres des abominations dignes de canni-
bales. Cependant il faut dire que la population
et notre garde nationale consternées se conduisirent bien; que, tout paralytique qu'il était à
peu près de la moitié du corps, notre maire, feu
M. Émond, dont vous connaissez la veuve et les
trois fils, montra un courage de Romain, et
qu'enfin le jeune et brave général Dommartin,
alors capitaine d'artillerie, rétablit l'ordre en
arrivant au galop avec une batterie de campagne
qu'il établit sur la place d'armes et mit aux ordres de la municipalité... L'Antibois, monsieur
le médecin, est bon et intrépide, surtout notre
marin. — *R. D. G.* : J'ai été dans le cas de le
voir l'autre jour, lorsqu'une péniche anglaise est
venue fièrement se placer entre le fort Carré et
la ville. — *Le P. Bonavie :* C'était pour chercher
une passe qui eût permis de prendre nos fortifications à revers. — *R. D. G.* : Tant est-il que
les canonniers de marine ont couru sur les remparts et ont fait un feu infernal.... Les femmes
s'en sont aussi mêlées, car elles ont apporté la
soupe à leurs maris aussi tranquillement que s'ils

eussent été à travailler dans les champs. — *Le P. B. :* Les femmes d'Antibes sont courageuses; elles craignent Dieu, et c'est là, monsieur le médecin, ce qui leur donne de la force. — *R. D. G. :* Mais revenons, s'il vous plaît, mon père, à votre avant-goût du martyre. — Hé bien, monsieur, le soir des pendaisons, ou plutôt le lendemain, je fus mandé au club présidé par le commandant du bataillon des Landes. En arrivant, je trouvai dans la chaire à prêcher qu'ils appellent la tribune, l'abbé B.y.r qui, pâle à la vérité comme la mort et riant jaune, remettait ses lettres de prêtrise, en s'accusant d'hypocrisie, et déclarant qu'il n'avait embrassé notre état que pour se conformer à l'usage, étant cadet de famille noble ou anoblie. Quand le tour de l'abbé B.y.r fut fini, vint le mien. Es-tu disposé, citoyen, me dit le président du club, à imiter le bel exemple qui vient de t'être donné? —Pas du tout.—Quelles sont tes raisons?—C'est que je crois fermement que la religion que je professe est vraie et préférable à toutes les autres. Cela m'est démontré, et je le démontrerais aux autres si on voulait m'écouter. — Ce n'est pas là ton dernier mot? — Si. — Je te donne encore quelques instants pour réfléchir. —Je n'en ai pas besoin : mon corps est à vous, mon ame à Dieu. — Donnons, mes frères, se mit à dire le président, à ma grande surprise, donnons un exemple mémorable de notre respect pour la liberté d'opinion de ceux qui ne troublent pas ostensiblement l'ordre, et qu'en conséquence ce vieux entêté de mathématicien soit reconduit chez lui, et pour sa sûreté soit escorté par deux frères d'armes et deux bourgeois; ce qui fut fait. Je rentrai donc paisiblement dans ma cellule que l'artillerie m'a laissée, quand elle est venue s'établir dans le couvent des cordeliers. Depuis ce temps, j'ai fait mettre à ma redingote un collet rouge, à la mode de la nation, et on ne m'a plus rien dit. J'oubliais de vous conter que l'abbé B.y.r, en rentrant chez lui, se mit au lit et mourut peu de jours après. Beaucoup de personnes ont cru que c'était un coup de la Providence; ce qui ne serait pas surprenant, puisqu'elle se mêle de tout... Si nous sommes tranquilles aujourd'hui, c'est à la protection de Masséna que nous le devons. Rosalie Lamarre, sa femme, est ma parente, et je vous réponds que ce sont de braves et d'honnêtes gens... Quelque jour, s'il n'est pas tué, André Masséna commandera en chef l'armée d'Italie... Il est audacieux, comme me le disait dernièrement son oncle Marcel, opiniâtre et plus habile manœuvrier que tout ce qu'ils sont de généraux. »

Il arriva dans les derniers jours de prairial à

Antibes, au milieu de la nuit, un gendarme d'ordonnance porteur d'un ordre des représentants du peuple près l'armée, pour que l'auteur de ces Mémoires eût à se rendre de bonne heure et le lendemain matin à leur audience. Parti à l'ouverture des portes, j'étais arrivé à Nice deux heures avant que les représentants fussent visibles. A neuf heures, leur antichambre était pleine, et j'appris d'Albert de Permon, alors secrétaire intime de Salicetti, que je serais reçu avant tout le monde, à cause de l'importance et de l'urgence de l'affaire pour laquelle j'étais mandé. Le général en chef Dumerbion et le général Kerveguen, son chef d'état-major, qui attendaient le lever des représentants, ainsi que Haller, le fournisseur général de l'armée, le général de brigade Cervoni, l'ex-abbé Varese ou Varesi, ex-grand-vicaire d'Autun, s'étaient groupés debout autour de madame Gesnelle, dont l'heureux mari, ex-boulanger à Versailles, était chef de la manutention des vivres-pain à Nice. Celle-ci, par l'élégance de sa taille, sa figure angélique et son intéressante position de nourrice affligée, méritait les hommages et l'intérêt de tout le monde; mais les sentiments qu'elle faisait naître, se peignaient et s'exprimaient diversement.

Madame Gesnelle, entourée du général en

chef et de son chef d'état-major, lui tenant les propos les plus caressants, rappelait la chaste Susanne entre deux lubriques vieillards.

Le général Cervoni, jeune, beau et poète, adressait à madame Gesnelle les stances les plus voluptueuses du Tasse. — Que me dit-il là? me demandait cette dame. — *R. D. G. :* Il se croit dans les jardins d'Armide, et il vous répète les leçons d'amour que... — *Madame Gesnelle :* Il est bien inutile de me parler d'amour, si ce n'est pas celui d'une pauvre mère pour son enfant... Qu'il répète ses chansons d'amourettes tant qu'il voudra, je ne les entends pas... Et Cervoni continuait de dire avec l'accent le plus passionné : « Parmi les oiseaux charmants qui habitaient les jardins d'Armide, il y en avait un auquel il fallait entendre chanter :

> Vola fra gli altri un che le piume ha Sparte
> Di color vari, ed ha purpureo il rostro;
> E lingua snoda in guisa larga, e parte
> La voce si, ch'assembra il sermon nostro.
> Quest' ivi allor continuò con arte
> Tanta il parlar, che fu mirabil mostro.
> Tacquero gli altri ad ascoltarlo intenti,
> E fermaro i susurri in aria i venti.
>
> Deh mira (egli cantò) spuntar la rosa
> Dal verde suo modesta e verginella;
> Che mezzo aperta ancora, e mezzo ascosa,
> Quanto si monstra men, tante è piu bella.

Ecco poi nudo il sen già baldanzosa
Dispiega : ecco poi langue, e non par quella,
Quella non par che desiata avanti
Fu da mille donzelle e mille amanti.

Cosi trapassa al trapassar d'un giorno
Della vita mortale il fiore, e 'l verde :
Nè perchè faccia indietro april ritorno,
Si rinfiora ella mai, nè si rinverde.
Cogliam la rosa in sul mattino adorno
Di questo dì, che tosto il seren perde :
Cogliam d'amor la rosa : amiamo or quando
Esser si puote riamato amando.

Tacque, e concorde degli augelli il coro,
Quasi approvando, il canto indi ripiglia ;
Raddoppian le colombe i bacci loro :
Ogni animal d'amar si riconsiglia :
Par che la dura quercia, e 'l casto alloro,
E tutta la frondosa ampia famiglia,
Par che la terra e l'acqua, e formi e spiri
Dolcissimi d'amor sensi e sospiri.

Madame Gesnelle : Tout ce que vient de nous dire là le général peut-il être entendu par d'honnêtes femmes ? — *R. D. G.* : Oui, madame, et avec plus de sécurité que par des demoiselles. Quoique je doive vous prévenir que la traduction est loin d'atteindre les beautés de l'original, cela veut dire :

« Parmi les oiseaux des jardins d'Armide, il y en avait un remarquable par la beauté de son

plumage; son bec était de couleur de pourpre;
sa langue articulait des paroles distinctes, et le
son de sa voix ressemblait parfaitement à la voix
humaine. Lorsque ce merveilleux oiseau se mit
à chanter, les ondes suspendirent leur doux
murmure, les zéphyrs retinrent leur haleine,
tous les autres oiseaux se turent pour l'écouter.

« Voyez, disait-il, une rose qui commence à
sortir du bouton où elle était cachée; moins
elle se montre, plus on la trouve belle ; à peine
a-t-elle achevé de s'épanouir, qu'elle tombe dans
la langueur; ses attraits disparaissent; on ne
reconnaît bientôt plus cette aimable fleur dont
mille tendres amants faisaient l'objet de leurs
désirs.

« Il en est de même de notre vie ; le printemps
en est court : on voit tous les ans renaître les
fleurs, mais, hélas! c'est sans espoir de retour
que nos beaux jours s'écoulent. Aimons pendant
que nous sommes aimables ; il n'est qu'un temps
pour nous où nous puissions être aimés : cueil-
lons le matin les fleurs de l'amour, le soir il est
trop tard pour les cueillir.

« Dès qu'il eut cessé de chanter, les autres
oiseaux recommencèrent leur ramage, les tendres colombes redoublèrent leurs doux baisers,
tous les hôtes de ces bosquets parurent embrasés
d'amoureuses flammes ; les arbres même, malgré

la dureté de leur écorce, semblaient n'être pas insensibles. Tout dans ce jardin, la terre, l'air et les eaux ressentaient et inspiraient l'amour. »

Madame Gesnelle : Toutes ces folies ne valent pas pour moi une caresse de l'enfant que j'ai dans mes bras après l'avoir porté dans mon sein.

Haller : Voici qui est bien dit et comment s'exprime l'amour maternel, qui est fort au-dessus du paternel ; mais tout cela ne mènera à rien si nous n'avisons pas, ma belle et bonne amie, aux moyens de vous conserver ici et de vous soustraire à la barbarie de cet arrêté en vertu duquel on veut vous envoyer à 250 lieues de nous... Il me vient une idée, et j'en ai parfois d'assez heureuses au service de mes amis, c'est de mettre M. D. G., que voici, dans nos intérêts. Je sais le crédit qu'il a sur l'esprit des représentants, et s'il est assez bon pour dire à l'inflexible Salicetti, qu'il est fort dangereux de forcer une nourrice à aller de Nice à Versailles, nous entrerons facilement en négociation.

Nous nous retirâmes dans un angle où nous formâmes un trio composé de la belle nourrice, d'Haller et de l'auteur de ces Mémoires, et on délibéra sur les moyens d'attaque et de défense.

Malgré toute l'attention que je portais aux supplices de madame Gesnelle, je ne pus m'empêcher d'entendre que tous ceux qui attendaient l'audience, formaient des vœux pour que l'intéressante nourrice fût exaucée. « Mon Dieu ! disait l'ex-abbé Varese ou Varesi, si madame Gesnelle est forcée de quitter Nice, je ne pourrai m'empêcher de crier dans ma douleur : *Quomodo facta est deserta civitas plena populo...* Oui, cette ville aujourd'hui si peuplée ne serait plus pour moi qu'un désert. » Et ce Corse spirituel et agréable, quoique un peu louche, continuait à roucouler comme les oiseaux du jardin d'Armide, et en dévorant des yeux madame Gesnelle, *Sicut cervus ad fontes aquarum, ita anima mea ad te desiderat.*

On appela dans le cabinet de Salicetti l'auteur de ces Mémoires. « Citoyen, lui dit le représentant du peuple près l'armée d'Italie et l'armée navale de la Méditerranée, tu dois avoir connaissance d'un arrêté des conservateurs de la santé du port de la Montagne (Toulon), qui ordonne à la municipalité d'Antibes de mettre en quarantaine l'escadre de la république, qui est à l'ancre dans le golfe Juan ? — Oui, citoyen représentant. — J'ai suspendu l'exécution de cet ordre ; mais je vais faire plus et l'annuler. D'abord la mesure prise par les conservateurs de la santé repose sur des faits inexacts ; en second lieu, vingt mille personnes qui ont communiqué avec l'escadre seraient passibles de la quaran-

taine. Enfin, c'est peut-être un moyen inventé
pour paralyser nos forces navales. Si tu approu-
ves ces raisons, comme je n'en ai aucun doute,
d'après ce que tu as dû dire à Antibes, à l'arrivée
de l'ordre de Toulon, tu ne me refuseras pas
ta coopération pour la rédaction de mon arrêté.
C'est dans cet espoir et dans ces vues que je t'ai
fait appeler.

— Citoyen représentant, répondit l'auteur de
ces Mémoires, l'acte de pouvoir suprême que
vous allez exercer doit être rédigé en très-peu de
mots; mais il est en même temps indispensable
de le motiver par des considérants très-détaillés.
Si vous approuvez ce que j'ai l'honneur de vous
proposer, je prends la plume et me mets à l'œuvre. — Occupe-toi seulement de l'arrêté; qu'il
soit très-laconique et bien logiquement déduit
des principes sur lesquels nous sommes tombés
d'accord. Je me chargerai du reste conjointe-
ment avec Albitte, qui a l'habitude et le style
des rapports; et nous adresserons en outre à
Robespierre jeune une ample instruction sur ce
qu'il aurait à dire à ce sujet au comité de salut
public, la seule autorité à laquelle je dois compte
de mes actions. »

Quand ma rédaction de l'arrêté qui ne dura
pas un quart d'heure fut terminée, le représentant Salicetti, auquel je demandai ses ordres

ultérieurs et la permission de retourner à mon poste, eut la bonté de me dire : « Nous croyons t'avoir à dîner, et oublier un moment ensemble la sécheresse des affaires. » J'insistai pour retourner de suite à Antibes, où j'avais quelques malades auxquels je portais beaucoup d'intérêt, et entre autres le très-jeune Aubernon, aujourd'hui (en 1835) pair de France et préfet du département de Seine-et-Oise.

R. D. G. : Permettez-moi, citoyen représentant, de remplir avant de vous quitter un engagement que je viens de prendre devant témoins avec madame Gesnelle. — Je vois ce que c'est, cette charmante femme, car il faut lui rendre cette justice, veut éluder l'ordre du comité de salut public qui la frappe et la renvoie dans sa commune, par une mesure générale et comme une bouche inutile à l'armée... Que ne dirait-on pas si j'avais la faiblesse d'écouter les raisons que la citoyenne Gesnelle peut mettre en avant pour motiver une mesure d'exception?... Enfin quel engagement as-tu pu prendre relativement à cette affaire très-importante?—Citoyen représentant, j'ai tout simplement promis à madame Gesnelle de vous dire, en qualité de médecin, qu'une nourrice court de grands dangers en entreprenant, dans un état d'affliction et de contrariété, un voyage de 250 lieues. J'acquitte ma promesse dans ce moment. — *Salicetti* : Que l'on fasse entrer la citoyenne Gesnelle. Hé bien! tu m'as demandé, par une lettre d'hier soir, une exception à laquelle je ne puis consentir... Les ordres du comité de salut public sont précis, et il te faut retourner à Versailles. — *Madame Gesnelle* : Mais vous en avez fait un désert de ce Versailles, et puis... — *Salicetti* : Citoyenne, il faut obéir à la loi. Madame Gesnelle, serrant son enfant sur son sein et d'un air plus dédaigneux que courroucé : Je me moque de ta loi et de toi aussi. Et elle sortit en tirant sur elle la porte avec un grand bruit. Salicetti resta quelques secondes stupéfait de l'irrévérence de la réclamante ; ensuite son menton, déja fort long, descendit d'un pouce et remonta rapidement à deux ou trois reprises. Quand ce léger mouvement convulsif eut cessé, Salicetti se mit à dire : Il faudrait une législation à part pour les jolies femmes... — *R. D. G.* : Je le croirais volontiers, surtout alors qu'elles sont nourrices. La nature leur donne de grands droits et les autorise à les faire valoir.

Remplacé dans le cabinet du représentant du peuple par le général en chef et son chef d'état-major, l'auteur de ces Mémoires fut témoin dans l'antichambre d'une autre scène amenée par la même cause que celle de madame Gesnelle.

« Hé bien! ma belle, entendis-je dire à cette dernière par madame Nicolas, si vous avez été reçue, comme vous le contez, par notre représentant, jugez comme il va me traiter, moi qui serais votre mère. Je n'ai pas non plus votre minois ni un intéressant poupon comme celui qui est dans vos bras; mais j'ai de bonnes raisons à donner, et ne serai pas embarrassée pour les débiter. — D'abord, citoyen représentant, c'est par là que je vais commencer, qu'entends-tu par ma commune? Il me répondra peut-être que c'est l'endroit où je suis née ou domiciliée d'habitude; je n'en ai pas de commune comme cela, moi. Je suis enfant de troupe ou, comme on dit, de giberne, citoyen représentant, et ma commune c'est le drapeau sous lequel je suis née, puis me suis mariée et ai toujours vécu avec un brave homme qui, de simple soldat, est devenu général de brigade, par la protection de son épée pour toute intrigue. Cherche à présent, citoyen représentant, ce qu'est devenu le régiment de Médoc depuis l'amalgame, et tu sauras la demi-brigade qui est ma commune... Si tu ne le sais pas, elle est dans la division Masséna; c'est encore ma commune, si tu veux; puis ma commune, enfin, c'est là où commande mon mari... Salicetti va faire de vilaines grimaces en m'écoutant; mais il n'a pas un mot à me répondre, à moins de battre la campagne. »

Il sera ultérieurement question du général Nicolas et de son épouse, dans une circonstance qui offrira un nouvel exemple de la puissance arbitraire des représentants du peuple près les armées.

De retour à Antibes, voici un des premiers actes que je rédigeai au nom des officiers de santé en chef des hôpitaux.

« Au citoyen Bernardi, agent national de la commune. — Antibes, le 7 messidor an II (1794). Citoyen, le commissaire des guerres de la place vient de nous apprendre que tu lui as écrit relativement à l'inhumation des militaires morts dans nos hôpitaux, pour te plaindre que l'on ne faisait point les fosses assez profondes.

« Nous nous sommes assurés, au contraire, que les inhumations des militaires sont faites conformément à l'instruction du conseil de santé, du 21 juillet 1793, et que les cadavres sont en conséquence déposés à 4 pieds au-dessous du niveau du sol.

« Nous avons à nous plaindre du fossoyeur de la commune, qui enterre superficiellement les autres morts, et nous demandons qu'il ait à se conformer à ce qui est prescrit pour les militaires. »

L'armée d'Italie recevait des renforts , et par conséquent les malades augmentaient. Dans l'intention de les maintenir peu éloignés de leurs drapeaux, on examina s'il serait possible d'établir un hôpital dans le village de Valory, à deux heures et demie de marche d'Antibes, et voici le rapport que nous adressâmes à ce sujet à l'ordonnateur en chef de l'armée et à celui de la 8e division militaire :

« L'ancien château seigneurial des bénédictins de Lerins (1), devenu propriété nationale, et acquis par le citoyen Lisnard, est le seul emplacement qui puisse offrir dans la commune de Valory quelques facilités pour l'établissement d'un hôpital militaire.

« C'est un bâtiment très-solide, régulièrement carré, flanqué de quatre tourelles, avec cour, rez-de-chaussée, et deux étages divisés en plusieurs pièces par des murailles épaisses. L'ensemble de l'édifice peut contenir soixante lits (2).

« Le rez-de-chaussée, y compris l'ancienne cha-

---

(1) Le monastère de Lerins, fondé vers 410 par S. Honorat, archevêque d'Arles, a servi d'asile pendant des siècles à de studieux religieux qui ont rendu de grands services aux lettres, en conservant et copiant avec le plus grand soin des manuscrits très-précieux.

(2) Un lit servait presque toujours alors à deux malades.

pelle dans laquelle ou a établi un pressoir pour faire de l'huile, ne peut être utilisé à moins de dépenses énormes.

« La situation particulière de cet édifice, de même que celle de la commune tout entière, offre une position agréable et salubre.

« Cependant il faut faire observer que l'eau est peu abondante. Il n'y a en effet à Valory qu'une seule fontaine, qui même se tarit régulièrement tous les étés, pendant un mois ou six semaines. On est alors obligé d'aller chercher de l'eau à sept ou huit cents pas de l'ancien château, à une source peu abondante. La commune est en instance contre le nouveau propriétaire qui, suivant un ancien usage et à l'imitation des moines, emploie cette eau à l'irrigation d'une ou plusieurs prairies. Il y a tout lieu de croire que la commune n'élèverait pas la même difficulté pour un établissement national où l'eau serait employée en bien moins grande quantité et d'une manière plus utile.

« L'administration pourrait trouver à se loger commodément; mais il faudrait faire la déduction de quatre lits pour chaque chambre qu'elle occuperait. »

Une épizootie, attaquant les vers à soie, et les ayant presque tous détruits aux environs d'Antibes, et particulièrement dans le village du

Biot et quelques hameaux, avait répandu dans plusieurs habitations une infection qui avait produit de nombreux typhus. J'eus à traiter cette maladie dans la maison de campagne de madame de Leyrac, veuve d'un ancien commandant d'Antibes, femme distinguée, comme sa fille, par les agréments de sa personne et la culture de son esprit. Une jeune femme de chambre, une cuisinière et un homme de service furent également atteints de la même maladie. J'obtins un ordre du directoire du district pour que ceux qui élevaient des vers à soie, eussent à brûler les bâtis en bouleau, ou habitations de ces vers, alors qu'ils étaient encombrés de ces animaux morts.

J'adressai au lieutenant-colonel Berlier, commandant de l'artillerie d'Antibes et dépendances, plusieurs demandes en faveur de vieux canonniers de marine, encore valides, pour qu'ils fussent employés dans les batteries de la côte.

Je m'occupai aussi de la salubrité du parc de l'artillerie, situé très-désavantageusement à l'embouchure de la Brague, petite rivière qui, au lieu d'entrer librement dans la mer, s'infiltre lentement à travers un banc de galets, et forme auparavant des amas d'eaux croupissantes.

D'une autre part, j'avais secondé, par un rapport, les vues de la municipalité d'Antibes

demandant que. les infirmeries des mulets de
l'artillerie fussent déplacées du local qu'elles occupaient au centre de la ville, et fussent établies
dans. les fossés de la. place au nord, et entre le
grand cavalier et le bastion de Rosny, où l'on
trouve une source de très-bonne eau.

Nous avions en outre, et par corvées, d'accord avec les autorités militaires, fait procéder
à l'inhumation d'un grand nombre de chevaux
et. de mulets qui, dans un état plus ou moins
avancé de putréfaction, avaient converti en une
voirie les glacis d'Antibes.

Le général en chef Dumerbion, accompagné
du général Bonaparte, commandant l'artillerie
de l'armée, ayant fait l'inspection des batteries
de la côte, et auxquels je rendis compte de ce
qui vient d'être rappelé, approuvèrent ma sollicitude, et m'en remercièrent.

Je reçus le 21 fructidor, au soir, un ordre des
représentants du peuple Salicetti et Albitte, portant qu'après avoir fait la remise de mon service
à Antibes à un médecin détaché de l'armée,
j'eusse à joindre le grand quartier-général qui
se rendait dans la division Masséna, pour une
opération de guerre des plus importantes.

Après avoir reçu, le 24, mes instructions du
médecin en chef de l'armée, j'allai prendre ma
part d'un grand dîner que le commissaire des

guerres Aubernon donna ce jour-là à Nice, dans l'une des plus magnifiques maisons ou plutôt palais du faubourg de la Croix-de-Marbre. Les convives des deux sexes prenaient le café, debout et au frais, sur de spacieux balcons donnant au nord et sur le grand chemin qui conduit au Var, lorsque nous aperçûmes de loin, et en uniforme de général, Bonaparte mis depuis peu en liberté, et qui s'avançait au grand galop accompagné de son aide-de-camp Junot. Les dames, qui presque toutes étaient Antiboises, leur tendirent les bras en signe d'allégresse et les saluèrent ensuite avec transport d'applaudissements prolongés. Le général qui, à cette époque de sa vie, rendait peu d'hommages aux femmes qui les méritaient le mieux, fut ému et salua ces dames avec cette bonne grace et ce sourire ineffable qu'on lui a connus quand il voulait plaire.

En quittant la compagnie et en lui faisant mes adieux, je prévins que j'allais me rendre chez le général Bonaparte. Celui-ci me reçut fort cordialement, et me dit que l'intérêt que prenaient à son sort les dames que je quittais, l'avait singulièrement touché... « Vous jugez sûrement, monsieur le docteur, que mon arrestation se trouvant liée à une époque et à un système de réaction, cela ressemble tout à fait

à un brevet de terroriste qu'on a voulu me
donner... Qu'a-t-on dit là-dessus dans l'armée ?
— Général, on a cru que les représentants Àl-
bitte et Salicetti... — Vous pouvez dire Salicetti,
car Albitte est un vrai zéro. — On a cru, général, que les représentants qui nous restent à
l'armée ont voulu prendre le contre-pied, et
agir dans un sens opposé à celui que suivaient
si unanimement Robespierre jeune et Ricord
qui, avec raison, avaient en vous une confiance
illimitée, sous le double rapport des opérations militaires et des relations politiques.
— C'est cela; mais il y a encore autre chose.
Quoique Salicetti ne soit pas positivement Corse,
à la manière dont on nous juge ordinairement,
il n'est pas sans rancune, et il est enchanté,
plus que personne au monde, de montrer sa
toute-puissance du moment et par conséquent
d'en abuser. Plus âgé que moi de dix ou douze
ans, et ayant occupé des places importantes avant
que je pusse songer à devenir sous-lieutenant,
il s'est constamment attaché à me faire sentir
son autorité, et à appesantir sur moi sa portion
de tyrannie, surtout à Toulon. Je n'ignorais pas
qu'il redoutait ce qu'il appelait ma témérité,
et moi qui ne l'avais pas apprécié d'assez bonne
heure, je ne craignais pas sa ruse machiavélique,
qui est le seul talent qu'il possède. M. Salicetti,

très-digne représentant du peuple souverain,
n'exigera sûrement pas que je lui tienne compte
de son courage, puisque cette qualité lui est
commune avec presque tous les insulaires, et les
Corses par-dessus tout. Vous savez, comme tout
le monde, qu'en 1793 Paoli a livré la Corse aux
Anglais, ou plutôt a essayé d'en devenir le maître sous leur protectorat. J'étais encore si novice
et tellement fasciné, que loin de croire à cette
fatale et honteuse défection, je signai les remontrances de la municipalité d'Ajaccio contre
le décret de la convention, qui déclarait traîtres
à la république le président du département et
tout à la fois le commandant en chef des gardes
nationales de la Corse. Cette mienne erreur, car
ce ne fut que cela, me rendit plus que suspect
aux commissaires de la convention, et sans
doute à l'instigation de Salicetti, son collègue,
Lacombe-Saint-Michel ne cacha pas l'intention
de me faire arrêter. Ce Saint-Michel, déja ancien
capitaine d'artillerie quand j'entrai dans ce corps,
est un brave et assez bon officier, mais sans
aucune portée politique (1). Aujourd'hui, mou-

____

(1) Voir ce qui est dit, page 184, de Lacombe-Saint-
Michel, que l'auteur de ces Mémoires avait connu à Paris en
1791, 92 et 93, et vu à Antibes en 1794, quand il y dé-
barqua en venant de Corse, où, après des succès, notamment

sieur, les mêmes hommes qui m'ont formellement fait arrêter et très-rudement détenir, et qui ont ordonné l'examen le plus sévère et le plus minutieux de mes papiers de service, et jusqu'à ma correspondance privée et de famille; ces mêmes hommes, MM. Albitte et Salicetti, sont venus, au bout de quinze jours, chanter la palinodie, déclarer qu'ils ne pouvaient se passer de mon concours, et réclamer près du comité de salut public ma mise en liberté! »

Nous en étions là quand on apporta au général un gros paquet de lettres, qu'il me demanda la permission d'aller lire dans une pièce voisine, et il me laissa avec son aide-de-camp, brillant

---

à Calvi, il fut obligé de capituler à Bastia. Lacombe-Saint-Michel, devenu alors d'une grosseur énorme, conservait pourtant sous cette enveloppe beaucoup d'activité. Il nous raconta que, sommé par un parlementaire de la marine anglaise de se rendre, il lui avait répondu qu'il ne se rendrait qu'à la dernière extrémité, et qu'il était loin d'être réduit à ce point. « Je lui ordonnai ensuite, continua-t-il à dire, de s'éloigner promptement, sans quoi j'allais faire couler bas son embarcation à coups de canon. Hé! ce sont des Anglais, ajoutai-je avec chaleur, qui combattent pour la tyrannie contre la liberté!.. — Monsieur représentant, me répondit l'officier parlementaire, en s'éloignant et en portant la main vivement sur son cœur : J'aime aussi la liberté; mais je sers mon pays comme un soldat. »

de jeunesse, de valeur et de loyauté, enfin ce même Junot avec lequel je devais vivre près d'un quart de siècle, uni par les liens d'une tendre amitié, que la mort seule a pu briser.

« Tout ce que tu viens d'entendre est exact, me dit Junot, mais on ne t'a pas tout raconté. Il y a dans la mésintelligence du général avec Salicetti une histoire de femmes, une rivalité... Quoique notre homme ou mon patron fasse l'indifférent sur cet article, il n'est pas plus insensible que nous tous, et il porte après cela en toutes choses son vouloir et son caractère énergiques.

« Nous paraissions être avec nos proconsuls près l'armée dans de bons rapports, quoique un peu mesurés et diplomatiques, quand tout à coup, il y a six semaines, et un matin à quatre heures et demie, nous sommes investis et bloqués dans la maison où tu nous vois. Je dormais profondément, quand on frappa à la porte la plus extérieure, et de proche en proche à celle de ma chambre à coucher. J'ouvre et vois le premier aide-de-camp du général en chef Dumerbion... Tu dois connaître cette espèce d'ingénieur et grand aboyeur de clubs? — *R. D. G.* : Oui, je connais Marais pour un Languedocien spirituel, rusé en contrefaisant de la rondeur, et défendant avec beaucoup d'artifice le patriotisme de l'état-major. — C'est cela, tu le connais bien. Au lieu donc de l'air patelin avec lequel Marais abordait toujours mon général et moi, il avait la figure renversée et affectait un profond chagrin... Je viens, me dit-il, remplir une mission bien pénible pour un officier, car je suis chargé de notifier au général Bonaparte son arrestation. — Et peut-être de la mettre à exécution? — Vraiment oui. — D'abord, es-tu seul? — Non du tout. Aréna entoure la maison avec un piquet de 25 grenadiers. — Tu trouveras bon, étant désarmé, que j'aille au moins les reconnaître; et c'est ce que je fis sans être troublé dans cette opération préliminaire. Je rentrai, pris mon sabre sous mon bras, et dis à Marais : Attends-moi ici et ne bouge pas; je vais prévenir le général de ce qui se passe, et je t'appellerai quand il en sera temps. J'entre, je trouve le général au lit, un livre à la main, et lui annonce ce qui nous arrive. — *Le général :* Je ne m'attendais pas à cela, et n'en suis cependant pas fort surpris. *Junot :* Qu'allons-nous faire? moi, je serais d'avis de filer, et je ne crois pas qu'il soit très-difficile de sortir, même par la porte... D'abord je me chargerais de Marais; ce n'est pas un chien d'arrêt tel que lui, qui peut m'embarrasser beaucoup... Quant à Aréna, c'est à vous de me dire ce que vous voulez que je fasse... —

Le général : Le choix de celui-ci est heureux ; il faut lui laisser faire son chemin (1). — *Junot :* Mais un heureux hasard veut que les hommes aux ordres de l'adjudant-général Aréna soient tirés de l'un des anciens bataillons de la Côte-d'Or, et tout juste de la compagnie dans laquelle j'étais sergent, quand je me suis lié à votre sort devant Toulon.

« Après quelques minutes de réflexion, continuait à raconter Junot, le général me dit : Fais monter Marais pour qu'il m'exhibe ses ordres. Celui-ci, malgré l'humilité de sa démarche, de son ton et de ses paroles, fut fort mal reçu et congédié fort brusquement de la chambre à coucher. Quand nous fûmes seuls, le général m'apprit avec attendrissement que ce qu'il y avait de plus fâcheux pour lui dans son arrestation, c'est que nous allions être séparés l'un de l'autre. Il me supplia de modérer les transports de mon amitié, et me jura que dès qu'il serait en liberté, nous nous réunirions pour ne plus

---

(1) Joseph Aréna et son frère aîné Barthélemy, ainsi que les leurs, passaient, en Corse et à l'armée d'Italie, pour les ennemis des Bonaparte. Joseph Aréna, impliqué, à la fin de 1801, dans une conspiration tramée contre les jours du premier consul, fut décapité à Paris avec Ceracchi, Topino-Lebrun et Demerville.

nous séparer qu'à la mort... Tu auras su, comme toute l'armée, ce que j'ai fait, osé pendant la captivité du général, et comme, malgré mes promesses de modération, je n'ai que trop justifié le nom de la *Tempête* qui me fut donné en entrant au service. »

Le général rentra et dit à l'auteur de ces Mémoires : « Junot vous aura raconté ce qui nous est arrivé. S'il n'a pas parlé de son dévouement pour moi, je dois le proclamer.»

Pendant que le général avait la bonté de me reconduire, j'eus l'honneur de lui dire que j'avais assez récemment vu les membres de sa famille, qui habitaient le château Salin, près d'Antibes. « Pendant plus de quinze jours de suite, je suis régulièrement sorti de la place pour voir, comme malades, et sous la tente, le commandant du parc de siége, M. de Songis, et le commissaire des guerres Boinod. J'ai également donné des soins à un ami de votre famille, récemment arrivé de Corse avec les fièvres tierces. Tous les vôtres, y compris madame votre mère, se portaient très-bien; mais j'ai pourtant eu le bonheur de rendre un petit service à votre charmante sœur Pauline. — En quoi consistait-il, s'il vous plaît? — Faut-il vous le dire, général, elle avait mangé, il y avait peu de temps, la meilleure partie des artichauts naissants du jardin de

M. Baliste (1), et elle venait d'expédier ses figues
bien mûres, quand je la trouvai fuyant devant
ce dernier qui courait à toutes jambes, armé d'un
échalas et proférant des exécrations fort énergiques dans la langue provençale. Cette céleste
enfant trouva un refuge dans mes bras; je la fis
s'échapper; puis faisant face à M. Baliste, nous
nous mîmes d'abord à jouer aux barres, enfin
je m'arrêtai tout à coup, et prenant une attitude
définitivement hostile, je calmai sa fureur. —
Ah! ah! je reconnais bien là cet enfant gâté de
Pauline. »

____

(1) Voyez page 317.

CHAPITRE V.

Suite de 1794.—Le général Bonaparte, en blâmant l'oubli
fatal dans lequel le gouvernement avait laissé les armées
des Alpes et d'Italie, annonce le but de l'expédition prochaine. — Coup d'œil sur la toute petite principauté de
Monaco et ses établissements. — Rencontre de Dumas
de Montpellier et nos entretiens. — Vintimiglia et mon
manteau, et par suite doléances d'un bon Génois. —
Saint-Rème, et rencontre du représentant du peuple
Turreau et de son épouse, du général en chef Dumerbion
et des généraux Kerveguen et Bonaparte, chez le gouverneur génois Spinola. — Discussion sur les croyances
religieuses, dans laquelle le général Bonaparte combat la
représentante tenant pour l'athéisme, et lui impose silence. — Albenga. — Oneille; j'entre en fonction dans
cette place.—Arrivée à Loano le 5ᵉ jour complémentaire
de l'an II (21 septembre 1794). — On apprend le lendemain dans cette ville, avec tous leurs détails, les succès
de nos troupes. — Les représentants rejoignent Nice, et
sont suivis par l'état-major général de l'armée. — Masséna établit son quartier-général à Albenga, et l'ordonnateur Chauvet reste à Loano, au centre de ses grands
établissements et de ses magasins. — Tournées dans la
division; hôpitaux de la Pieve, Ormea et Borgomaro.—
L'auteur de ces Mémoires devient défenseur officieux. —
Excédé de fatigues, il tombe grièvement malade, et est
généreusement reçu par Masséna dans sa maison, et
comblé d'attentions par son état-major. — A peine conva-
lescent, il est appelé, comme médecin en chef, pour

faire partie d'une expédition maritime dont les préparatifs se font à Toulon.

LES dernières paroles du général Bonaparte, dans l'entrevue dont nous venons de rendre compte à la fin du chapitre précédent, furent, à peu de chose près, celles qui suivent : « Par un aveuglement inconcevable, le gouvernement a négligé les armées des Alpes et d'Italie à un tel point qu'il n'a laissé aux généraux qui les commandent aucuns moyens de rien entreprendre, et les a réduits à une faible et honteuse défensive. On ne s'est occupé avec intelligence et avec suite que des frontières de l'Espagne et de celles du nord de la France. Depuis notre combat du col de Tende et de la Briga, et ceux de la vallée d'Aoste et en avant du petit Saint-Bernard, et sauf la prise de deux ou trois villages, notre armée d'Italie est restée dans l'inaction. Il faut pourtant regarder, du côté de la Méditerranée, comme un fait d'armes très-honorable, celui par lequel la seule garnison de Loano a mis, le 3 juillet, en fuite 4,000 Piémontais, et les a poursuivis jusqu'à la Pietra, d'où elle les a chassés.

« La coalition, qui apprécie mieux que nos gouvernants l'importance de la guerre en Italie, fait les plus grands efforts pour obtenir des succès, et elle nous oppose, avec des troupes la plupart d'élite, ses meilleurs généraux.

« Le général Wallis, qui avait d'abord pris position entre Final et Acqui, s'est avancé, comme nous lui en avions donné l'exemple en avril dernier, sur le territoire de Gênes, et a menacé de s'emparer de Savone. Les Génois sont entièrement hors d'état de faire respecter la neutralité de leur république. C'est un état ouvert au plus fort, et qui, s'il pouvait offrir quelque secours, ne les donnerait encore qu'à ceux qu'il présumerait devoir devenir les plus forts. C'est sur le territoire de la sérénissime république que nous allons chercher et prévenir les Austro-Sardes... Adieu et au prochain revoir, monsieur le docteur... Je fais partir demain matin, et à la pointe du jour, une ordonnance pour Loano, et j'annoncerai votre prochaine arrivée à Chauvet, qui en sera réjoui. »

L'auteur de ces Mémoires partit aussi de Nice, le lendemain matin, pour Loano, où il avait l'ordre de se rendre ; il suivit le chemin de la corniche, et passa en conséquence par Monaco, Menton, Vingtimiglia, Saint-Rème, Oneille, Albinga.

La principauté de Monaco, réunie au département des Alpes-Maritimes par un décret de la convention, est un petit état situé au levant et à 4 lieues de Nice ; son étendue est de deux

lieues de longueur sur trois quarts de largeur.
Il compte deux villes, Monaco, Menton, et le
village de Roquebrune. Sa population était d'environ 7,000 habitants en 1794.

Monaco, désigné dans l'antiquité sous le nom
de *Portus Herculis Monœci* (1), est une petite ville
fortifiée, régulière et agréable, dont la population ne dépasse guère douze cents habitants.
Elle est bâtie sur un rocher qui s'avance dans
la mer, et elle en est presque environnée. Au
levant et sous les murs, on trouve un port naturel, mais peu sûr et peu fréquenté. Monaco,
exposé à tous les vents qui se disputent l'empire
de la mer, est cependant abrité au nord par la
montagne et le village de la Turbie, où l'on voit
encore les ruines d'un arc de triomphe élevé en
l'honneur d'Auguste.

Le vaste et beau palais du prince recevait
très-commodément 500 malades, et offrait encore des logements aux administrateurs du district et à leurs employés, ainsi qu'à nos officiers

---

(1) Virgile nous peint, au VIe livre de l'Énéide, Jules-
César quittant les Gaules, et descendant comme un torrent,
des hauteurs de la Turbie, pour venir en Italie disputer à
Pompée l'empire de Rome et du monde.

Aggeribus socer Alpinis atque arce Monœci
Descendens ; gener adversis instructus Eois.

de santé, à un directeur et à ses commis et infirmiers. Plusieurs magasins étaient en outre
établis dans le même palais.

Roquebrune est un village peu remarquable
situé dans les terres entre Monaco et Menton.

Cette dernière ville, dont la mer baigne les
murs, est située dans une position très-agréable.
A une petite distance, au levant et le long du
rivage, on voit des masses imposantes de rochers
sillonnés par les eaux et de cette belle teinte
chaude et rougeâtre que l'on retrouve souvent
dans les tableaux des grands paysagistes. Il a été
déja parlé de ces beaux rochers (page 274) à
l'occasion du jeune duc de Montpensier. Au
couchant, sont les vastes et délicieux jardins de
Carnolet, jolie maison de plaisance des princes
de Monaco. La végétation est la même que dans
les environs de Nice; les orangers, les citronniers
et les cédrats sont encore plus multipliés à Menton. La population de cette ville est de 4,500
à 5,000 habitants. De même qu'à Monaco, les
femmes y sont d'une beauté remarquable, et
on retrouve dans leurs ajustements un reste de
cette simplicité antique, si favorable au développement des graces.

Nous avions à Menton des hôpitaux en état
de recevoir 350 malades. Le service médical en
était confié au docteur Richelmi, ancien méde-

cin pensionné de la ville, né dans ses murs, et
à Dumas, un moment proscrit comme Lyonnais, et qui, des emplois les plus subalternes
dans les hôpitaux de la marine, avait été
accueilli dans les nôtres avec l'empressement
que devaient inspirer ses talents et sa réputation, car il en eut une de très-bonne heure et
la mérita.

Le professeur Dumas était très-commodément
et même magnifiquement logé dans la plus belle
et la plus délicieuse maison de Menton, qui eût
sûrement porté le nom de palais, si elle eût été la
propriété d'un patricien, au lieu d'être celle d'un
négociant. La maîtresse de la maison, femme
agréable et fort bien élevée, était née à Marseille dans le haut commerce, et faisait très-bien
les honneurs chez elle. Le mari, malade de langueur, recevait jour et nuit, comme j'en fus
témoin, les soins de Dumas. Celui-ci, comptant
avec raison sur l'attachement de ses hôtes, me
conduisit à son logement, où je fus très-bien
reçu et où l'on me donna avec un souper délicat,
un petit appartement très-frais et très-élégant
avec une vue sur un jardin en terrasses naturelles
ou à mi-côte, et dominant la mer. Dumas, qui
me félicita de bon cœur sur ma position présente,
me raconta tout ce qu'il avait éprouvé de chagrins, et les dangers qu'il avait courus comme

Lyonnais. Idolâtre de sa patrie et de la liberté, républicain sincère, en un mot, il eût dit volontiers, comme Vergniaud : « La révolution ressemble à Saturne, et comme lui elle dévore ses enfants. » J'exposai à mon tour à Dumas ce que je pensais du genre de liberté auquel nous paraissions destinés, et lui affirmai que depuis que je vivais avec les hommes de l'autorité, je n'avais guère découvert en eux qu'une insatiable ambition, plus ou moins bien déguisée sous les couleurs du patriotisme. « Vous m'attristez par l'assurance avec laquelle vous me dites des choses désespérantes, et cependant vous m'ouvrez les yeux dans ce moment. Vous rappelez-vous notre Goguet?—Je ne l'oublierai jamais. — Hé bien, le voilà général! Il passe à Lyon, et je vole dans ses bras. Il me reçoit avec une froideur digniteuse, me fait des plaisanteries assez fades sur la médecine et les médecins, et me dit tout franchement qu'il ne conçoit pas qu'un homme, qui se sent quelques talents, puisse embrasser et surtout exercer une profession d'aussi bas aloi que la nôtre. Comment trouvez-vous ce langage? — Il ne me cause aucune surprise. L'homme dont nous parlons est un des plus grands sycophantes que j'aie rencontrés en courant le monde. Au physique, il ressemble étonnamment à Cromwell; au moral, il a son audace, sa férocité, son hypocrisie et probablement plus de talents (1). »

Nous parlâmes des heures entières d'une infinité de choses; mais Dumas, déplacé par sa position, et tout à fait hors de sa sphère, revenait toujours à Montpellier, et pressentait avec raison que cette antique et célèbre école serait un jour le théâtre de sa gloire. Cet excellent homme exprima tous les vœux qu'il formait pour la prospérité de l'auteur de ces Mémoires, et celui-ci lui dit avec franchise : « Pour moi, je n'ai qu'un but, c'est d'acquérir la réputation d'un bon médecin militaire, et je serais bien malheureux si le zèle qui m'anime n'était pas payé par quelques succès. »

En traversant à Vintimiglia le pont jeté sur la Roia et près de son embouchure dans la

---

(1) Goguet fut tué d'un coup de fusil, en 1793 ou 94, devant Maubeuge par un volontaire du département de l'Hérault, qu'il avait frappé à coups de canne. Les uns ont dit que c'était un fuyard que le général voulait ramener. Cette version a trouvé des contradicteurs. Quoi qu'il en soit, en consultant les pages 68, 69, 70, 71, 85, 106 et 120, on voit que tous les biographes ne se sont pas assez étendus sur le compte de Goguet qui, s'il ne fût pas mort avant 30 ans, eût, comme nous l'avons dit au chapitre II, indubitablement occupé une grande place dans l'histoire de notre révolution.

mer, je fus abordé par un homme assez bien vêtu, qui s'approcha de moi en tâtant l'étoffe de mon manteau, et en me demandant si je voulais le lui vendre, à cause de la facilité, me dit-il, avec laquelle je pouvais m'en procurer un autre à bon marché. « Pour qui me prenez-vous, seigneur génois, lui dis-je en italien? est-ce que j'ai quelque chose qui puisse vous faire croire que je suis un fripier, et que j'escamote des manteaux?... Ne seriez-vous pas juif? Mais j'oubliais qu'il n'y en a pas dans les états de Gênes où, malgré tous leurs talents connus, ils ont trouvé des maîtres. » Notre homme se mit alors à me faire des questions sur le mouvement insolite de généraux et d'officiers supérieurs qu'il voyait passer journellement... Ah! disait-il, il est bien à craindre qu'ils n'aillent se battre avec les Autrichiens pour se disputer la possession de Savone, dont la citadelle est l'un des premiers boulevards de notre pauvre république... — Dites de notre superbe république, mauvais citoyen. — Tout au contraire, je porte ma patrie dans mon cœur. Combien j'ai souffert quand vos troupes ont violé notre territoire pour marcher sur Oneille qui, à la vérité, avait provoqué son sort! —Il n'y a point eu de viol. Comme vous me paraissez plutôt un homme politique qu'un traficant en manteaux, je vais vous rappeler avec exactitude ce qui s'est passé dans cette occasion entre votre sérénissime république et la nôtre, une et indivisible. Notre gouvernement, n'ayant pu obtenir du vôtre le passage indispensable pour l'exécution de ses projets, les commissaires de la convention ont décidé de passer outre ou de marcher en avant. Une proclamation, que vous avez dû lire, a fait connaître que la présence de nos troupes ne devait en aucune sorte inquiéter les Génois. « Les Français, vous disait-on, en guerre avec les tyrans seuls, sont les amis des peuples. Les Génois trouveront dans chaque défenseur de la liberté un frère, un ami ardent et sincère, comme chaque Français espère trouver en eux des hôtes bienveillants et humains. » — Cela est vrai, j'ai lu tout cela ; mais que faut-il en croire ? — Ce que vous voudrez. — Il n'en est pas moins vrai que ce fut un grand crève-cœur, quand une espèce de général corse, oui un Corse, que l'on nous a dit s'appeler Joseph Aréna, entra seul au galop dans Vintimiglia, annonçant le passage d'une formidable colonne de vos Français. Le commandant du fort sous lequel vous venez de passer se précipita vers ce téméraire de Corse... *Signor generale*, lui dit-il les larmes aux yeux, arrêtez un moment, et donnez-moi le temps de faire tirer un coup de canon à pou-

dre per saluar l'onore della nostra republica...
Et lui, le Corse : Gardez-vous-en bien, à moins
que vous ne vouliez voir Vintimiglia pillé et
brûlé dans trois-quarts d'heure. — Il faut nous
quitter, seigneur Génois, me mis-je à dire,
parce que je dois presser un peu le pas. Je vous
ai reconnu pour un bon patriote, et quoique je
ne sois pas curieux, je vous soupçonne d'être
tout autre chose qu'un connaisseur en étoffes.
— Que croyez-vous enfin que je sois, seigneur
cavalier ? — D'abord, *un benestante ed homo di
garbo*, puis, comme profession, si vous en avez
une, maître d'école ou greffier. — Vous avez
raison, car je suis l'un et l'autre.

Arrivé à Saint-Rème, petite ville assez agréable et riche par son territoire et l'industrie
de ses habitants, je fus invité à un grand et
somptueux souper chez le gouverneur Spinola,
qui, comme presque tous les nobles Génois,
exerçait, de la manière la plus paternelle, l'autorité dont il était revêtu. La maison du gouverneur de Saint-Rème était tenue avec une
grande magnificence qui n'effaroucha cependant
point nos républicains, qui firent volontiers et
temporairement trève avec l'aristocratie génoise.
Je trouvai donc à ce souper le représentant du
peuple Turreau et son épouse, l'une des plus
belles et des plus spirituelles femmes de cette

époque. Fille d'un chirurgien de la cour, elle était née et avait été élevée à Versailles, où elle avait brillé comme demoiselle, et dès l'âge de quinze ans, sous le nom de la belle Félicité Gauthier. Le député et mari indulgent que nous venons de nommer, et qui siégeait d'ailleurs à la Montagne, inspirait, par son ton et son extérieur, à ceux qui ne le connaissaient pas de la retenue et de la crainte. Il se trouvait alors chargé de l'adjudication des oliviers ou plutôt de leurs produits, provenant des domaines du roi de Sardaigne dans les territoires nouvellement conquis par nos armes. Cette opération financière eût pu être très-lucrative pour le représentant; mais il n'en fut rien, et nous avons su positivement, par des fabricants de savon devenus adjudicataires, que leurs propositions de pots de vin pour monsieur ou d'épingles pour madame furent repoussées avec délicatesse. Les convives les plus distingués, après le proconsul et sa moitié, étaient le général en chef Dumerbion, son chef d'état-major, le général Kerveguen, et le général Bonaparte, qui avait repris, lors de sa mise en liberté, le commandement en chef de l'artillerie de l'armée. Après avoir parlé de beaucoup de choses, entre autres du 9 thermidor, et des suites du moment, et de celles qu'il était facile de prévoir comme conséquences inévita-

bles, la conversation se porta assez brusquement
ou sans transition sur l'importance politique
des croyances religieuses, sujet assez inconvenant à traiter devant des Italiens et des ecclésiastiques de distinction. Tant est-il que madame
Turreau fit avec une incroyable légèreté l'apologie de l'athéisme, et soutint ensuite assez
vivement contre les remarques et les objections
du général Bonaparte, que cette doctrine, loin
d'être antisociale, comme quelques-uns le prétendaient, pouvait contribuer au bonheur des
nations. L'artillerie fit un feu si vif et si soutenu,
que la belle représentante fut réduite au silence;
ce qui amusa beaucoup les spectateurs, y compris le député de l'Yonne, son mari. Le gouverneur de Saint-Rème prétendit que madame
Turreau n'avait voulu que faire briller son esprit,
et qu'il était impossible d'en montrer davantage,
en soutenant à plaisir un paradoxe. Les expressions galantes du noble Génois eurent l'assentiment des ecclésiastiques présents, qui parurent
absoudre madame Turreau, qui n'avait, au bout
du compte, fait que répéter ce qu'avait récemment écrit Condorcet sur l'athéisme considéré
politiquement. Dans sa réfutation animée, le
général Bonaparte dit, et bien m'en souvient :
« Quand le déisme et les religions diverses qui
en découlent seraient des erreurs, il est des illu-

24.

sions que l'on doit respecter, et sans lesquelles on ne parviendra jamais à conduire les peuples.»

Oneille, à mon passage, était dans un état tel que l'on eût pu croire que les terribles événements du 23 et du 24 novembre 1792 avaient eu lieu quinze jours auparavant. On sait que l'amiral Truguet avait d'abord criblé cette ville à coups de canon, et qu'il en avoit ordonné le sac, pour tirer vengeance de l'assassinat traîtreusement commis sur les parlementaires de son escadre. Je reviendrai souvent sur Oneille, dont la population, sans compter toutefois la garnison, était réduite à quinze cents habitants, et autant de malades ou d'employés des diverses administrations de l'armée.

Albenga, dont je parlerai souvent, est une ville épiscopale qui renferme beaucoup de monastères, et dont la population est d'environ 3,500 habitants. Son territoire est infertile, marécageux et malsain.

Loano, mieux situé et bien percé, est plus peuplé, bien bâti et beaucoup plus riche. Arrivé dans cette ville le dernier jour complémentaire, j'appris le lendemain les succès éclatants que nos troupes avaient obtenus la veille à Cairo.

Le général Dumerbion, ayant réuni toutes les forces disséminées de la division Masséna, marchait depuis soixante-douze heures contre les

Autrichiens. Leur général Colloredo occupait
Carcare et une partie de la vallée de la Bormida ;
le général Mercy-Argenteau était à Mondovi ; une
réserve placée vers Dego devait appuyer les deux
premières. Notre armée attaqua, le 19 septembre,
tout ce front des Autrichiens, en inquiétant seulement la division Mercy-Argenteau, pour agir
avec plus d'énergie sur celle de Colloredo. La
position de Saint-Jacques, qui sépare la vallée
de la Bormida du littoral de Final et de Savone,
fut d'abord emportée, et peu après les Autrichiens s'empressèrent d'évacuer les villages de
Bormida, Mallere, Pallere, Altare et le plateau
de Carcare, pour se retirer sous le château de
Cossaria, au-dessus de Millésimo. Les Autrichiens, talonnés de près, marchèrent dans la
nuit du 20 au 21 sur Dego, pour se réunir à la
réserve commandée par le général Wallis.

Le général en chef Dumerbion, au moyen
d'une marche très-précipitée, atteignit les Autrichiens en avant du bourg de Cairo près de Savone, les attaqua vivement et les força, au bout
d'une heure et demie, à une prompte retraite,
les rejeta sur Acqui et leur fit perdre mille ou
douze cents hommes en tués, blessés et prisonniers.

Le général Bonaparte, qui ne quittait pas un
instant le général en chef, fut l'ame de cette

expédition, encore qu'il eût tout à fait l'air de servir comme un simple volontaire.

Le général Dumerbion, qui eut le bonheur de terminer sa longue carrière par cette brillante affaire, donna, dans le rapport qu'il adressa à ce sujet au comité de salut public, les éloges les plus justement mérités, au général de division Masséna, et aux généraux de brigade La Harpe, et Cervoni.

J'avais trouvé, en arrivant à Loano, une lettre de l'ordonnateur Chauvet qui avait suivi l'état-major-général. Ce jeune et habile administrateur, que je ne connaissais point personnellement, me témoignait la confiance la plus illimitée, et m'assurait du concours empressé de ses sous-ordres pendant son absence, qui ne devait pas durer plus de soixante-douze heures.

Un bataillon venait d'être envoyé dans le grand hôpital de Loano, vaste et magnifique couvent, pour s'y loger; ce qui causait un désordre inévitable, et nous menaçait d'un encombrement qui ne pouvait être que nuisible pour les malades comme pour les hommes sains. Croyant devoir réclamer contre cette mesure, j'avais été trouver le commandant de la place, le chef de brigade Lafont qui, je crois, était belge; ou, s'il ne l'était pas, il portait une de ces belles et bonnes figures avec une moustache

rouge et bien garnie, telles qu'en a souvent re-
tracé le pinceau de Van-Dyck. Nous ne pouvions nous accorder, le commandant et moi,
quand nous entendîmes dans la grande rue un
mouvement de chevaux au grand galop, qui
nous fit mettre la tête à la fenêtre et nous permit
de voir les députés Salicetti et Albitte, en grand
costume, et qui s'avançaient vers le point où
nous étions. Nous allons, mon cher commandant, dis-je alors, soumettre notre différend
aux représentants qui décideront entre nous.
— Volontiers, mon cher docteur.

Citoyens représentants, leur dit le commandant de la place, en les abordant avec un
profond respect et les saluant de son épée qu'il
avait à la main : « Vive la république française
une, indivisible et triomphante! Vivent ses dignes représentants, et vive à jamais l'armée
d'Italie! à bas les Austro-Sardes et tous les suppôts de la tyrannie... — *R. D. G.* : Vivent la
république, ses représentants et l'armée d'Italie!
mais nous avons une petite querelle à vider,
le commandant et moi, quoique nous soyons
bons amis depuis vingt-quatre heures que nous
nous connaissons.

L'auteur de ces Mémoires exposa alors l'affaire
en question, et la gagna complétement. Le colonel Lafont, qui écoutait la bouche béante.

témoigna par un signe de tête qu'il se soumet-
tait avec résignation au jugement suprême.
Albitte, se dessinant alors héroïquement sur son
cheval de bataille, se mit à dire : « Les locaux
propres à recevoir des troupes et à leur donner
un abri momentané, comme lorsqu'elles sont
en route et dans le cas présent, ne doivent pas
être rares... Il doit y avoir ici plus d'un couvent?
— *Le commandant :* Oui, représentant, mais
ils sont tous pris. — Encore doit-il y avoir des
temples? — Non pas que je sache. — Je veux
dire des églises. — Cela ne manque pas, car c'est
un pays de superstitieux. — Hé bien! mon cher
commandant, prends les temples ou les églises,
si tu veux les appeler de la sorte, et apprends
aux habitants de ces contrées malheureuses et
fanatisées, que l'humanité est l'encens le plus
digne de la Divinité... » Albitte allait repartir au
galop, quand son collègue Salicetti me fit signe
de m'approcher de lui; il se baissa pour me
parler à l'oreille, et me dit alors : « Sait-on le
nombre de nos blessés? — Pas encore. — Il est
bon de prévenir que nous écrivons au comité
de salut public, que nous n'avons eu à Cairo
qu'environ 500 hommes mis hors de combat. »

L'ordonnateur Chauvet, âgé de vingt-quatre à
vingt-sept ans, tout au plus, plein d'esprit et d'activité, ne dormait ni jour ni nuit, et eût fatigué

une douzaine de secrétaires. Partisan et même
défenseur de la constitution de 1791, Chauvet,
pour faire oublier ses opinions, ainsi que l'élégance de sa mise et de ses manières, était habituellement très-mal vêtu, portait dans les rues et
en fonctions plus souvent des pantoufles que des
souliers ou des bottes, et il était d'ordinaire recouvert de l'une de ces redingotes que l'on nommait alors des roupes, et dans le Midi des faqui-
nes. Sa coiffure était quelquefois un mouchoir, et
cependant plus souvent une mauvaise casquette.
Notre ordonnateur était dans cet accoutrement,
quand, pour l'arracher au travail, je lui con-
seillai, comme une promenade d'ailleurs agréable, de venir visiter l'hôpital que j'avais défendu
la veille contre le commandant de la place, et
dont je l'avais forcé de lever le siége. Nous nous
acheminions vers ce bel établissement, lorsque
Chauvet, toujours plein de son métier, aperçut
sur une pelouse desséchée une cinquantaine de
mulets au piquet et sans aucune espèce de four-
rage. « Haut le pied ! dit-il à celui qui les gardait,
avance et viens me parler. Celui-ci se met en
marche et s'approche... Voici quelque chose de
bien singulier, cher docteur, je me trompe fort,
ou l'hommme auquel je viens de parler si inci-
vilement (*R. D. G.* : mais très-civiquement) est
un personnage distingué, et qui a droit à mes

respects... C'est l'ancien directeur de l'école de Tournon, dans laquelle j'ai été élevé. Quoi, mon père, c'est vous? — Oui, monsieur, et vous voyez que les temps sont bien changés...—Mais vous trouvez un élève reconnaissant, et qui peut beaucoup... Peut-être ignorez-vous ma position actuelle? — Oui, monsieur. — Hé bien! je suis le chef de l'administration; que désirez-vous de moi?— Monsieur, j'attends de vous un service, et le réclame avec confiance de votre bon cœur que j'ai apprécié de bonne heure; c'est de me laisser dans l'obscurité qui m'a sauvé, et dans laquelle j'ai pris l'habitude de vivre. »

Nous philosophions sur ce qui venait de se passer, quand nous nous mîmes à gravir la belle rampe qui conduit à l'hôpital, et comme on m'aperçut de loin, on se mit à sonner la cloche qui annonçait ma visite, et avertissait un chirurgien, un pharmacien, tous deux de troisième classe, un infirmier-major et un sous-officier de planton de venir me suivre. « *Chauvet* : Tu mets les choses sur un bon pied, car je n'ai pas vu que cela se fît auparavant de la sorte. — *R. D. G.* : C'est l'exécution pure et simple de nos réglements. — *Chauvet* : Tu parais aussi mettre du prix à la tenue? — *R. D. G.* : Sans doute, d'abord parce qu'elle est ordonnée, et qu'elle annonce aux malades les égards et je dirais vo-

lontiers les respects que nous leur devons. —
Chauvet : Pendant que tu vas faire ton métier,
je vais faire le mien... As-tu besoin que je demande ou que j'ordonne quelque chose? — *R.
D. G. :* Vraiment oui, je voudrais bien, par
exemple, que l'on mît des châssis aux fenêtres
d'une immense salle qui est tout à jour... Voilà
un menuisier génois qui s'en occupe; mais on
vient le distraire à chaque instant de ce travail...
— *Chauvet* : Menuisier, ici, *presto.*» Celui-ci, qui
était en veste, une scie à la main, et coiffé d'un
bonnet de laine ou de coton rouge et blanc,
couleurs de sa république, s'approche à trois
pas de l'ordonnateur, en négligé. Chauvet, s'of-
fensant de ce qu'il prend pour une familiarité
indécente, se dessine avec hauteur, arrache le
couvre-chef du menuisier, et le jette avec mépris
à quelques pas... « *Dove è l'eguglianza?* s'écrie
douloureusement le décoiffé. — *Chauvet :* Que
dit-il? — *R. D. G. :* Une chose assez plaisante,
il demande où est l'égalité... — *Chauvet :* Elle est
partout pour nous autres; mais non pas pour
de f.... Génois, et surtout les ouvriers.

Comme il est extrêmement utile de bien connaître les établissements sur lesquels on exerce
une direction quelconque, je me rendis successivement dans nos hôpitaux de la Pieve, d'Ormea et
de Borgomaro, éloignés du littoral, des premiers

chefs et de nos grandes ressources, et exigeant
par conséquent une surveillance plus active.

La Pieve est une petite ville de l'état de Gênes
située dans un heureux et riche territoire. L'hôpital établi dans cette place pour le service de
l'armée est un ancien couvent recevant environ 125 malades, nombre qui peut être porté
facilement à 150, en éloignant un magasin de
vivres assez gênant, et qui se trouve au rez-de-
chaussée. Cet hôpital évacue directement sur
Oneille, qui est à huit lieues ou huit heures de
distance, en attendant que l'établissement intermédiaire de Borgomaro soit achevé.

Ormea, très-petite ville et chef-lieu du mar-
quisat de ce nom, au penchant sud-est des Alpes
et sur le Tanaro, l'un des affluents du Pô, avait
dans son château un hôpital renfermant 150
malades, qui y étaient assez commodément.

Un arrêté des représentants du peuple près
l'armée venait d'ordonner la destruction des
fortifications d'Ormea, et, le 12, il était arrivé
une compagnie de mineurs pour exécuter cet
ordre. On se promènerait déja sur les ruines du
château, si la translation de l'hôpital sur la manufacture des draps n'eût pas exigé quelques
temporisations. Le nouvel établissement, qui est
très-vaste et bien aéré, mais un peu humide, est
fort connu dans l'histoire de l'industrie. On y

trouva, lors de la prise d'Ormea, une immense quantité de draps bleus, blancs et rouges. Un bon nombre d'émigrés toulonnais confectionnaient ces étoffes tricolores, et on nous fit voir d'ingénieuses mécaniques par lesquelles nos malheureux compatriotes avaient payé l'hospitalité étrangère.

L'hôpital d'Ormea reçoit surtout les malades de l'extrême avant-poste de Garregio, où se trouve, aux ordres du général de division Gentili, militaire et administrateur également distingué, un camp nombreux et d'élite assis sur un mauvais terrain.

Arrivé à Borgomaro le 14 vendémiaire au soir (5 octobre 1794), j'en repartis le lendemain, après avoir remis la note qui suit à l'agent national Pierragi, séant dans le conseil de la commune extraordinairement assemblé pour cette communication.

« L'autorité supérieure a décidé qu'il serait formé à Borgomaro, dans l'ancien hospice civil, un dépôt de trente lits pour recevoir les évacuations dirigées de la Pieve sur Oneille. Nous sommes d'accord sur la convenance du local; et des employés, accompagnés de fournitures suffisantes, vont arriver ici d'un jour à l'autre.

« Cependant il résulte des observations que j'ai faites ce matin, qu'il existe près du lieu où nous formons le dépôt, un foyer de méphitisme, aussi insupportable à l'odorat que dangereux pour les hommes sains et malades. D'après les déclarations du curé, du médecin pensionné de cette commune, et enfin du fossoyeur que j'ai requis de m'accompagner dans cette perquisition, j'ai appris que l'infection dont je me plains est due au peu de soin ou mieux à l'insouciance avec laquelle on a enterré, dans le caveau de la chapelle dite Oratoire, une cinquantaine de cadavres à la suite d'une épidémie de fièvres qui m'ont été désignées sous la dénomination de *putrides pétéchiales*.

« Nos lois sanitaires, citoyen agent national, de même que celles des peuples les plus éclairés, ont proscrit l'usage d'enterrer dans les temples et même dans l'enceinte des villes. Une coutume aussi dangereuse n'a été inventée que par des hommes dont l'orgueil voulait encore des distinctions jusque dans la poussière des tombeaux.

« Enfin, citoyen agent national, je te prie et requiers, s'il en est besoin, de donner les ordres les plus positifs dans ton arrondissement, pour que 1° l'on cesse d'enterrer les morts dans les églises et dans l'enceinte des communes; 2° pour que l'on comble et scelle avec exactitude, et avec du mortier fait de chaux et de sable, le caveau

de l'Oratoire; 3° enfin pour que l'on établisse un
nouveau cimetière à Borgomaro dans une position que j'ai déterminée au nord de la commune.
Signé *R. D. G.* »

Je pris la route d'Oneille, où ma présence fut
utile, car l'encombrement des malades augmentait de jour en jour, et ils se trouvaient alors
portés à 1,200, ce qui dépassait de 350 le nombre
convenable.

Oneille se trouvait placé sous un régime en quelque sorte exceptionnel, et sous l'autorité spéciale
et immédiate d'un agent supérieur national, ou
vice-représentant, investi des plus grands pouvoirs par Riccord et Robespierre jeune, sur la
recommandation de Salicetti. Ce haut fonctionnaire était un ex-patricien de Florence et chevalier de l'ordre de Saint-Étienne, nommé
Philippe Buonarotti, de la famille du grand
homme, au demeurant naturalisé Français par
un décret de la convention (1).

---

(1) J'apprends, au moment où je trace ces souvenirs,
que celui dont il est ici question, est vivant et même habite
Paris ou ses environs. Quoique je sache, à cause de mes
relations intimes, en Italie, avec les plus proches parents
du cavalier Philippe, beaucoup de particularités probablement ignorées, je dois m'arrêter. Je n'écris point la vie des
hommes existants, et surtout de ceux qui appartiendront à
l'histoire.

Six semaines après la révolution du 9 thermidor an II (27 juillet 1794), Buonarotti fut arrêté à Oneille, comme terroriste, et traduit dans les prisons de Paris, où il resta étroitement gardé jusqu'au 13 vendémiaire an IV (18 octobre 1795).

Pendant le séjour de Buonarotti à Oneille, il voyait journellement [monsieur et madame Nicolas (1). Le général commandait la place et ses dépendances. Soldat d'une grande valeur, d'un sens droit, mais de peu d'instruction, il ne portait dans ses relations avec l'agent national supérieur que beaucoup de loyauté réunie à une gaieté presque inaltérable. Monsieur et madame Nicolas étaient donc accessibles, officieux, enfin de bonnes gens. Un jour la conversation entre Buonarotti et le général tomba sur la prééminence de l'ordre civil sur le militaire. « *Cedant arma togæ* ,» disait le Florentin, et il développait avec chaleur et avec beaucoup d'érudition cette maxime fondamentale des républiques de tous les temps... Le général se contentait de rire très-fort, et madame Nicolas en faisait autant. Je te prouverai, au reste, quand tu voudras, dit le général à l'agent national, que, malgré toute ton autorité civile, je te ferai facilement venir à l'or-

---

(1) Voyez la page 345.

dre. — Tu t'égares, général. — Point du tout, et nous n'en sommes pas moins et n'en serions pas moins amis pour cela. »

Le lendemain au matin, entre neuf et dix heures, le général appelle un planton. « Va-t'en, camarade, dire à l'agent national que j'ai besoin de lui parler, que je l'attends, et tu me l'amèneras. — *Le sergent :* C'est entendu, mon général, le faire venir, l'amener, l'agent national, le citoyen *Bon à rôtir.* — Oui. » *Le planton s'adressant à l'agent :* « Citoyen, avec le respect que je vous dois, je viens vous dire de venir parler au général. — *L'agent :* Tu te trompes. — Pas du tout; car il m'a dit de vous amener en cas de refus, et j'ai quatre hommes avec moi. — Pas possible : au reste, attends-moi ici. » Buonarotti passe dans une pièce voisine, revient en costume, et portant en sautoir et suspendue à un ruban tricolore une médaille avec cette inscription : Obéissance à la loi. « Soldats, se mit-il alors à dire, aveugles instruments du despotisme militaire, retirez-vous. — *Le sergent :* Je ne me retirerai pas; je ne connais que mon général, pas de façons : camarades, entourez le citoyen; et puisque vous voulez marcher entre quatre chandelles, en avant. — Je cède à la force matérielle et brutale. »

L'agent et le général sont en présence. « Ah,

te voilà! commença par dire le général, en riant
aux éclats. — Que me veux-tu? — Je t'attends
pour déjeuner; et je t'avais bien dit que je te
ferais venir à l'ordre, bon gré mal gré. — Que
signifie ta conduite? quoi! tu me parles d'undé-
jeuner avec toi, à la suite d'un sanglant outrage.
— Tu veux donc prendre pour une grosse insulte
une pure plaisanterie? — *Madame Nicolas* : Et
bien innocente. — *Le général* : Oui, c'est bien
vrai, un badinage sans fiel. — *L'agent* : Enfin,
suis-je libre? — *Le général* : Certainement,
comme l'air; en peux-tu douter? — Dans ce
cas, je me retire avec l'espoir d'être promptement vengé de ton attentat. — *Le sergent de
planton* : Ah! çà, mon agent de la nation, ex-
cusez-moi si je vous ai mécanisé; c'était le
service. »

Je ne sais à qui Buonarotti porta ses plaintes,
mais le général Nicolas fut envoyé peu après
aux îles Marguerite, avec un commandement
qui n'avait jamais été confié auparavant qu'à un
simple capitaine ou un chef de bataillon de vé-
térans. Arrivé avec son épouse dans cette espèce
d'exil, le général, qui ne tarda pas à tomber
malade, fit appeler l'Esculape du lieu. Celui-ci
se trouva un aide-major imberbe, et qui n'en
était pas moins chargé en chef du service de
santé. « Général, dit-il avec franchise, je n'ai

jamais eu de vocation pour la profession des armes, et me suis fait chirurgien pour ne pas entrer comme soldat dans un bataillon, lors des premières levées. Cependant, d'après des études un peu succinctes, ou de quelques mois à Toulouse, je puis, à votre choix, vous saigner, vous donner l'émétique ou un purgatif, vous poser un vésicatoire et même un séton; parlez. — Brave jeune homme et mon pays, lui répondit le général, j'estime ta franchise, et vais recourir à d'autres moyens et chercher à noyer mes chagrins. » Puis se tournant vers son épouse : « Madame Nicolas, ma bonne et chère amie, qu'on me rende ma Lolotte : » c'est ainsi qu'il appelait une bouteille d'eau-de-vie qui le suivait toujours comme cordial... Tant est-il que ce brave et digne militaire mourut au bout de peu de temps fort regretté.

Oneille, conservant le même aspect de désolation dont nous avons déja parlé, offrait aussi une vive agitation et même de grands symptômes de désordre parmi les nombreux employés des administrations que renfermait cette ville. On y avait formé un club assez puissant pour encombrer de suspects une vaste prison. Témoin de l'une des séances de cette réunion, il me fut facile de reconnaître qu'elle se composait de deux partis fort opposés, c'est-à-dire d'honnêtes et simples libéraux, en minorité, et d'anciens partisans de la Montagne, parmi lesquels on comptait beaucoup de Corses, dont quelques-uns menaçaient souvent d'appuyer leurs discours incendiaires et leurs motions avec des stylets dont ils étaient ostensiblement armés. Pour dire la vérité tout entière, nous avions beaucoup d'officiers de santé militaires, de toutes les professions et de tout grade, qui montraient plus d'ardeur pour les discussions politiques que de zèle pour notre service. Je parvins à réprimer cet élan, et me fis de la sorte un assez bon nombre d'ennemis qui cherchèrent à me nuire sans pouvoir réussir.

Deux maladies, la dyssenterie et les fièvres que l'on nomme aujourd'hui typhoïdes, régnaient presque seules dans nos hôpitaux militaires. C'est en réunissant les moyens simples et pourtant puissants de l'hygiène que je cherchais à modérer l'intensité des maladies et à m'opposer à leur propagation. J'étais d'ailleurs aidé dans toutes les améliorations que je proposais par l'activité d'esprit et les ressources administratives de l'ordonnateur Chauvet.

Indépendamment de cette surveillance continuelle, et qui ne contrariait que trop de gens, je faisais d'ordinaire la visite ou un service ré-

gulier dans l'un des hôpitaux, partout où je
séjournais plus de quinze jours.

Au milieu de ces occupations, auxquelles
il était assez notoire que je me livrais, je ne
sais ce qui put déterminer le tribunal de police militaire à me nommer défenseur d'office
dans plusieurs affaires importantes. Il est aussi
vrai de dire que souvent le président, ou l'accusateur public lui-même, aidait mon peu de
savoir des lois par des communications bienveillantes qui ne me laissaient plus qu'à broder,
à ma manière, les moyens de défense.

Un jour, j'eus à plaider pour un soldat accusé
d'avoir brûlé une barraque au milieu d'un camp,
dans lequel le feu aurait pu facilement se communiquer et causer une entière destruction. Des
montures de fusil et des gibernes garnies de
cartouches avaient été aussi brûlées, et il résul-
tait de ces faits que le ministère public devait
requérir la peine de mort. Cette fois, au lieu de
moyens de défense, je ne reçus du président
que cette courte note : « Faites tous vos efforts
pour que cette affaire soit considérée comme un
délit de simple police. » J'arrivai au tribunal avec
peu d'espoir et d'assurance. J'entendis les charges
nombreuses et unanimes de même que les aveux.
Mais mon client avait été provoqué à cet acte de
démence, étant au bivouac et dans un accès de

colère et un moment d'ivresse, deux défauts auxquels il était malheureusement fort sujet. « Je mettrais volontiers le feu à ma barraque, avait-il dit... Plusieurs voix lui avaient crié : Tu n'oseras pas le faire. —Je le ferai. » Il prend incontinent un tison ardent, le jette sur la barraque qui, construite en partie de genets secs et de bruyère, s'embrase à l'instant, aux grands éclats de rire des assistants. Au contraire, celui que je cherche à défendre se livre au désespoir et se précipite au milieu des flammes pour les éteindre. C'est ce moyen d'excuse que j'étais occupé à développer et à faire valoir, quand Masséna, sans décorations, entra dans la salle d'audience et prit place au milieu des auditeurs, encore bien que le tribunal lui offrît une place distinguée. Ce général m'avait souvent dit qu'il serait bien aise de m'entendre en public. Je fus donc non seulement flatté de sa présence, mais j'en voulus tirer parti en faveur de mon client. Je dis donc avec beaucoup plus d'assurance que de vérité, que l'intervention de Masséna était toute protectrice, et manifestait l'intérêt qu'il prenait au sort d'un brave soldat un instant égaré plutôt que coupable. L'éloge du général, qui fut simple et d'un ton militaire, me servit de péroraison, et excita des applaudissements vifs et prolongés. Masséna fendit la foule pour me

joindre et m'embrasser en me serrant dans ses
bras.

Après le résumé impartial et même bienveillant du président Avy, l'accusateur public Morin
fit un réquisitoire éloquent et précis qu'il termina en demandant comme punition deux ans
de détention, et le tribunal prononça cette peine,
le *summum* de celles qu'inflige la police purement correctionnelle.

La saison qui était froide, car nous étions en
brumaire (novembre 1794), devint tout à coup
très-humide, et les typhus furent très-fréquents
dans nos hôpitaux militaires; ce qui exigeait de
ma part plus d'assiduité. Enfin me voilà attaqué
de la même maladie. Je m'acheminais vers l'hôpital d'Albenga que j'avais fait transférer dans
un bon local hors de la ville, et mon intention
était d'y aller occuper une chambre d'officier,
quand Lautour-Boismaheu, premier aide-de-
camp de Masséna, vint me dire qu'il avait reçu
de son général l'ordre de me conduire dans sa
maison, où je fus, au moins trois semaines,
l'objet des attentions les plus délicates. Je dois
rappeler ici les obligations que j'eus dans cette
circonstance à l'adjudant-général Saint-Hilaire et
au capitaine Reille, depuis le digne gendre de
Masséna, et aujourd'hui, en 1835, lieutenant
général et pair de France. Bientôt mon généreux

hôte tomba lui-même grièvement malade, et un délire intermittent compliquant le typhus fit craindre pour les jours de Masséna. Celui-ci, sachant que je conservais assez de présence d'esprit pour me soigner moi-même, voulut que j'intervinsse dans son traitement, dont je laissai l'honneur à un autre, mais que je dirigeai dans le fait, en insistant sur des vésicatoires répétés, en tenant d'ailleurs compte d'un état d'hémoptysie assez habituel et prononcé depuis quinze ans. La vérité exige que je confesse ici que m'étant d'abord soigné très-méthodiquement, à peine la convalescence fut-elle commencée que j'enfreignis tous les préceptes de la médecine, en buvant et mangeant à toute heure avec la plus grande indiscrétion. Le scandale fut si grand que l'état-major de Masséna, après une mûre délibération, décida que je serais soigneusement surveillé et mis à la ration. Dans ce cruel désappointement, je partis le 27 pour Nice. L'adjudant-général Saint-Hilaire me donna, presque malgré moi et pour m'accompagner, un brigadier de gendarmerie inflexible sur les haltes qui avaient pour objet de boire et manger en route et hors des heures des repas. Vainement en sortant de Menton, je voulus attaquer deux grosses perdrix dont mon confrère le docteur Richelmi m'avait fait présent... J'en offris pourtant une au gendarme, en l'invitant aussi à prendre sa part d'une excellente bouteille de vieux vin de la Malgue. « Ah! c'est donc pour boire et pour manger que vous vous arrêtez... A cheval! et gagnons Monaco; j'ai mes ordres... C'est une honte pour un docteur en chef que de vous comporter comme vous le faites; cela ne se pardonnerait pas à un simple gendarme, et s'il était aussi glouton et qu'il fût à cheval, on le mettrait à pied pour lui apprendre à vivre. »

Reçu à Nice chez mes bons amis les Chartreux, et redevenu libre de mes actions, je repris un régime convenable. Le lendemain matin du jour où j'étais arrivé, je vis entrer chez moi mon gendarme, avec un air courtois et satisfait. J'eus beaucoup de peine à lui faire accepter une assez jolie chaîne de montre, en argent, avec des breloques du même métal, le tout destiné à remplacer un cordon sale et usé auquel était suspendue une clef en cuivre... *Le gendarme :* «Ce n'est pas ce qu'il me faut; c'est un certificat, de votre main, qui dise par écrit que je vous ai accompagné ou amené d'Albenga à Nice honnêtement et rondement... Il faut que ce mot-là y soit, rondement, parce que l'adjudant-général Saint-Hilaire m'a bien dit : Vois-tu, brigadier, n'écoute pas ce que le docteur te dira, et fais-le marcher rondement. » Je rendis témoignage à la vérité.

Les médecins que j'eus pour collaborateurs dans la division Masséna furent plus particulièrement, à Oneille, Ramel (1), André, Bussan (2),

---

(1) Le docteur Ramel, dont il a été déja parlé, page 316 et suivantes, se mêlant toujours d'affaires politiques, disparut un moment, alla se cacher sur le territoire génois, se rendit suspect d'émigration, et faillit me compromettre, parce que j'avais paru ignorer ce fait.

(2) Bussan était un mauvais serviteur, tout entier à la direction du club et parcourant souvent les campagnes pour prêcher la révolution, ce qu'il appelait apostoliser. Ce médecin, dont il ne sera probablement plus parlé, offre pourtant quelques détails biographiques que nous ne croyons pas sans intérêt. Né à Turin et fils d'un professeur fort estimé, Bussan commença par traduire du français en italien quelques ouvrages de médecine. Après avoir pris ses grades dans l'université de sa patrie, il parcourut diverses parties de l'Italie et se fixa à Rome. Les connaissances de Bussan en chimie le firent employer par le trésorier, monsignor Ruffo, dans la direction de plusieurs fabriques que cet habile administrateur créa dans l'état pontifical. Les agréments de sa personne et ses mœurs douces et polies répandirent bientôt Bussan dans les plus grands cercles, et il fut surtout bien accueilli chez la princesse Louise-Maximilienne de Stolberg, épouse du prétendant d'Angleterre, et dont les liaisons avec Alfieri ont été assez connues. Nous ignorons les circonstances qui conduisirent Bussan dans l'ancien comté de Nice où, malgré l'espèce de fièvre lente révolutionnaire qui le brûlait, il ne cessa d'avoir des sentiments affectueux avec toutes ses relations, et de l'indulgence pour tous ceux qui ne partageaient pas ses opinions politiques.

Salmon (1), Bosio (2), Tardy, Guigues et Cavalier; à la Piève, Bion (3); à Ormea, Marut-de-

---

Bussan servait encore en 1807. Dégradé à cette époque par des habitudes d'intempérance, il se trouvait très-au-dessous de ce qu'il était déja en 1793. L'homme du grand monde avait disparu complétement et n'offrait plus qu'un cynique assez dégoûtant. Plusieurs recueils de médecine ont conservé en entier, ou ont fait mention de l'écrit suivant adressé en 1806 à l'auteur de ces Mémoires : *Josephi-Hyacinthi Bussan Observationes clinicæ*. Les observations dont il s'agit ici ont été faites au camp impérial de Boulogne.

(1) Salmon, destiné par ses talents et son activité à devenir l'un de nos premiers médecins militaires, est mort le 14 nivôse an XIII (4 janvier 1805), médecin principal d'armée. L'amitié qui nous unissait m'a engagé à donner une notice sur la vie de Salmon, qui a paru dans quelques-uns de nos recueils de médecine.

Cet estimable médecin a publié les opuscules suivants, que j'ai réunis avec peine en un vol. in-8° dont il n'existe que trois exemplaires.

1° *Topographie de Padoue.* 1797. *Ibidem.*

2° *Mémoire sur un fragment de basalte volcanique tiré de Borghetto.* Vérone.

3° *Lettre sur la nature des monts Euganées, et la théorie des laves compactes.* Vérone, 1801.

(2) Bosio était d'Oneille, et ne l'avait quitté que pendant ses études à Turin. Bon médecin et fort assidu à son service, ses concitoyens se louèrent dans tous les temps de son obligeance et de son désintéressement.

(3) Bion, aimable et excellent jeune homme qui mourut

l'Ombre, bon et ancien serviteur, et Chayrou, dont il sera reparlé. Plusieurs des médecins déja nommés et quelques autres furent appelés à Loano et Albenga.

---

de phthisie pulmonaire, avait été mon condisciple à Montpellier, ainsi que Guigues, Reybaud et quelques autres.

CHAPITRE VI.

Expédition maritime. — Ses chefs. — Son but ignoré n'est connu qu'au moment où elle est contremandée. — Des médecins mes collaborateurs, et détails facétieux sur Des Feux. — L'embarquement a lieu le 12 ventôse; passe-temps dans la rade, et le 29 on retourne à terre. — Le gé-- néral Abatucci. — Changements notables dans la marche du gouvernement, et rixe entre le chirurgien en chef Sucram, dit Marquis, et Chauvet; la paix entre eux est scellée le lendemain à bord du brick que montait le géné-ral Bonaparte, qui donne un dîner auquel se trouvent des dames. — Des représentants plus ou moins réacteurs arri-vent dans le midi et à l'armée.—Mariette prend le général Laubadère pour un champion forcené de la Montagne, et le général Bonaparte pour l'homme de Salicetti. Le député est détrompé par l'auteur de ces Mémoires. — Le repré-sentant Chambon intervient utilement et avec zèle dans plusieurs améliorations qui lui sont proposées relati-vement aux hôpitaux militaires et hospices civils, les casernes et les prisons de Toulon et dépendances. — Retour désiré à Antibes.

Les chefs de l'expédition projetée étaient, pour l'armée navale, le représentant du peuple Jean Bon-Saint-André, bientôt remplacé par Letour-neur de la Manche; le commandant militaire était le contre-amiral Martin, depuis vice-amiral.

Les représentants près l'armée de terre étaient Salicetti et Ritter; le général en chef Mouret, et, sous ses ordres, le général de division Laubadère, commandant le génie, et le général de brigade Bonaparte, l'artillerie. Les généraux La Harpe, Cervoni et, je crois, Casalta, commandaient chacun une brigade. Nous avions pour ordonnateur en chef Chauvet, et près de lui et fort heureusement, à cause de sa modération, de son esprit conciliant et de son habileté, son ami et le mien, le commissaire des guerres Rey, aujourd'hui (en 1835) intendant de la 8e division militaire.

Joseph Bonaparte était chargé de la police supérieure du service de santé sous le titre d'ordonnateur des hôpitaux.

Depuis le 9 nivôse (29 décembre 1794), jour de mon arrivée au Port de la Montagne, je concourais journellement aux préparatifs de l'expédition, lorsque je reçus le 23 pluviôse l'ordre de m'embarquer, le lendemain matin 24, avec mes collaborateurs. Je les avais préalablement distribués, ainsi qu'il suit, sur divers bâtiments de transport :

Santelli et Salicetti, sur *La Ville de Marseille ;*
Costa et Savaresi (1), sur *L'Africaine ;*

----

(1) Savaresi, né à Mont-Leone en Calabre et réfugié napolitain, a acquis beaucoup de réputation dans nos armées, et est mort inspecteur-général du service de santé du royaume de Naples.

Giubeca (1) et Paoli, sur *L'Utile;*
Reybaux et Des Feux (2), sur *Le Bon-Père;*

(1) Ce médecin, gradué dans l'université de Padoue et âgé de 72 ou 73 ans, ressemblant d'ailleurs parfaitement à un• vieux lion, avait une douzaine d'enfants ou petits-enfants suivant le corps d'armée d'expédition. Le docteur Giubeca, estimé pour son savoir, *e di casa antichissima*, comme il le disait, avait joué un grand rôle dans la guerre contre les Génois, et il avait défendu contre eux je ne sais quelle place importante de la Corse sa patrie.

(2) Des Feux, âgé de 40 à 45 ans, était un petit homme d'une physionomie fine et doucereuse. Sa prononciation grasse et traînante, l'habitude d'avoir toujours du papier timbré dans sa poche, son langage qui était celui d'un praticien consommé, et j'entends par là d'un homme de loi, faisaient plus que pressentir que le docteur était Normand, et en effet il était du département de la Manche et du diocèse d'Avranches. J'ignorais ses antécédents, quand un jeune pharmacien de l'expédition m'en apprit une bonne partie. « Le docteur, me dit celui-ci, veut maintenant m'ignorer, quoiqu'il dût me reconnaître pour les services que je lui ai rendus bien souvent. — *R. D. G. :* Est-ce en état de santé ou de maladie? — *Le pharmacien :* C'est en état de santé, monsieur, puisque c'est en lui servant la messe quand il ne faisait plus bon la dire, la servir, ni même l'entendre. — *R. D. G. :* Où cela s'est-il passé? — *Le pharmacien :* Monsieur, dans un gros bourg près du Vigan, au pied des Cévennes, un pays de protestants. M. Des Feux était le curé de nous autres catholiques. Ayant refusé le serment, il lui a fallu quitter le pays; il s'est réfugié à Montpellier, où il s'est mis sur les bancs de la faculté de médecine, et comme

Philippi et Saturnini, sur *La Bonne-Mère;*
L'embarquement n'eut point lieu au jour indiqué, et un ordre des représentants, du 26

---

il avait assez de cheveux pour se faire une queue honnête,
personne ne l'a reconnu pour un ci-devant prêtre... — *R.
D. G. :* Mais les services n'ont-ils pas été réciproques, et
n'a-t-il rien fait pour vous? — *Le pharmacien :* Je menti-
rais, monsieur, si je niais que j'ai été à confesse à lui, pour
faire plaisir à mes parents. — *R. D. G. :* Dans ce cas, vous
devez prudemment et par honneur vous taire sur vos relations; vous n'avez rien à gagner à ce qu'on les connaisse. »

La première fois que je revis mon confrère et compatriote,
je lui fis pressentir que j'avais sur sa personne ou sa vie an-
térieure des notions qu'il n'avait pas jugé à propos de me
confier. Alors il m'avoua tout assez naïvement, et me dit
qu'étant curé, il avait vu beaucoup de malades, à l'aide des
ouvrages de Tissot, de Buchan et de quelques recettes. « Je
ne suis pas, ajouta-t-il, le seul ecclésiastique qui ait embrassé la médecine, et je me suis rencontré à Montpellier,
sur les bancs de la faculté, avec bon nombre d'entre eux,
et même le célèbre abbé Bertholon de Saint-Lazare.»

En pratiquant Des Feux, qui venait me voir tous les
jours, je lui reconnus du zèle, de l'activité et des connaissances en physique et en chimie, qui me déterminèrent à
l'employer souvent et toujours avec avantage, pour des
objets de salubrité publique. Cependant l'économie, portée
au point auquel elle ressemble à l'avarice, empêchait
quelquefois Des Feux de se conformer aux plus simples
préceptes d'Hygie, et je vais en citer un exemple.

Logé que j'étais hors de la ville, comme une bonne partie
de l'état-major, je fus un jour entraîné par les affaires, de

pluviôse, en annonça la suspension momenta-
née. Dès le 28, un nouvel ordre nous avertit de
nous tenir prêts à nous embarquer au premier
signal.

---

telle sorte que je trouvai les portes de Toulon fermées
quand j'en voulus sortir. Des Feux, qui m'accompagnait et
prévoyait mon désappointement, m'offrit un lit, que j'acceptai
très-volontiers; et il poussa la complaisance jusqu'à me
céder le sien, dans lequel je m'établis. Mais bientôt je vis
mon hôte occupé à étendre sur le plancher de notre chambre, assez peu spacieuse, quatre ou cinq paillasses, autant
de couvertures, et à disposer dans les angles, de grands
bassins d'aisance, alors et peut-être encore usités dans presque toutes les maisons de Toulon. Je demandai à Des Feux
ce que signifiaient ces préparatifs, et il me répondit qu'il
logeait, c'est-à-dire qu'il sous-louait sa chambre à d'honnêtes
ouvriers, pour y passer la nuit. Ceux-ci arrivèrent bientôt,
s'étendirent sur leurs paillasses et s'enveloppèrent dans
leurs couvertures. Deux ou trois heures après, et dans la
plus profonde obscurité, un peu de bruit et une odeur des
plus fétides avertirent que l'un des vases de nuit avait été
renversé... Ce ne fut pas tout; à quatre heures du matin,
on battait la générale, et un vacarme épouvantable, joint à
la menace d'enfoncer notre porte, détermina Des Feux à se
lever et à ouvrir. Nous fûmes à l'instant assaillis par cinq ou
six hommes armés qui nous firent habiller fort lestement,
nous entourèrent, et, sans vouloir entendre aucune récla-
mation, nous dirigèrent vers le port comme retardataires,
pour nous y embarquer. Arrivé sur le port, et tout près
de la consigne, je rencontrai heureusement l'adjudant-général corse Francheschi, qui me fit mettre en liberté.

Nous informâmes par une circulaire du 3 ventôse (21 février 1795) les médecins de l'expédition, que les capitaines des bâtiments sur lesquels ils seraient embarqués étaient chargés de pourvoir à leur nourriture; que leurs frais de table étaient évalués à 4 livres 10 sous par jour, et une ration en nature prise à terre, tant que nous serions en rade, et à la cambuse quand nous serions en mer.

Les hôpitaux de Toulon étaient encombrés de malades et les médecins très-fatigués ; je vins à leur secours en doublant leur personnel.

Le 7 ventôse (25 février), je reçus l'ordre, qui devait rester secret, d'envoyer avant le coup de canon de retraite, deux médecins de l'expédition à bord du vaisseau de guerre *le Timoléon*, capitaine Krom, et je désignai Philippi et Saturnini.

L'atmosphère des représentants, qui s'étendait assez loin, était tout à fait mystérieuse, et l'on s'y obstinait à cacher et même à déguiser avec le plus grand soin le but de l'expédition, qu'il eût pourtant été très-utile de connaître positivement. Dans plus d'une circonstance, j'avais expliqué ma pensée à cette occasion. Un jour, je finis par dire à Chauvet, et en présence de Joseph Bonaparte et du général son frère, qu'il était évident pour moi que l'expédition se porterait simultanément ou successivement sur deux points très-distincts et peut-être éloignés l'un de l'autre, et que la composition du personnel de mon service m'avait confirmé dans cette opinion. «Vous attaquerez donc, je pense, la Corse pour y rentrer en maîtres, et puis vous vous porterez, avant ou après, ou en même temps, sur un autre point que je ne cherche pas à déterminer. Cependant, d'après nos approvisionnements d'hôpitaux, je suis autorisé à croire que nous ne sortirons pas de la Méditerranée...» Chauvet affectait de se renfrogner diplomatiquement; Joseph riait beaucoup, et le général souriait. « Vos prévisions même pour l'occupation ou mieux la reprise de possession sont vicieuses et incomplètes... Ainsi personne n'a su ou dit que les troupes françaises transportées en Corse... — *Le général Bonaparte :* Nous sommes Français, monsieur le docteur. — Hé bien! personne n'a dit que les troupes levées dans l'intérieur de la France et transportées en Corse avaient dans tous les temps essuyé des épidémies graves, surtout dans les premières années de leur séjour; ce que nous appelons en médecine pendant le temps de leur acclimatement.

«En 1769, et vous conviendrez, général, qu'alors vous n'étiez pas tout à fait Français, on fut obligé d'établir neuf hôpitaux militaires et d'y

26.

attacher dix médecins. — *Le général* : Vous êtes tout à votre métier. — *Joseph* : C'est pour cela que le docteur est avec nous et qu'il nous faut le conserver. »

Sur ces entrefaites, le général de brigade Abatucci, âgé d'environ 6o ans, me fit appeler pour me consulter sur sa santé. Il avait une inflammation chronique du foie dont il m'exposa très-méthodiquement les caractères et l'histoire complète. Je lui témoignais ma surprise de l'entendre parler un langage aussi technique, quand il me dit « qu'il avait étudié la médecine sous de grands maîtres dans l'université de Padoue. De retour en Corse, ajouta-t-il, l'oppression de la patrie par les Génois me jeta, avec l'ardeur de la jeunesse, dans la carrière des armes... Vous êtes lié avec un trop grand nombre de mes compatriotes, pour ignorer complétement mes malheurs. Vous devez voir bien clairement que je traîne ma vie sous le poids des souvenirs de trois mortelles années que j'ai passées au bagne, avec une foule de scélérats, et cela dans la même ville où je commande aujourd'hui... Peut-être aurez-vous appris que quand on me notifia le jugement qui me foudroyait, je protestai du fond de mon cachot par ce seul vers de l'un de vos Corneilles :

Le crime fait la honte et non pas l'échafaud.

« En me rendant au lieu désigné pour l'exécution, je vis que le régiment provincial dont
j'étais lieutenant-colonel, et dans lequel j'avais
tant d'amis dévoués, était consigné dans les casernes, dont les issues étaient bloquées par des
canons, la mêche allumée, tandis que les troupes suisses, rangées en bataille, faisaient face à
la population consternée. Ma résignation dans
l'instant fatal déconcerta mes ennemis les plus
acharnés... Un arrêt solennel du parlement d'Aix
a cassé depuis, en 17..., l'inique jugement du
conseil souverain de Corse, m'a lavé du crime
de subornation de témoins, et m'a rendu à la
société en m'élevant même en grade... Mais le
vautour (et alors le général se frappa avec vivacité sur la région du foie), le vautour n'a pas
abandonné sa proie... Cependant vos soins affectueux m'engagent à un épanchement qui, du
moins, va pour un moment soulager mon cœur.
Faut-il vous le dire? j'ai des fils, et le second,
si la tendresse paternelle ne m'égare pas, me
laisse entrevoir pour mon malheureux nom un
avenir consolateur et peut-être glorieux... Vous
voyez tous les jours, m'a-t-on dit, les Bonaparte qui sont ici. Mon fils Charles est de l'âge
de Napoléon; ils ont reçu en France la même
éducation, et servent dans la même arme. Corses, nés dans des partis opposés, ils sont venus

au monde nécessairement ennemis. Les voilà pourtant réunis aujourd'hui sous les mêmes drapeaux et devenus de simples rivaux!... Ah! qu'ils le soient jusqu'au dernier soupir, et ne combattent plus entre eux qu'à qui servira mieux la république! »

L'ordonnateur en chef Chauvet m'avait envoyé, le 3 nivôse (23 décembre 1794), une pétition du citoyen Antomarchi, lieutenant d'infanterie et gradué en médecine dans l'université de Pise, qui demandait à être employé comme médecin à l'armée d'Italie ou dans l'expédition. Je répondis, le 9 du même mois, que les renseignements que je m'étais procurés attestaient amplement que le pétitionnaire avait joui en Corse de la réputation d'un bon médecin.

Le 12, j'écrivis la circulaire suivante :

« Les médecins de l'expédition se rendront, aujourd'hui 12 à midi précis, sur le port pour s'embarquer sur les bâtiments qui leur ont été désignés par notre circulaire du... »

Nos collaborateurs et nous-même allâmes en quelque sorte reconnaître les bâtiments qui nous étaient assignés; car, de notre personne, nous venions tous les jours passer trois heures à terre, et nous y envoyâmes plusieurs médecins pour le service des hôpitaux, de la surveillance desquels les représentants du peuple nous avaient chargé, avec d'amples pouvoirs. Nos fonctions ne se bornaient point à la direction des hôpitaux du Port de la Montagne, et s'étendaient à ceux des places voisines, telles qu'Ollioules, Lavalette et Hyères.

Ayant passé presque toute la journée du 25 à terre, j'eus connaissance que tous les actes adressés par le gouvernement à nos autorités ne se servaient plus de la dénomination de Port de la Montagne. Dès le 27, les représentants, et à leur exemple tous les sous-ordres, commencèrent à dater de Toulon.

La vie que nous menions en rade était assez agréable, mais par trop bruyante pour permettre de travailler et même simplement de lire.

La Madone des Anges, aviso ou brick génois, patron et matelots du même pays, et sur lequel j'étais monté avec tous les chefs des autres administrations, était fort encombré, et hors de table, le reste du temps se passait à jouer assez gros jeu. On se disputait aussi, et un jour entre autres, il y eut une querelle fort vive entre notre chirurgien en chef et l'ordonnateur Chauvet, quoiqu'ils fussent parents et habituellement bons amis. On a pu se former une idée du caractère de l'ordonnateur en chef; mais on ne connaît point encore notre chirurgien, original assez curieux. Celui-ci se nommait Marquis, et on disait qu'en quittant les montagnes de la Provence pour se rendre à Paris, où il fut l'élève et ensuite le suppléant de M. Bordenave, chirurgien fort connu, il avait adopté cette anagramme de son vrai nom qui était Siuqram (1). Tant est-il qu'un soir et après souper, et pendant qu'on battait les cartes, la conversation vint à rouler sur la politique du moment. Le docteur, en robe de chambre de gros de Tours et à fleurs, en pantoufles, coiffé d'un bonnet orné d'une fontange, se mit à dire du ton le plus sentimental et à la fois le plus solennel : « Nous allons, d'après les dernières nouvelles arrivées de Paris, nous allons enfin respirer... La terreur est passée... Oui, la mort, plutôt mille fois la mort que le retour de ces temps abominables!... — *Chauvet*, avec vivacité : Ah, coquin! — Le docteur n'est point un coquin; c'est, au contraire, un honnête homme, dirent presque tous à la fois les jeunes chefs d'administration... Nous partageons ses sentiments... — Et moi aussi, prononça gravement Duranti des Hôpitaux, qui était notre Nestor. — *Chauvet*, avec une sorte de fureur et menaçant de s'élancer sur Marquis :

---

(1) Une anagramme est « Une transposition des lettres qui composent un mot, disposées de telle sorte, qu'elles forment un ou plusieurs autres mots ayant un autre sens. »

Hypocrite fieffé! je n'ai pas oublié tes protesta-
tions... — Elles me furent arrachées pour conserver ma tête... Elle était menacée, puisque
j'étais en surveillance, et n'ai même à Toulon
exercé mes fonctions qu'accompagné de gendarmes. Il y en avait deux dans la chambre de la
marquise de La Poype, cependant femme de
patriote, quand je l'ai accouchée... Puis, tu m'ap-
pelles hypocrite! je n'étais pas au château des
Tuileries avec les chevaliers du poignard; tu ne
m'y as pas vu... J'aurais peut-être dû y être, car
j'ai approuvé cette démarche... Tu m'entends...»
L'auditoire faisait un rempart au docteur, quand
on annonça Joseph Bonaparte et le général, qui
venaient pour nous inviter à dîner à leur bord
le lendemain. Chauvet se calma un peu, et ne put
cependant s'empêcher de dire : «Nous venons de
nous quereller rudement, Marquis et moi. Parce
que ce monsieur était chirurgien des écuries d'Artois, il a cru devoir faire l'aristocrate!... — *Marquis* : Songe donc que Marat en était le médecin...
—*Chauvet* : Je ne défends pas Marat, et seulement
j'ai agi jusqu'ici comme un homme qui n'a pas
peur des honnêtes gens, et est forcé de se méfier
des coquins et de les craindre. Au reste, un docteur de la façon de Marquis s'était aussi fait en-
fermer à Saint-Lazare... «Qu'ai-je fait pour être
ici, moi?... — Malheureux, lui répondit un autre

détenu, tu demandes ce qui t'accuse! et ne vois-tu pas les cimetières de Paris en insurrection contre toi?...» Cette historiette fit beaucoup rire, même le général Bonaparte, et Joseph dit que pour sceller la réconciliation, Marquis était invité pour le lendemain, et serait placé à table près de son cousin Chauvet.

Le lendemain eut lieu le dîner, qui fut très-bien servi et dura fort long-temps. Il s'y trouva plusieurs dames, entre autres madame Joseph, mademoiselle Désirée Clary, aujourd'hui reine de Suède, et une madame Deydier, amie de ces dames et femme de l'un des chefs d'administration. Nous fûmes, c'est-à-dire les dames, servis par les aides-de-camp Marmont et Muiron.

Pendant que nous jouissions à bord du quartier-général de l'artillerie, des douceurs du plus agréable festin, il arrivait une chose assez singulière à bord de la *Notre-Dame-des-Anges*. Nos domestiques, qui n'avaient consenti à nous servir et à nous suivre que sous la dénomination un peu fraternelle de citoyens utiles, volèrent vingt-cinq ou trente excellents matelas formant nos couchers. Ces objets assez précieux et fournis par Duranti, et lui appartenant en propre, furent remplacés par de vieux matelas de la plus mauvaise qualité et épais de trois ou quatre doigts. Nous conjecturâmes que nos spoliateurs, en entendant la veille, au soir, les prophéties de Marquis, avaient voulu mettre à profit le peu d'instants qui leur restaient, pour exploiter et l'égalité et la communauté des propriétés.

Enfin, le 29 ventôse (19 mars 1795), l'expédition fut contremandée, et le 30, nous étions tous à terre. Ainsi finit cette entreprise audacieuse, dont la conception fut due au général Bonaparte, et qui eut pour résultat d'affaiblir notre marine et de paralyser l'élite de l'armée d'Italie.

En débarquant, je reconnus sur le port et près de l'hôtel de ville, d'où il sortait, le comte Carletti que j'avais connu particulièrement à Florence. Je saluai donc et j'abordai ce ministre, qui me dit très-confidentiellement, au moins en apparence, qu'il venait réconcilier par un traité S. A. R. Ferdinand III, son gracieux souverain, avec notre grande république. Trois heures après le départ de Son Excellence, tout le monde sut à Toulon que l'expédition avortée devait débuter par débarquer dans le golfe de la Spezia, pour tomber sur Livourne où, par de justes représailles, on se fût emparé des propriétés anglaises. La consternation fut générale.

Quantité de fonctionnaires et plusieurs corps de troupes rentrèrent de suite dans les cadres de l'armée d'Italie ; mais les officiers de santé en chef reçurent l'ordre très-positif de ne pas quitter Toulon (1).

Notre zèle ne se ralentit point, et nous remîmes, dès le 9 germinal (29 mars 1795), un rapport très-étendu sur les hôpitaux militaires et hospices civils, les casernes et prisons de Toulon et dépendances, aux délégués de la convention qui nous étaient récemment arrivés, sous la dénomination et le titre de représentants du peuple près l'armée d'Italie et les départements des Bouches-du-Rhône et du Var.

Ces représentants, évidemment choisis en haine du terrorisme, étaient Cadroy, député des Landes; Rouyer, de l'Hérault; Isnard, du Var; Guérin, du Loiret; Mariette, de la Seine-Inférieure; et Chambon-Latour, du Gard.

Quoique je n'aie eu de relations distinctes et immédiates qu'avec les trois derniers, je ne puis me dispenser de dire quelques mots des autres.

----

(1) Ceux-ci, indépendamment de l'auteur de ces Mémoires, étaient :

1° Brugnière, dont on avait fait une espèce de médecin consultant (Voyez le tome Ier, page 274.).

2° Marquis, dont nous venons de parler.

3° Le citoyen Jeoffrin, pharmacien instruit et bon serviteur.

Cadroy, qui avait montré quelque modération
dans la convention, fut, pendant sa mission
dans le midi, un réacteur des plus violents.

Si le conventionnel Rouyer, ex-maire de Bé-
ziers, n'a pas fait partie des représentants envoyés dans le midi à l'époque dont il est
question, ce qui me paraît douteux, il a fait en
pleine convention l'apologie des événements
qui eurent lieu et de l'esprit qui les dirigea.

Tout le monde a su qu'Isnard, outre les proclamations incendiaires dont il inonda le midi,
dit un jour en pérorant le peuple, et en l'invitant à la réaction dont il était l'apôtre : « Si vous
n'avez pas d'armes, fouillez la terre, cherchez
les ossements de vos pères, et courez sur leurs
assassins. »

Nous parlerons plus tard du représentant
Guérin, que nous connûmes à Antibes.

Avant de se rendre dans les départements des
Bouches-du-Rhône et du Var, le représentant
Mariette avait rempli une mission importante
dans plusieurs ports de mer, relative aux mar-
chandises qui s'y trouvaient en dépôt, et pour
y lever la loi désastreuse du *maximum*.

Arrivé fort tard à Toulon avec son épouse
le représentant Mariette reçut le lendemain
beaucoup de monde, avant et pendant son déjeuner très-frugal. Chauvet m'invita à m'asseoir

à table, et peut-être s'y était-il invité lui-même.
Toujours bon et prévenant pour moi, cet ordonnateur, que le nouvel ordre de choses allait
mettre hors d'activité, me jeta d'un travers de
table à l'autre, et pour le manger, je ne sais
quoi, en disant : Attrape, D. G. A ce nom, Mariette me dit : « Seriez-vous de l'Orne, et, dans
ce cas, le parent de mon malheureux et estimable collègue V...? — Je suis son neveu, comme
fils de son frère. — Dans ce cas, vous êtes un
de nos amis. » Le représentant se leva en même
temps, me serra la main et m'embrassa. Cette
démonstration partant d'un homme en apparence très-flegmatique étonna beaucoup les
assistants, et surtout la galerie, qui se composait, comme on va le voir, de personnes considérables. Le général de division Laubadère fut
le premier qui s'approcha de l'oreille du représentant, pour solliciter en faveur des troupes
quelque chose de première nécessité, et il fut
très-mal et fort brusquement reçu. Le général
Bonaparte éprouva la même réception, qui fut
même marquée par une sorte d'aversion. Mariette parlait fort haut, et dit, entre autres
choses, « qu'il avait assez de vivres, de munitions, et trouverait facilement des troupes assez
fidèles pour soutenir un siége dans Toulon, si
les terroristes, comme ils menaçaient de le faire,

avaient assez de témérité pour l'entreprendre. »

En se levant de table, le représentant salua les assistants pour prendre congé d'eux, et il fit signe à Chauvet et à moi de nous rendre dans une petite pièce voisine, où nous nous trouvâmes six ou sept, et prîmes le café que madame Mariette, excellente femme, avait fait elle-même.

« Maintenant, dit le mari, nous sommes à notre aise, et pouvons parler librement. Comment trouvez-vous ce général gascon qui vient avec tant d'insistance me demander de la paille pour faire coucher les soldats plus à sec sur les remparts ? J'ai besoin, moi, que les factionnaires soient debout et fort éveillés, pour déjouer les cinq à six mille Corses que l'on dit répandus dans la place et ses environs... Ce général est probablement un champion de la Montagne ? » Comme cette question paraissait directement adressée à l'auteur de ces Mémoires, celui-ci lui répondit : « Le général Laubadère, rempli de savoir, d'humanité, et illustré par la défense de Landau, est sans doute un patriote chaud ; mais il est aussi l'un des plus purs. — *Chauvet :* Ha ! certainement un brave homme qui doit penser comme nous et tous les honnêtes gens ! — *Le représentant :* Passe donc pour celui-là... Mais ce petit Corse de l'artillerie m'a bien l'air de l'homme de son compatriote Salicetti. — *R. D. G.* : Pas le moins du monde, représentant; le général Bonaparte est lui et rien que lui, et je me mis à raconter ce qui est exposé aux pages 350 et suivantes. — *Le représentant* : Je suis bien aise d'apprendre ce que vous me dites. — *R. D. G.* : Mais, citoyen représentant, c'est ce Bonaparte qui a si puissamment concouru à la reprise de Toulon. — *Mariette* : Je le sais bien, et j'ai concouru, pour ma part de député, aux récompenses dont on l'a comblé. Mais un gaillard du caractère que je lui suppose ne s'arrêtera pas en route, et quand nous l'aurons fait général de division, il demandera le commandement de l'une des armées de la république... Tous les jeunes gens sont comme cela aujourd'hui, et celui dont nous parlons doit avoir, à cause de ses grands talents, plus d'appétit que les autres.»

Le collègue de Mariette à Toulon fut Chambon-Latour, ancien député de la sénéchaussée de Nîmes aux états-généraux, où il garda le plus profond silence, en votant toutefois avec le côté gauche de cette assemblée. Député à la convention par le département du Gard, une mauvaise santé et peut-être aussi un calcul politique tinrent souvent Chambon éloigné de l'assemblée, le dispensèrent de prendre part aux délibérations les plus importantes, et enfin de se prononcer franchement entre les partis. Par l'une de ces métamorphoses qui ne sont pas rares dans les révolutions, le député modéré devint, en mission, un proconsul redoutable et un violent réacteur. Nous n'avons point à nous occuper ici de ce qui se passa à Marseille, mais seulement de nos relations à Toulon avec le représentant Chambon. Avocat, maire d'Uzès et long-temps subdélégué, celui-ci avait des connaissances étendues en jurisprudence et une grande habitude de l'administration. D'après cela, nous trouvâmes toujours en lui un grand appui pour toutes les améliorations que nous réclamâmes, et surtout celles relatives aux hôpitaux et aux hospices ainsi qu'à la salubrité et au régime des prisons. L'un de nos condisciples et amis, le docteur Victor Bouchon, d'Uzès, très-bon serviteur, ayant été à l'hôpital militaire et sédentaire de Toulon l'objet d'une odieuse vexation de la part d'un jeune commissaire expectant ou surnuméraire, sans expérience comme sans mesure, nous eûmes recours à l'autorité du représentant Chambon. Le délinquant fut admonesté avec d'autant plus de sévérité que nous l'accusâmes, lui présent, de loger chez le directeur et de n'avoir pas d'autre table que la sienne; oubli qui, en éveillant des soupçons, compromettait évidemment le corps auquel il avait l'honneur d'appartenir.

Malgré les hauts témoignages de confiance dont j'étais l'objet, je ne pouvais me dissimuler que l'exaspération toujours croissante des partis amassait des orages sur toutes les têtes; je regrettai donc la vie laborieuse, mais paisible, que je menais à Antibes, je demandai à y retourner, et j'arrivai dans cette place le 21 germinal an IV (10 avril 1796).

CHAPITRE VII.

Séjour à Antibes du 21 germinal an IV (10 avril 1796) jusqu'au 27 vendémiaire an V (18 octobre 1796). J'encours la disgrace du gouvernement, provoquée par un rapport du conseil ou de la commission de santé des armées. — L'inspecteur Bécu ; son inutilité, et dangers qu'il court comme ex-jury au tribunal révolutionnaire. — La réaction passe par Antibes avec le représentant Guérin, et se borne à un discours prononcé dans le club et à l'arrestation du directeur d'hôpitaux, Simon, ex-soldat et cordelier. — Nice est un moment en contre - révolution complète. — Arrestations nombreuses, et prisonniers envoyés au fort Carré d'Antibes. — Grandes attributions données au juge de paix, dont je supplée parfois le greffier. — Visite des fortifications et secret de la place confié au représentant. — Surveillance du service de santé dans l'île Marguerite, et rencontre avec le patron Raphaël Dalmus à Cannes. — Vivacité blâmable de R. D. G. dans les fonctions de médecin de l'hospice civil, plus qu'excusée par la municipalité, et le battu paie l'amende. — Rappel dans la division Masséna, où il se porte de grands coups.

En rentrant à Antibes, je fus salué par plusieurs habitants de toutes les classes avec beaucoup de bienveillance. Le maréchal - ferrant, très - renommé ou très-récité, comme on dit dans ce pays, établi près de l'ancien couvent

des cordeliers converti en caserne et atelier d'artillerie, me témoignait sa satisfaction d'une façon
plus bruyante que les autres Antibois, quand je
lui dis : « Maître tel (car j'ai oublié ou n'ai peut-
être jamais su son nom), je me suis rappelé
pendant mon absence que j'étais votre débiteur
pour des soins que vous avez donnés à un
cheval mien. — *Le maréchal :* Cela est bien vrai,
à une jolie bête et un animal bien aimable pour
un cheval entier qui sont presque tous des bru-
taux ! Hé bien! monsieur le médecin, je vous dois
quelque chose aussi moi, pour avoir pansé ma
femme et ma nièce Catherine, quand elles furent
si malades de ces vilaines fièvres qui ont tué
bien du monde.... Voulez-vous faire un troc?
Les soins donnés au cheval compteront pour
mes deux femelles; cela vous convient-il, accep-
tez-vous le troc? — *R. D. G. :* Non, je n'entends
rien à un pareil trafic, et je veux vous payer...
Combien vous dois-je? — *Le maréchal :* Excusez,
monsieur le docteur; est-ce que je vous aurais
manqué de respect sans le vouloir? J'en serais
bien marri et sensiblement affligé. — *R. D. G. :*
Pas du tout, confrère; et en y réfléchissant, je
me rends à votre proposition, et j'accepte le
troc dont on rira probablement long-temps.
Maintenant souhaitons réciproquement de n'a-
voir plus besoin l'un de l'autre. — *Le maréchal,*

riant d'un grand cœur : C'est bien parlé, monsieur, car nous avons un proverbe provençal
qui dit : Que l'argent le plus mal dépensé est
celui que l'on donne au médecin. »

Venant ensuite à passer devant la boutique
d'un artiste qui faisait à neuf et réparait aussi
parfois la chaussure humaine, celui-ci, long-
temps frère servant de la vénérable loge à l'o-
rient d'Antibes, alors que l'art royal fleurissait
dans cette ville et sa garnison, frappa, par trois
fois trois, neuf coups de marteau fort secs, et
qui furent entendus jusqu'à la fontaine.

Un barbier qui se trouvait sur cette ligne et
rasait un voisin, suspendit, à ma vue, cette opération, et me salua de son rasoir, comme un
militaire aurait fait avec son épée.

Enfin pour me féliciter sur mon retour dans
les murs d'Antibes, le tailleur Gras, le Sandoz
de cette ville, se leva et fit lever ses garçons
occupés, ainsi que lui, à leur travail et assis sur
une grande table, les jambes croisées suivant
l'usage généralement adopté dans leur art.

Le lendemain, je reçus la visite d'une bonne
partie de la ville, et fus même prévenu par plusieurs personnes que je devais aller saluer le premier. Aussi le maire Lamarre me dit-il : «Quoique
le bonjour, monsieur, arrive du dehors, je viens
avec MM. les administrateurs de l'hospice civil

pour vous demander la continuation des bons soins que vous avez donnés à cet établissement charitable. »

La tante Françon, vieille fille, infirmière de l'hospice et dont j'aurai occasion de reparler, fit un peu de toilette et vint aussi, ce qu'elle appela, me tirer sa révérence.

L'auteur de ces Mémoires ayant repris de suite ses occupations habituelles, jouissait de la tranquillité qu'il avait espéré retrouver à Antibes, quand il apprit de divers côtés qu'une nouvelle organisation du personnel des officiers de santé de l'armée allait opérer de grands changements ; que le docteur Courtes, par exemple, cédant sa place à un inepte indolent, allait porter aux Pyrénées occidentales sa précieuse activité. On ne me laissa même point ignorer que j'étais fort maltraité par cette nouvelle organisation. Afin de savoir définitivement à quoi m'en tenir, surtout sur ce qui m'était personnel, j'écrivis à l'ordonnateur en chef de l'armée d'Italie et à l'ordonnateur de la 8e division militaire, pour les prier de vouloir bien me donner communication officielle de l'*Arrêté du comité de salut public, du 2 floréal, portant suppression et translation de plusieurs officiers de santé de l'armée d'Italie.* Ces deux administrateurs, singulièrement bienveillants pour moi,

cherchèrent, en m'envoyant l'arrêté du comité
de salut public, à me consoler des rigueurs immé-
ritées dont j'étais l'objet; et comme s'ils avaient
concerté leurs lettres, ils m'écrivirent que sachant
que j'étais retourné à Antibes et en fonction, ils
avaient cru inutile de m'enjoindre d'y retourner. Ce que MM. Eyssautier et Vernet avaient
dû, par leur position administrative, considérer
comme des rigueurs, me parut tout simplement
l'une de ces injustices criantes si communes dans
ce temps de réaction. L'arrêté du 2 floréal avait
été pris sur le rapport du conseil de santé, et je
pus comprendre qu'il me serait long-temps contraire; mais ce que j'étais loin de soupçonner,
c'est que la partialité de cette espèce de bureau
ministériel continuerait à me poursuivre pendant trente ans, et que son peu de bienveillance
s'accroîtrait en raison directe de mes services.
C'est pourtant ce qui est arrivé et n'a pas même
cessé d'avoir lieu, quand je suis entré dans le
conseil... J'eus, au reste, le courage de supporter
cet affront, et de le mépriser même assez pour
m'interdire toute espèce de justification.

Il nous vint encore et l'on vit arriver à Antibes un inspecteur pris dans le conseil de santé.
Celui-ci, au lieu d'appartenir à la réaction,
comme on eût dû le croire, était un jacobin ou
plutôt un cordelier qui ne se donnait même pas

la peine de déguiser ses opinions. Soit qu'il ne
sût pas, ou qu'il négligeât son métier, le citoyen
Bécu ne fit rien d'utile pour l'armée, et ne s'occupa que de son amusement. Pendant qu'il se
trouvait dans la rivière du Ponant de Gênes, il
lui prit fantaisie, accompagné d'un secrétaire,
d'aller voir la capitale de ce pays et d'y passer
trois jours. Alors qu'il contemplait les palais de
marbre et les autres belles choses qui ornent
cette superbe ville, les Autrichiens entrèrent
dans Savone. Vingt-quatre heures après, et sans
se douter de rien, notre inspecteur débarque
sur le port, et se dirige vers un café, où il est
tout surpris de ne trouver que des Allemands,
et de reconnaître à leurs uniformes qu'il est au
milieu de l'ennemi. Il a pourtant l'adresse de
s'esquiver sans bruit et de regagner sa felouque
qui le ramena à Nice. Le général baron de Winz,
qui sut très-exactement quel était celui qui
venait de lui échapper, en fut très-fâché. « J'aurais fait mettre, dit-il, cet ex-juré du tribunal
révolutionnaire dans une cage de fer... D'abord
on l'eût montré pour de l'argent, puis placé à
Vienne dans une ménagerie, avec des tigres et
des lions; et il le mérite, puisqu'il a concouru à
la condamnation de Marie-Antoinette. »

Le représentant Guérin, qui annonçait des
mœurs douces, n'en fit pas moins, en passant

à Antibes, un discours fort violent contre le régime antérieur au 9 thermidor. La réaction, sans être pourtant encouragée, ne fut pas blâmée. Le député loua avec équité l'esprit d'ordre et de modération des Antibois, et fut applaudi. L'auteur de ces Mémoires ayant accompagné les autorités civiles et militaires de la place, quand elles allèrent saluer le député à son arrivée, fut l'objet d'attentions particulières à la suite desquelles le citoyen Guérin nous témoigna le desir de causer quelques instants avec nous. « *R. D. G. :* Représentant, je suis à vos ordres. — Dans ma mission actuelle, et surtout dans le département du Var, j'ai recueilli, citoyen, de bien mauvais renseignements sur le directeur de vos hôpitaux militaires. Si ce que l'on m'en a dit est vrai, il aurait pris une part très-active à des assassinats, entre autres ceux commis sur la personne des membres du département du Var, à Toulon. Se trouvant ensuite l'un des administrateurs du district de Fréjus, il aurait établi dans cette commune un tribunal de terreur, et en aurait profité pour se faire adjuger au-dessous de sa valeur une propriété nationale située aux environs de Draguignan... Que savez-vous sur tout cela?... D'abord je vous parle d'homme à homme, et, comme bon citoyen, vous me devez une réponse... Le représentant a même le droit de l'exiger d'un fonctionnaire public de votre caractère.— *R. D. G.* : Représentant, j'ai entendu parler du premier fait que vous avez énoncé, comme malheureusement exact; mais jamais du second. — *Le député* : D'où vient ce Simon, l'homme dont nous nous occupons?—*R. D. G.* : C'est un méridional dont la vie entière paraît avoir été fort aventureuse. Jeune, il s'est fait cordelier, et avait autant de dispositions pour être carme. Quand il raconte sa vie monastique, c'est un de ces frères Lubin de Rabelais. Ce Simon se plaît aussi en toute occasion à rappeler qu'il y a des rapports entre lui, indigne, et saint Ignace de Loyola. De même que le fondateur des jésuites, notre ex-cordelier a porté les armes. Le premier fut grièvement blessé au siége de Pampelune, et Simon l'a été à celui de Gibraltar... Au reste, citoyen représentant, comme c'est le médecin des hôpitaux militaires d'Antibes que vous consultez, la vérité veut qu'il vous déclare que Simon est aujourd'hui un serviteur des plus utiles et, je crois pouvoir l'affirmer, le meilleur directeur d'hôpitaux de l'armée; je dois avoir l'honneur de vous faire observer que je les connais presque tous. — *Le citoyen Guérin* : Mais c'est un apostat que ce Simon, n'est-ce pas?— *R. D. G.* : Je ne sais s'il a jamais été dans les ordres, car il est fort illettré... Il parle assez bien , parce qu'il a beaucoup d'esprit naturel; mais il ne sait pas un mot d'orthographe. D'un autre côté, si tant est qu'il ait apostasié, il n'a pas ce dévergondage et cette haine profonde des choses saintes, qui caractérisent la plus grande partie de ceux qui ont renoncé au sacerdoce; j'en ai eu une preuve non équivoque.

«Nous avons eu au plus fort de la terreur un très-digne inspecteur (1). Celui-ci, sortant de déjeuner et complétement ivre , vint à l'improviste à l'hôpital militaire pour mieux s'assurer, disait-il, de ce qui s'y passait. Ses regards s'arrêtèrent sur une inscription conçue de la sorte, et qui est encore à la même place. *Dieu sera toujours avec les défenseurs de la liberté — Le représentant* : Rien de mieux. — *R. D. G. :* Pas du tout, suivant l'inspecteur... Que fait ici Dieu? se mit à dire cet homme exécrable... Nous ne le reconnaissons plus , et nous avons mis l'Être suprême en son lieu et place. — Que dis-tu, insensé (c'est alors Simon qui vint à parler), l'Être suprême, c'est toujours Dieu, le créateur et le père du monde, le rémunérateur des bons, et l'appui des défenseurs de la liberté! — *Le citoyen Guérin :* Vous finissez par m'inspirer de l'intérêt

(1) Voyez Morin, page 326.

pour ce diable de Simon. — *R. D. G.* : Représentant, puisque vous me faites l'honneur de m'inviter à souper, je saurai avant trois quarts d'heure ce qu'il y a de vrai ou d'inexact dans l'histoire de Fréjus. »

Avant de nous mettre à table, je dis en effet au député : « Simon avait dans son cabinet d'administrateur à Fréjus, des cartons sur lesquels se trouvaient peints des têtes de mort et des fémurs en sautoir, ainsi que des sablières, des couronnes de cyprès et probablement l'inexorable faux. Ces objets, qui avaient appartenu aux décorations d'une chapelle sépulcrale, servirent souvent de texte aux déclamations de Simon ; mais ces menaces de mort, au moyen desquelles l'ex-moine mendiant épouvanta des esprits faibles, n'avaient trait qu'à la mort naturelle...Quant à l'adjudication de la propriété nationale, tout s'est passé régulièrement sans aucune violence et aucun dol. — *Le représentant :* Cependant, d'après ce que je viens d'apprendre d'autre part, je ne puis me dispenser de faire arrêter de suite votre directeur. — *R. D. G.* : Que deviendront nos hôpitaux ? — *Le citoyen Guérin :* Voici ce que je vais faire, et qui prouvera le cas que je fais de votre témoignage... Je vais ordonner que Simon soit, tous les jours, extrait du fort Carré, et puisse, sous la surveillance d'un gendarme, travailler deux ou trois heures à l'hôpital militaire. »

Au moment où le député Guérin allait **nous** quitter, et que l'on attelait déja les chevaux de poste, les principaux militaires, tels que le commandant de la place et celui du fort Carré, les commandants du génie et de l'artillerie, enfin les chefs des corps formant la garnison et ceux de la garde nationale, témoignèrent leurs regrets sur ce que le représentant n'avait pu trouver un moment pour voir leurs fortifications. « Pour voir, dit pompeusement le maire Lamarre, pour voir ces moyens que l'art de Vauban a donnés pour appui au courage éprouvé des Antibois...» Le représentant ne put résister, et le voici accompagné d'une nombreuse suite sur les remparts. De là, et marchant immédiatement à la gauche du député, l'ingénieur en chef Lombard indiquait et démontrait techniquement les divers ouvrages, quand nous le vîmes s'arrêter tout à coup sur une poterne (1), et se dessiner avec autant de rectitude et d'aplomb que peut le faire un septuagénaire ou à peu près. Le costume de M. Lombard ne le rajeunissait pas non plus. Voici en quoi il con-

____

(1) Une poterne, en terme de fortification, signifie une fausse porte pour faire des sorties secrètes dans les fossés.

sistait : habit bleu large et carré, les parements
en velours noir et remontant presque au coude,
une longue veste rouge et une culotte de même
couleur, une épaulette très-grêle, un chapeau
triangulaire, les trois côtés égaux, un hausse-col
percé de trois trous qui avaient servi à fixer
trois fleurs de lis; enfin un médaillon de vétéran remplaçant la croix de Saint-Louis. Voilà
bien un ingénieur des vieux temps. Nous vîmes
ensuite le citoyen Lombard attacher avec lenteur
et gravement sa canne à l'une de ses boutonnières, et nous l'entendîmes dire, ayant le chapeau
à la main : « Le citoyen représentant du peuple
m'ordonne-t-il de lui donner le secret de la place?
— Comme vous le jugerez convenable, citoyen
commandant. » M. Lombard tira alors la courte
épée fixée horizontalement à son côté, fit signe
aux assistants de s'éloigner à quelques pas, et
en donnant au représentant l'accolade usitée lors
de la réception des chevaliers, il lui confia mys-
térieusement et à l'oreille le secret de la place
d'Antibes, c'est-à-dire qu'il lui indiqua les points
les plus forts et les plus faibles.

L'artillerie ne put voir la faveur accordée au
génie, sans sentir se rallumer l'émulation qui
règne entre ces deux armes savantes. « Citoyen
représentant, dit le commandant Berlier (Provençal spirituel, homme du monde, et qui,

comme reliquat de la guerre d'Amérique, avait une jambe raccourcie de trois pouces), non, vous ne voudrez pas quitter nos murs sans avoir jeté un coup d'œil sur nos batteries de rempart! — *Le représentant :* Je suis au désespoir; mais il me faut partir pour Nice où je devrais être rendu. — Jetez, au moins, ce qui fut fait, un coup d'œil sur les belles plates-formes que je viens de faire rétablir... Que les Anglais s'approchent encore (1), et ils connaîtront la portée de nos canons... — Et celle de la coulevrine du fort Carré, » dit à son tour le commandant Marcel Masséna.

L'auteur de ces Mémoires reçut un jour, et directement à Antibes, un arrêté du comité de salut public, qui lui ordonnait de se rendre tous les dix ou quinze jours, suivant l'urgence, dans l'île Marguerite pour y surveiller le service des malades de l'escadre. On en comptait 700 à 750 qui étaient bien traités par les officiers de santé de la marine, sous des hangars ou d'immenses tentes, surtout fort élevées et faites avec des voiles de rechange. Je m'embarquais d'ordinaire à Cannes pour remplir ma mission. Un jour, entre autres malades, je fus appelé pour un marin que je reconnus de suite pour le pa-

―――――――――

(1) Voyez la page 332.

tron Raphaël Dalmus; mais celui-ci ne conservait de moi aucun souvenir. Comme il avait été fort malade et très-souffrant, un jour où il se trouvait fort bien, il me dit : « M. le médecin, le jour de la reconnaissance est arrivé. » Et puis, amenant à lui un petit coffret rempli de pièces d'or et d'argent, « Prenez ce que vous voudrez, et cela sera bien gagné... — *R. D. G.* : Je ne suis point dans l'habitude de répondre à de semblables invitations... Puis nous sommes, maître Raphaël, d'anciennes connaissances. — Depuis quand? — Depuis 1789 (1), où j'ai fait sur une felouque à vous la traversée de Gênes à Marseille. — Je vois que je n'ai pas la mémoire si bonne que vous; cependant je m'en souviens. — Je me souviens aussi de vos bons procédés et je ne veux pas de votre argent. — J'ai bien pris le vôtre, moi; c'est égal, je veux que le diable m'emporte cette fois-ci, comme il a manqué de faire, si vous y perdez rien. La maison de Raphaël Dalmus est à présent comme si vous étiez chez vous; puis vous entendrez parler de moi à Antibes, où l'on n'aura pas de peine à vous trouver, car vous êtes assez récité. » Maître Raphaël m'envoya, tant que je fus à Antibes, d'excellent pain, de très-bon vin et une abon-

---

(1) Voyez le premier volume, page 504.

dante provision de fruits secs, comme des figues
et des raisins.

. En entrant une fois, vers trois heures de
l'après-midi, dans l'hospice civil, je fus prévenu
par l'infirmière tante Françon, que j'allais trouver, isolé au bout de la grande salle et près de
la croisée donnant sur le jardin de madame
Émond, un homme du pays, travailleur de terre,
bien malade et tout aussi affligé. Je m'avance et,
en approchant de ce malheureux, j'entends
qu'il se querelle ou plutôt qu'il est fortement
rudoyé par un homme qui lui demandait cent
écus... « Exiger cent écus, me dis-je, d'un Antibois réduit à l'hôpital (1), cela est déraisonnable
et cruel. » Le demandeur ou poursuivant, âgé de
plus de soixante ans et d'une mise aisée, avait assez
bonne mine, mais la physionomie dure. *R. D. G.* :
Vous n'êtes pas, citoyen, l'un des administrateurs de l'hospice, car je vous connaîtrais. Seriez-
vous l'un de ses bienfaiteurs?... » La tante Françon (*a parté*) levait les épaules et faisait à la
fois sur mon interlocuteur une très-vilaine grimace. « *R. D. G.* : Dites-moi, citoyen, et je vous
en prie instamment, qui vous êtes ou mieux ce
que vous faites ici? — D'un air altier et du ton
le plus insolent, mon homme me répond : Je

____

(1) Voyez page 321.

n'ai point de compte à vous rendre ; ce que je fais ici, et partout, ne vous regarde pas. — Ce que vous faites ici, et dans ce moment, me regarde plus que vous ne pensez ; vous fatiguez, vous obsédez un malheureux malade confié à mes soins... Sortez à l'instant, ou je vais vous prendre par les épaules et vous jeter à la porte. — Hé bien, puisque tu veux le savoir, apprends que je suis officier ministériel instrumentant ici au nom de la respectable dame R.g.s. chez qui tu demeures. — *R. D. G.* : Malgré le respect qu'un homme élevé comme moi dans la crainte de Dieu et des sergents doit à ton caractère, comme tu instrumentes ici illégalement et furtivement, je te somme de te retirer bien vite, ou je vais te rompre le candélabre du cierge pascal que tu vois, sur l'échine... » L'antagoniste immobile semblait méditer un bon procès-verbal de rébellion, lorsque le candélabre vermoulu et facilement brisé retomba à terre en éclats. « Des témoins ! » criait le battu, mais il n'y avait là que le malade et la tante Françon. Ma colère ne s'arrêta pas là, et j'aidai l'officier ministériel à descendre l'escalier. Il faisait très-chaud, tout le monde était à l'ombre, pas un chat à la fontaine, et personne n'entendit les plaintes, ni les cris : Au secours ! au secours !...

Cette affaire n'eût donc jamais dépassé l'en-

ceinte de l'asile du pauvre, sans l'indiscrétion de
l'auteur de ces Mémoires. Celui-ci, en rentrant
dans son logement et encore tout scandalisé et
courroucé, voulut moraliser madame R.g.s., et
il raconta, le battu présent, ce qui venait de
se passer. Le suppôt de la justice acquit alors
des témoins, et il les interpella nominativement
et les pria de conserver le souvenir des aveux
qu'ils venaient d'entendre.

Ici madame R.g.s. commença à jouer un rôle
principal. L'ame de cette bonne personne résidait depuis au moins soixante et quinze ans dans
un petit corps sec, qui passait pour n'avoir pas
été sans agrément environ cinquante ans avant
l'an premier de notre république. Une heureuse
fécondité avait aussi rendu madame R.g.s. mère
et grand'mère d'une douzaine d'enfants chéris
de toute la ville. On disait en même temps que
mon hôtesse, sans doute pour ne pas faire de
jaloux, n'avait jamais donné de témoignages
d'attachement à sa famille... Voilà le cœur dont
j'avais cherché à émouvoir la pitié! Tant est-il
que madame R.g.s. se leva, tremblante de colère de la tête aux pieds; elle mit en avant
l'indicateur de sa main droite, avant que sa
langue, d'ailleurs bien suspendue à l'ordinaire,
vînt à se délier; les rides de son front se creu-
sèrent en se plissant d'abord, puis se rétractè-

rent avec effort, et offrirent un parchemin lisse
et fort jaune... « Monsieur le médecin, quand elle
put parler, monsieur, monsieur, montez chez
vous et sortez de chez moi. — Je sors, madame,
de votre arrière-boutique, de votre salle à manger et de votre salon de compagnie... Je monte,
comme vous m'ordonnez de le faire, chez moi;
car j'y suis au second, puisque la municipalité
m'a assigné ce logement... » L'énergie avec laquelle madame R.g.s. avait parlé augmenta son
tremblement qui prit un caractère convulsif, et
je ne saisissais plus que les glapissements d'un
chat qui s'étranglerait dans un piége.

En montant l'escalier, je pris la résolution de
me rendre à la municipalité, où j'arrivai à environ quatre heures, et la trouvai en délibération.

Le maire, en me voyant entrer, me demanda
ce qui leur procurait la satisfaction de me recevoir. « C'est une visite de congé, messieurs, que
je viens faire, et vous devez vous en apercevoir
au costume plus soigné que celui dans lequel
vous me permettez d'ordinaire de paraître. Je
viens donc, messieurs, pour vous témoigner
combien il m'en coûte pour me séparer de vous
et de vos administrés; mais je me vois contraint
à m'éloigner pour un acte répréhensible, sans
doute, mais qui peut trouver une excuse dans

le sentiment qui l'a dicté. — *Le maire Lamarre :*
Mais racontez-nous donc positivement l'acte, le
fait en question. — *R. D. G. :* Messieurs, je vais
vous raconter pourquoi je suis menacé d'un
procès criminel, et je racontai en effet ce qui
s'était passé entre l'officier ministériel et moi, à
l'hospice civil, et enfin mon imprudent aveu
chez madame R.g.s., dont on connaît les entrailles compatissantes... La municipalité sourit,
et le maire de dire : C'est une affaire grave. —
Le procureur de la commune : Et complexe; car
elle peut être envisagée sous divers points de
vue. — *Le maire :* Je vais d'abord envoyer chercher Raphel, car c'est évidemment de lui qu'il
s'agit; ensuite, et si ces messieurs le jugent bon,
je l'admonesterai sur ce qu'il est entré sans
autorisation dans l'hospice civil; puis... — *Le
procureur de la commune :* Si Raphel était porteur d'un jugement, il lui suffisait de prévenir
l'administration de l'hospice et vous plus particulièrement, monsieur, qui la présidez. — *L'a-
vocat Barquier :* C'est ce que nous saurons d'a-
près les dires de Raphel et les observations que
monsieur le médecin pourra faire à leur occasion. — *M. Jacques Vial :* Je passais devant
l'hospice quand Raphel y est entré; il m'a vu,
puisqu'il m'a salué; si j'avais su ce qu'il allait y
faire, je lui aurais défendu d'entrer... Il y a de.

quoi tuer un pauvre homme en lui demandant
cent écus... — *Le maire :* Messieurs, si vous
l'approuvez, je vais, pour en finir, faire paraître
Raphel ? » Après avoir recueilli un signe appro-
batif : « Roubaud (c'était un valet de ville),
allez au Castelet chercher maître Rapheau, et
lui dire de se rendre ici... » On ne délibère plus,
mais on cause sur mon affaire...

Mon adversaire arrive, et pour rendre tout
égal entre les parties, je me lève d'un grand et
vieux fauteuil dans lequel on m'avait fait céré-
monieusement asseoir. « *Le maire Lamarre à*
Citoyen Rapheau, que faisiez-vous à 3 heures
dans l'hospice civil, quand vous vous êtes pris
de querelle avec monsieur le médecin ici présent ? — *Maître Raphel :* J'étais à parler à *** de
la part de madame R.g.s., pour qu'il eût à lui
payer quelque argent qu'il lui doit, et je l'en-
gageais à la payer promptement, parce qu'elle
n'aime pas à attendre son dû. — *Le maire :* Monsieur le médecin paraît avoir quelque chose à
dire... — *R. D. G. :* Cela est vrai, messieurs ; ce
qu'il plaît au citoyen d'appeler une conversation
et une invitation, est donc la même chose qu'instrumenter ? — *Le procureur de la commune :*
Instrumenter, c'est passer des contrats, dresser
des procès-verbaux, procéder à des actes publics ;
ainsi quand maître Rapheau a dit au médecin

qu'il instrumentait, il a énoncé un fait faux. — *Le maire* : Continuez Rapheau. — Il y a eu une querelle, il n'y a pas de doute que le médecin l'a engagée, et il y a eu bien autre chose, ce qui ne regarde pas la municipalité... — *Le maire* : Quoi! la violation de l'asile du pauvre, une rixe des plus violentes dans le même lieu, seront des objets étrangers à la municipalité? — *Raphel* : Oui, cela ne la regarde pas. Si je suis entré mal à propos ou sans façons à l'hospice, eh bien, je n'y retournerai plus, et cela doit finir par ma déclaration; mais le reste ne vous regarde pas, je le répète. — *Le maire* : Qui donc? — *Raphel* : Grasse, où est le tribunal criminel du district... Que la municipalité se mêle de ses affaires... Chacun son métier, et les vaches seront mieux gardées. — *Le maire* : Vous entendez, messieurs, la grossièreté avec laquelle cet homme a la hardiesse de décliner notre juridiction... Citoyen procureur de la commune, ne jugez-vous pas convenable de requérir à l'instant... — *Le procureur de la commune* : Je suis d'avis que cela n'en vaut pas la peine, qu'il faut mettre Raphel à la porte, et il ira se plaindre où il voudra. » Cet avis parut judicieux. Alors Roubaud s'approche de l'officier ministériel, et, comme celui-ci avait fait vendre ou vendu une fois les meubles du valet de ville, ce dernier lui fit descendre les cent et quelques marches qui conduisent à la salle du conseil, comme il avait descendu les douze à quinze marches de l'hospice.

Quoique le battu, comme on le voit, eût payé l'amende, je dis à la municipalité, en me retirant, qu'il était heureux de vivre sous l'égide de magistrats aussi impartiaux que bienveillants.

Madame R.g.s. réfléchit et calcula que ma présence dans sa maison rapportait plus de cent écus à sa pharmacie ; elle fit les avances, et nous nous raccommodâmes. Cependant avant ce moment fortuné qui fut scellé par une accolade, elle me moralisa à son tour sur ma vivacité diabolique... Le P. Bonavie se trouvait là, étant venu pour me demander en quoi consistait la marmelade de Tronchin ou mieux de Fernel ; il me dit de l'air et du ton le plus affectueux : *Remittentur tibi peccata multa.* — *Madame R.g.s.* : Que veut dire ce latin-là ? — *R. D. G.* Que les ames coriaces trouveront difficilement place en paradis. »

L'affaire n'alla pas plus loin.

La réaction s'était organisée à Nice sous les yeux et avec l'appui patent de l'ex-montagnard Beffroy (1).

____

(1) Nous nous proposons de reparler de cet ex-conven-

Le représentant Guérin se montra au quartier-général de l'armée d'Italie ami sincère de la légalité; il tempéra même avec assez d'énergie la réaction qui, outre-passant toutes les bornes, eût, si on l'avait laissée faire, renouvelé les violences et les crimes de la terreur. Nous avions à Nice une jeunesse dorée, colonie de celle de Paris et soutenue de même qu'elle par Fréron qui, dans une seconde mission, ayant changé totalement de principes, voulait faire oublier aux départements méridionaux, le fougueux proconsul de 1793 et 1794.

Des dénonciations nombreuses et appuyées par des populations tout entières forcèrent le représentant Guérin à ordonner des arrestations qui portèrent sur plusieurs administrateurs du département des Alpes-Maritimes et du district de Nice, sur des magistrats, et enfin des militaires de différents grades. Lors de la translation de ces accusés du grand quartier-général au fort Carré d'Antibes, la jeunesse réactive dont nous venons de parler les poursuivit du centre de la ville jusqu'au Paillon, près de la Croix-de-marbre, en les couvrant d'injures et de

---

tionnel que nous avons trouvé, en 1802, administrateur de l'hôpital militaire de Saint-Denis, et en 1815, pendant les cent jours, défenseur officieux à Laon sa patrie.

menaces, qui furent poussées si loin, qu'il fallut faire intervenir la force armée pour veiller à la conservation des prévenus. Tout cela eut lieu aux acclamations populaires et aux chants bruyants du *Réveil du peuple*, qui avait fait taire et remplaçait la *Marseillaise* et l'*Hymne du départ*.

Le fort Carré d'Antibes, qui avait alors pour commandant Marcel Masséna, cet estimable et brave militaire dont il a déja été parlé, se trouva tout à coup encombré de souffrants et de plusieurs malades; ce qui m'obligeait presque journellement à m'y rendre. J'eus encore avec les détenus d'autres rapports, il est vrai, étrangers à ma profession, mais qui me mirent à même d'apprécier la valeur des accusations.

Un arrêté du représentant du peuple Guérin, sanctionné, autant que je puis m'en souvenir, par le comité de salut public, investit le juge de paix d'Antibes du pouvoir de mettre en liberté ou de traduire devant les tribunaux les détenus du fort Carré.

Or il n'est pas inutile de dire que ce juge de paix, complétement étranger à l'étude des lois, se trouvait être un tailleur surchargé d'une nombreuse famille, au demeurant galant homme, de beaucoup de bon sens et d'une représentation assez imposante.

Le greffier de la justice de paix, orfèvre, ayant maison de ville, une bastide (1) hors des murs, et menant une vie conforme à cette aisance, ne remplissait pas, quoique rétribuées, ses fonctions avec régularité. Dans quelques cas urgents, le juge de paix eut donc recours à nous pour suppléer son greffier. Ce magistrat s'établissait alors sous nos fenêtres et criait à haute voix, peut-être dans l'intention de faire connaître l'inexactitude de son plumitif (2) : « Médecin, es-tu là ? — Oui. — Hé bien, veux-tu me rendre le service de remplacer le citoyen Blanchet qui s'absente quand j'ai le plus besoin de lui ? *Fa mi un po da secretary.* »

Lorsque mes occupations me permettaient de me rendre chez le juge de paix, je trouvais disposés en bon ordre et étendus sur une grande table, les dossiers de ceux des prévenus qui étaient appelés à comparaître. Chaque dossier se composait d'ordinaire de l'arrêté motivé prononçant l'arrestation, et quelquefois de pièces

---

(1) Bastide signifie petite maison de campagne.

(2) Le mot plumitif ne fut jamais, malgré l'autorité du juge de paix d'Antibes, synonyme de greffier. Le plumitif est le papier original ou primitif sur lequel on écrit les sommaires des arrêts ou des jugements qui se rendent à l'audience des cours de justice et des tribunaux, de même que les délibérations d'une compagnie.

à l'appui, parmi lesquelles on admettait jusqu'à des dénonciations anonymes ou sans signatures.

Le juge de paix prenait tour à tour ces dossiers, me les donnait à lire et me demandait ce que j'en pensais. « *R. D. G. :* C'est à vous de décider, et je ne suis ici que le remplaçant de votre greffier... et lui constamment (le juge de paix) : Cela ne signifie rien. — *R. D. G. :* Je le crois aussi; ainsi vous ordonnez la mise en liberté ? — Oui. »

Dans une circonstance seulement, un officier, pour cause d'incompétence, fut renvoyé devant les tribunaux militaires.

Dans chaque audience, ou mieux séance, car une audience suppose des auditeurs ou des spectateurs, on expédiait ordinairement trois affaires, ce qui durait une demi-heure pour chacune.

Comme je connaissais d'avance la décision qu'allait prononcer le juge de paix, pendant que ce magistrat se promenait avec gravité, en prenant et savourant lentement force tabac, j'écrivais : « Vu l'arrêté du représentant en mission... en date du... qui ordonne l'arrestation du nommé... Vu également l'arrêté du comité de salut public, en date du... qui détermine les localités dans lesquelles les juges de paix statueront définitivement sur les préventions établies par les représentants du peuple en mission près des armées et des départements : Nous Nicolas Grallier, juge de paix de la commune d'Antibes, canton de Vence, district de Grasse, département du Var, après avoir examiné les charges portées contre.... déclarons qu'il n'y a lieu à poursuivre, et ordonnons la mise en liberté dudit... »

Je lisais cela assez emphatiquement, et aussi, pour m'amuser, je copiais fidèlement la pronunciation provençale du bon juge qui ne s'en aperçut jamais.

Ces brutalités, que Barrère appelait des formes acerbes, étaient le délit commun à presque tous les fonctionnaires publics du midi.

Le président du département des Alpes maritimes, le citoyen G..., s'excusa en disant qu'il s'était borné à hurler avec les loups.

Moi, dit T., l'un des premiers magistrats de Nice, j'ai obéi à ma conscience, et si j'ai épouvanté les hommes douteux et glacé d'effroi les aristocrates, je n'ai jamais fait tomber un cheveu de la tête de personne.

L'aide-de-camp Marais (1), qui se croyait au club, quoique les gendarmes eussent reçu l'ordre de se retirer et que nous ne fussions que trois, lui compris, Marais se mit à tousser, à

____

(1) Voyez page 351.

cracher et à se moucher, puis il commença de
la sorte son inutile défense, en déclamant du
ton le plus solennel : « Le royalisme et l'anarchie conspirant contre les amis les plus purs de
la liberté... — *R. D. G.*, tirant sa montre : Mon
service m'appelle à l'hôpital militaire. Prononcez,
citoyen juge de paix (ce qui fut fait), que l'affaire
est entendue, et que Marais, faussement accusé,
est mis en liberté. » Le juge et l'innocenté s'em-
brassèrent en riant, et le greffier d'emprunt alla
à ses affaires.

L'hôpital militaire et sédentaire d'Antibes,
ou n° 1, fut supprimé par un arrêté du comité
de salut public et versé, malades et matériel,
sur le vaste hôpital n° 2. Cette mesure était
sage et devenue très-urgente; car la négligence
apportée à l'entretien du premier de ces établissements avait laissé se dégrader les constructions les plus solides, et enfin des infiltrations
provenant des latrines rendaient inhabitables
quelques maisons voisines, et réduisaient leurs
propriétaires à la possession presque nue du
terrain qu'elles couvraient. Cette suppression
blessa quelques intérêts, et le portier de l'hôpital en fut tellement affecté, que l'on croît
qu'elle avait hâté la fin de son existence. Cet
ancien militaire avait servi sous le maréchal de
Saxe, et racontait tout le jour ses campagnes,

surtout aux jeunes soldats, et le verre constamment à la main. Le vétéran dont on parle était
un homme superbe par sa stature, la beauté de
ses formes et la régularité des plus nobles
traits. Une hydropisie ascite, résultat d'un état
d'ivresse presque habituel, avait seulement
donné trop d'ampleur au bas-ventre; enfin une
infiltration complète des jambes, compliquée
de phlyctènes, amena la mort. Quand il fut
question de porter l'ex-portier de l'hôpital militaire au Champ du repos, car c'est ainsi qu'avec
assez de justesse on nommait le cimetière, un
vétéran, qui était et son suppléant et son successeur désigné, si le destin l'eût permis, parla
ainsi à tous les employés et surtout aux infirmiers
réunis : « Enfants, il faut que vous soyez quatre
pour porter un si lourd fardeau; d'ailleurs la
course est longue. Plaçons ensuite, indépendamment du sabre croisé avec son fourreau, plaçons sur la bière de ce brave Beaufremont, son
bonnet de police, qui annoncera qu'il servit dans
le beau régiment de dragons de ce nom. Qu'on
mette aussi sur le corps une dame-jeanne, et
aux pieds un broc rempli de vin pour nous ra-
fraîchir et nous soutenir le cœur. Si le défunt
vivait encore, il ne blâmerait pas les soins que
nous prenons. » Le broc fut vidé en route et la
dame-jeanne bue sur la tombe.

La réserve des subsistances d'Antibes se trouvait, vers la fin de floréal, avoir fort peu de froment et, au contraire, beaucoup d'orge ; on demanda aux officiers de santé en chef des hôpitaux de cette place, si l'on pouvait confectionner pour la garnison du pain avec un mélange d'orge et de froment, et dans quelles proportions ce mélange devait avoir lieu.

Un arrêté du comité du salut public, du 5 germinal de l'année courante, portait que le pain de munition continuerait d'être composé d'un mélange de trois quarts de froment et d'un quart de seigle, sans que les farines fussent blutées.

Un article de ce même arrêté portait aussi, qu'à défaut de seigle, l'orge pourrait le suppléer; mais qu'alors cette dernière espèce de grain serait épurée de dix livres, attendu la dureté de son enveloppe.

Le commissaire des guerres de la place, en nous faisant connaître qu'il n'avait pas de seigle à sa disposition, nous demandait s'il pouvait faire confectionner le pain de munition avec parties égales de farines de froment et d'orge, et nous répondîmes affirmativement.

Nous rappelâmes, à cette occasion, que plusieurs nations, même éclairées, s'étaient non seulement nourries avantageusement avec un

pareil mélange, mais même avec de la farine
d'orge seule, quoique fournissant moins de fé-
cule et de gluten que le froment.

Nous ajoutions que le son provenant de l'orge
est reconnu pour sec, peu ou point nourrissant,
et parfois purgatif, et que ces considérations
avaient sans doute déterminé le comité de salut
public à en recommander l'extraction à la proportion de dix livres dans un mélange au quart.
Fondés sur les mêmes bases, nous conseil-
lions de porter l'extraction du son à vingt livres,
et qu'alors on aurait d'excellent pain.

Cette note, signée des citoyens Joubert, Lau-
bert et de l'auteur de ces Mémoires, fut remise,
le 3 prairial, au commissaire des guerres de la
place, le citoyen Leorat, jeune administrateur
très-vigilant (1).

---

(1) On trouve dans les Commentaires de César un passage
intéressant sur les réserves de subsistance des anciens, et
leur importance, à l'occasion du siége et de la reddition de
Marseille. Voici comment s'exprime le grand capitaine :

*Massilienses omnibus defessi malis, rei frumentariæ ad
summam inopiam adducti, bis prælio navali superati, cre-
bris eruptionibus fusi, gravi etiam pestilentiâ conflictati, ex
diutinâ conclusione et mutatione victûs (panico enim vetere
atque hordeo corrupto omnes alebantur, quod ad hujusmodi
casus antiquitus paratum, in publicum contulerant), dejectâ
turri, labefactâ magnâ parte muri, auxiliis provinciarum ot*

Le général Schérer venant de l'armée des Pyrénées occidentales, après la paix faite avec l'Espagne, se rendait à l'armée d'Italie, pour en prendre le commandement en remplacement de Kellermann. Passant par Antibes, il déjeuna chez M. Marcel Masséna, qui commandait alternativement cette place et le fort Carré, qui en était indépendant sous plusieurs rapports.

« Je viens, mes bons amis, nous dit le général Schérer, quoiqu'il ne nous eût jamais vus ni les uns ni les autres ; je viens avec d'excellentes troupes forcer le roi de Sardaigne à faire la paix. C'est un homme mal conseillé et dupé au jeu qu'il joue depuis 1792. S'il ne change

---

exercituum desperatis, quos in Cæsaris potestatem venisse cognoverant, sese dedere sine fraude constituunt (De Bello civili, lib. II.)

Les Marseillais, accablés de tous les maux, manquant de blé, battus deux fois sur mer, repoussés dans leurs fréquentes sorties, attaqués d'une maladie pestilentielle causée par une longue réclusion et par le changement de nourriture (ils ne mangeaient plus que du vieux millet et de l'orge corrompu, tirés d'une réserve créée dès les temps les plus reculés pour les besoins urgents) ; voyant d'ailleurs une de leurs tours renversée, étant sans espoir d'être secourus par les provinces et les armées qu'ils savaient sous la puissance de César, ils résolurent de se rendre sans supercherie. (De la Guerre civile, livre II.)

pas de direction, il perdra complétement la partie.

« A propos, monsieur le docteur, on me recommande fortement de Paris un médecin qui se trouve maintenant à l'armée. Je l'ai connu à Strasbourg, rédigeant un journal politique, je crois, le Courrier du Bas-Rhin. Ce docteur horriblement laid, louche ou même borgne, spirituel et malicieux comme un singe, est de Colmar et cousin de Rewbell le directeur. Je préférerais un homme comme vous, d'après ce que vient de me dire le commandant Masséna; puis, j'aime que l'on soit à son métier. Les médecins parlent toujours politique ou de la guerre. D'abord ils sont presque tous enragés, puis ne savent ce qu'ils disent sur le militaire. Nous en avons eu un comme cela, un certain Baudot qui était représentant du peuple à l'armée du Rhin.

« J'ai fait attention à vos observations sur l'insalubrité du camp près de l'embouchure du Loup; mais l'artillerie et la cavalerie légères qui s'y trouvent n'y resteront pas trois jours; j'emmène tout ce monde avec moi. Je voudrais bien vous emmener aussi. Ne connaissez-vous pas personnellement nos commissaires du gouvernement Ritter, Peyre et Maisse? — *R. D. G. :* Je ne connais que le premier, auquel j'ai donné quelques

soins à Toulon. — En voilà plus qu'il n'en faut,
vous êtes des nôtres. »

Peu de jours après, un arrêté des commissaires du directoire, nommés ci-dessus, m'ordonna de me rendre au grand quartier-général
d'Albenga.

CHAPITRE VIII.

Oneille reste un point central. — Grand quartier-général d'Albenga où se trouvent réunis les commissaires du gouvernement, l'état-major général et les commandants des diverses armes. — Des généraux de division et de brigade, et adjudants-généraux sous leurs ordres. — Quelques lignes biographiques sur chacun d'eux. — Du chirurgien en chef Bruguière, et début de son fils dans la carrière des armes. — Mort du général Charlet. — Le quartier-général à Finale. — Projet d'établissement et de suppression d'hôpitaux. — Bâton de sous-officier autrichien rompu et honoré. — Joyeuse journée passée à Finale-Borgo avec Cervoni, Joubert, etc. — Savone, son évêque et son gouverneur. — M. de Sucy, intendant général, Salicetti et le citoyen Villar, ministre de France à Gênes. — Grand dîner égayé par Cervoni, et dans lequel Schérer déclare qu'il est peu latiniste; chants divers. — Ritter est indisposé; ses adieux et remerciements, en m'accordant la permission de me rendre à Paris.

J'écrivis de Nice le 3 brumaire (25 octobre 1795), 1° au citoyen Lorentz, définitivement fixé à Marseille, et y conservant et le titre et prétendant pouvoir y continuer les fonctions de médecin en chef de l'armée d'Italie; 2° au citoyen Courtès, qui venait fort à propos reprendre ses anciennes fonctions de chef; 3° au citoyen Bruguière, censé suppléer les deux premiers, quoiqu'il ne possédât ni le savoir étendu de l'un, ni l'activité et les talents administratifs de l'autre.

Ma lettre à ces trois chefs du service médical, tel que je le trouvais organisé, n'avait pour objet que de leur donner communication de l'arrêté des commissaires du gouvernement, qui m'appelait au grand quartier-général de l'armée pour y reprendre, ainsi que dans la division de droite, les fonctions dont j'avais été chargé l'année précédente.

Je prévins également, et par une circulaire, les médecins employés dans la division Masséna, des fonctions que je venais de nouveau y remplir.

Le 6, je fis à Oneille plusieurs dispositions, les unes dans l'intérêt du service de cette place, et les autres de la division, dont l'effectif montait à 30,000 hommes. Il était facile de prévoir l'importance d'un point central tel qu'Oneille, si l'armée reprenait ses anciennes positions dans la rivière du Ponent de Gênes.

En arrivant au grand quartier-général, à Albenga, j'y trouvai tous les chefs de l'armée réunis, à commencer par les commissaires du gouvernement, Ritter, Peyre et Maisse. Le premier, député du Haut-Rhin, dont il a déja été souvent parlé lors de l'expédition maritime échouée, était un républicain rempli de loyauté, de bravoure et de désintéressement. Les deux autres commissaires, députés des Basses-Alpes et, autant qu'il m'en souvient, beaux-frères, partageaient les opinions et les sentiments de leur collègue.

Le grand état-major de l'armée, indépendamment des aides-de-camp du général Schérer, brillants de bravoure, de talents et de dévouement pour leur chef, qui les appelait sa famille militaire, se composait ainsi qu'il suit :

Le général de brigade Kerveguen, homme d'ordre et très-laborieux, continuait à être le chef de l'état-major de l'armée. Celui-ci était d'ailleurs dans toutes les occasions puissamment suppléé par le jeune colonel ou adjudant-général Pierre Boyer, premier aide-de-camp de Schérer et justement investi de toute sa confiance.

L'arme du génie était commandée par le général de brigade Vital.

L'artillerie par le général de brigade Gassendi, esprit éclairé et fort original.

La cavalerie était placée sous les ordres du général de brigade Stengel, unanimement considéré comme l'un des premiers officiers de cette arme, et qui fut tué, le 22 avril 1796, à la bataille de Mondovi, en poursuivant, peut-être avec trop d'ardeur les ennemis vaincus (1).

Les trois généraux de division étaient Masséna, destiné à commander au centre ; Augereau, à l'aile droite ; et Serrurier, à la gauche.

Le premier avait pour généraux de brigade, ou en faisant fonctions, Laharpe, Charlet, Cervoni, Saint-Hilaire, Chaban, Bizanet, et les adjudants-généraux Joubert et Ménard.

Le second, le général de division Augereau,

----

(1) Stengel, essentiellement homme d'esprit, de plaisir et de bonne compagnie, quoique fort maltraité sous le régime de la terreur, conservait peu de rancune. Issu d'une famille noble du Palatinat, lié long-temps d'amitié avec Dumouriez, et ayant, peu après la défection de celui-ci, éprouvé personnellement un échec devant Aix-la-Chapelle, il fut incarcéré à l'Abbaye, d'où il ne sortit que par suite du 9 thermidor. Le général Stengel se trouvait encore dans cette prison, quand on y vit arriver David ; ce qui parut assez plaisant à plusieurs détenus. On résolut même de recevoir l'ex-membre du comité de sûreté générale avec des formalités de fort mauvais goût, enfin de lui donner la savatte. Le grand peintre vit avec calme et une sorte de résignation les apprêts de cette humiliante cérémonie, et fit simplement observer qu'il avait la fièvre depuis quelques jours, et qu'il en éprouvait au moment même un violent accès. Stengel, qui donna l'exemple de l'indulgence et de la commisération, n'en resta pas moins insensible au mérite de l'artiste, et en parla toujours comme eût fait un Vandale.

avait pour généraux de brigade, Victor, Barnel, Dommartin et l'adjudant-général Rusca.

Le général Serrurier avait sous ses ordres les généraux de brigade Miollis et Pigeon, et il fut rejoint plus tard par les adjudants-généraux Joubert et Ménard, qui lui conduisirent 5,000 hommes de renfort.

Le chef de demi-brigade Lannes, qui servait alors comme volontaire, commandera bientôt par intérim une brigade, et le chef du 4e bataillon de l'Ardèche, Suchet, s'illustrera par un beau fait d'armes.

Que de noms glorieux, que d'hommes chers à la patrie! Que sont-ils devenus, que le temps en a-t-il fait?

Schérer fut ministre de la guerre, reprit le commandement de l'armée d'Italie, se retira du service après le 18 brumaire, et mourut en 1804 dans une terre qu'il avait acquise en Picardie.

Masséna, immortalisé par les souvenirs de Rivoli, de Zurich, de Gênes et d'Esling, est mort à Paris, au milieu des siens, en 1817. Ses obsèques, qui furent pompeuses et touchantes, me parurent celles de la vieille armée tout entière. Nous aurons occasion de reparler plusieurs fois de l'*Enfant chéri de la victoire*.

Augereau, devenu maréchal et duc de Castiglione, juste prix de ses grands services en Espagne, en Italie, en Allemagne, etc., et pair de France pour avoir caressé la restauration, est mort de maladie en 1816, dans sa terre de la Houssaye, à peu de distance de Paris.

Né en 1742 et entré au service à 15 ou 18 ans, le comte Serrurier, pair et maréchal de France, long-temps gouverneur de l'hôtel des Invalides, est mort à Paris en 1819, couvert de la haute considération que méritaient ses talents militaires et ses vertus civiles.

Maintenant si nous recherchons quel a été le sort des lieutenants ou des généraux de brigade qui servaient sous Masséna, à l'époque dont il est question, nous trouvons que Laharpe, patriote vaudois du plus beau et du plus aimable caractère, devenu général de division après les exploits les plus brillants, fut tué en Italie, le 18 floréal an IV (7 mai 1796), par le feu de l'ennemi, ou par une méprise des siens dans l'obscurité de la nuit, ce qui est resté indécis.

Le général Charlet, qui venait de l'armée des Pyrénées-Orientales, où il avait servi avec distinction, fut blessé à mort d'un coup de feu au commencement de la bataille de Loano, comme je le dirai prochainement avec quelques détails.

Cervoni, notre intime ami, devenu général de division sous la république et comte sous

l'empire, réunissant à l'esprit le plus cultivé la
plus brillante valeur, cachant un sens profond
sous des dehors enjoués et des propos futiles,
fût tué par un boulet de canon à la bataille
d'Eckmulh, en 1809. Nous reparlerons de Cervoni surtout à notre retour d'Égypte, s'il nous
est donné de continuer cet écrit jusqu'à cette
époque.

Le général Saint-Hilaire, notre ami au même
degré que Cervoni, et distingué par des services
éclatants et non interrompus, devenu général de
division, puis comte, fut tué à la bataille de Wa-
gram, et ses restes furent déposés au Panthéon
par un décret impérial (1).

Chabran, général de division en 1799, servit
avec distinction en Italie, en Suisse et en Espagne. Il a été mis à la retraite en 1814, et nous
ne savons rien de plus sur cet estimable militaire
qui avait aussi des talents administratifs et un
caractère conciliant.

Je crois, sans l'affirmer, que le général Bizanet,
qui eut beaucoup d'interruption dans ses services, n'eut point d'avancement. Je retrouve seulement qu'en 1815 il commanda, sous les ordres

---

(1) Voyez, sur nos premières relations avec le général
Saint-Hilaire, la page 392.

du maréchal Brune, Marseille mis en état de siége.

Nous parlerons prochainement et avec quelque étendue de Joubert, devenu en peu de temps l'un des personnages éminents de l'histoire moderne. Que si jamais la reconnaissance de notre pays élève à ce jeune capitaine une statue, qu'on le représente mourant à Novi, et qu'on grave sur la base :

FORTIA FRUSTRA PECTORA.

L'adjudant-général Ménard est parvenu par des actions d'éclat en Espagne, en Italie et en Allemagne, au grade de général de division, et il a été mis à la retraite en 1814.

Nous avons dit que les généraux de brigade aux ordres du général de division Augereau étaient Victor, Bannel, Dommartin et l'adjudant-général Rusca.

Le premier, M. le maréchal duc de Bellune, pair de France, et l'une des plus anciennes gloires de l'armée, existe aujourd'hui. En suivant la loi que nous nous sommes imposée pour les personnages historiques vivants, nous faisons taire ici ce que nos sentiments personnels nous dicteraient d'accord avec la vérité.

Le général de brigade Bannel fut tué à la bataille de Loano et remplacé, à l'instant même, par le chef de brigade Lannes, dont il sera souvent parlé, et qui mourut le 31 mars 1809, après avoir eu les deux jambes emportées par un boulet de canon sur le champ de bataille d'Eslng. Ses restes, d'abord déposés à Strasbourg, furent transférés à l'hôtel des Invalides et de là au Panthéon avec la plus grande solennité.

Dommartin, resté général de brigade, commandait l'artillerie de l'armée d'Orient, quand il mourut en 1799, à Rosette, des suites de dix-sept blessures qu'il avait reçues en descendant le Nil, et assailli qu'il fut avec une partie de son état-major par une nuée d'Arabes armés de deux pièces en fer qui tirèrent à mitraille.

L'adjudant-général Rusca, né à la Briga dans le comté de Nice, avait étudié dans l'université de Bologne, et y avait même pris le grade de docteur en médecine. Rusca voyagea assez longtemps dans l'Orient avec ce titre, et exerça la médecine à Constantinople, dans l'Archipel et sur la côte de Barbarie. Il résidait à Menton comme médecin pensionné de cette ville, quand il se déclara l'un des plus chauds partisans de la révolution française. Nous le trouvâmes médecin ordinaire de l'armée d'Italie, à notre arrivée à Nice. L'ayant rencontré, il nous aborda et nous proposa, presque tout de suite, de nous vendre l'habit d'uniforme fort galonné qu'il avait sur le corps... Je lui fis observer d'abord, que d'après sa stature élevée et sa rotondité, on pouvait loger deux médecins comme moi dans son habit ; puis je lui demandai ce que signifiait un casque qu'il portait à la main, coiffé, au reste, qu'il était d'un chapeau. « D'abord, dit Rusca, j'abandonne la médecine qui ne pouvait me mener à rien, et je lève, avec l'agrément de notre général en chef Biron, une compagnie de sapeurs, avec l'espoir d'en faire le noyau d'un corps de guides pour servir dans nos montagnes. Le casque que j'ai à la main sera la coiffure du nouveau corps, » qui fut en effet organisé promptement et devint la terreur des Barbets (1). Rusca a dû laisser dans son pays la réputation de l'un des hommes les plus féroces de cette époque. Des relations assez multipliées avec lui nous font penser le contraire, et nous sommes portés à

____

(1) L'opinion accréditée dans notre armée, que les Barbets sont essentiellement et tous des brigands, a été très-funeste. De mauvais traitements ont amené des vengeances, des assassinats accompagnés de détestables cruautés.

L'un des Casabianca, officier général ou supérieur de cavalerie, fut pris au commencement de 1793, sur la route de Nice à Sospello. Son escorte, qui avait pris lâchement la fuite, fit courir le bruit qu'il était resté sur la place; on le croyait, quand on sut très-positivement que L. F. Casabianca

croire qu'étant devenu un objet de terreur,
Rusca a exploité cette réputation sans la mériter. Les hommes de plaisir, qu'ils soient plus
ou moins délicats sur le choix, sont rarement
cruels. Or celui dont nous parlons excellait dans
les bouffonneries, et nul, au milieu surtout des
festins, n'eût pu lui disputer le prix dans ce
genre de plaisanteries qui constituent un far-
ceur, ou ce que l'on appelle dans un certain
monde, un bambocheur accompli. Rien de plus
divertissant, en effet, que de voir Rusca quittant son costume militaire, sous lequel il ressemblait à Holopherne, affubler sa tête d'un
turban, jouer le marabout qui appelle à la prière
et le santon qui la récite; ou bien faire avec le
ton le plus patelin le moine mendiant. Tirant
parfois d'une gibecière une perruque de filasse
et d'énormes lunettes de buis, il imitait un

était à Turin, bien portant et traité avec égards. Admis un
jour à la table du roi de Sardaigne, il réclama de la justice
de S. M., non pas son échange, mais son renvoi, sous prétexte qu'il avait été arrêté par des Barbets, et il lui échappa
une dénomination injurieuse. « Il est étonnant, lui observa
le roi, qu'un officier français ne sache pas que les Barbets
sont un milice nationale, » et S. M. eut la bonté d'en ex-
pliquer l'organisation. « S'il y a parmi les Barbets de mal-
honnêtes gens, ajouta le roi, je n'en réponds pas plus que
vous n'êtes tenu de répondre pour tous vos Corses. »

marchand d'orviétan avec une perfection qui donnait à penser qu'il avait souvent joué ce rôle. De beaux faits d'armes ont d'ailleurs honoré la vie de Rusca, qui était général de division depuis bien des années, quand il périt percé de coups en défendant Soissons contre les alliés en 1814.

Les généraux de brigade aux ordres du général de division Serrurier étaient Miollis et Pigeon.

Le général Miollis, né en 1759, ayant fait la guerre d'Amérique, et blessé à la prise d'York-Town, s'est illustré par de brillants faits d'armes, la sagesse de son administration et son amour éclairé des sciences et des arts. Général de division, gouverneur de Mantoue, de Rome et des états de l'Église, enfin commandant en chef des troupes françaises dans le nord de l'Italie, le comte Miollis est mort en retraite depuis peu d'années. Il réunit dans son beau caractère quelque chose de celui de Bayard ; et pour citer des contemporains, il ressembla aussi, sous plusieurs points de vue, à Desaix et à Carnot.

Le général Pigeon fut tué près de Vérone, le 16 germinal an VII (5 avril 1799), le même jour où il reçut le brevet de général de division.

Les fonctions d'ordonnateur, à notre arrivée

à Albenga, étaient remplies par notre ami Aubernon, qui s'occupait beaucoup, et avec un grand intérêt, du service de santé.

Je contractai alors des liaisons intimes et de tous les instants avec le citoyen Bruguière. Nous nous abordâmes avec des préventions qui ne pouvaient manquer d'être réciproques, d'après ce que l'on a pu lire à la page 285 et suivantes. Cependant une amitié restée sans nuage s'établit de suite entre nous. Le chirurgien en chef de l'armée (car le grade de consultant avait été supprimé) valait mille fois mieux que sa réputation. Il fallait d'abord convenir que Bruguière, l'un des plus beaux hommes de l'Europe et rempli d'esprit et de graces, excellant d'ailleurs dans presque tous les exercices du corps, chantant en perfection et prenant, quand bon lui semblait, le ton de la meilleure compagnie, se présentait dans le monde avec les avantages les plus séduisants. Les esprits éclairés reconnaissaient ensuite, de prime abord, une éducation littéraire plus que négligée, et les hommes de notre profession (l'art de guérir) l'absence d'instruction méthodique. Notre chirurgien en chef racontait très-naïvement qu'au sortir de la petite école de Sommières, sa patrie, son père, chirurgien militaire, et qui le destinait à suivre la même carrière, satisfait de son instruction,

parce qu'il n'en avait jamais appris davantage,
le conduisit à l'armée d'Allemagne, qui fit la
guerre de Sept ans. Le jeune Bruguière fut placé
par M. Du Fouart, chirurgien-major de l'armée,
près du marquis de Castries, blessé à la bataille
de Rosbach. Cet officier général ayant eu le
bonheur de conserver un bras, que la majorité
des chirurgiens consultés, et Louis était de ce
nombre, voulait qu'on amputât, témoigna à
celui qu'il nommait plaisamment le sauveur de
son aile droite, la plus généreuse reconnaissance.
Les présents qu'il fit à son chirurgien pendant
plus de vingt-cinq ans montèrent au delà de
cent mille francs. Bruguière reçut cent louis
(somme énorme pour les usages de ce temps),
et de plus une culotte de velours noir avec la
jarretière en galon d'or et terminée en olive.
Devenu le plus élégant des officiers de santé de
l'armée et d'ailleurs insolemment beau (c'étaient
ses expressions), les femmes achevèrent de lui
tourner la tête, et son éducation médicale, quoiqu'il ait pu trouver en Allemagne de nombreux
modèles, fut tout à fait manquée. Ce fut vainement que vers l'âge de quarante ans, et après
en avoir servi quinze à vingt dans le régiment
de Barois et de grands hôpitaux comme chirurgien-major, il eut le courage de se rendre à Paris,
pour y suivre les leçons de Desaut. Malgré son

zèle et son assiduité, il n'apprit guère à l'école
de ce grand maître que le manuel des opérations,
et il y a bien loin de là à posséder la chirurgie. Cependant Bruguière, plus apte à juger les
meilleurs procédés, devint un des meilleurs chefs
de la chirurgie militaire et en particulier de celle
qui se pratique sur les champs de bataille. La
nature, prodigue envers Bruguière, avait suppléé
aux connaissances qui lui manquaient, en lui
donnant de la sagacité, un bon jugement et
une volonté inébranlable. Ces qualités, jointes
au tact qui fait apprécier les hommes et à une
grande activité, lui permirent de guider avec
succès de jeunes chirurgiens instruits et habiles,
que l'école de Paris fournissait alors à l'armée
d'Italie, qui jusqu'alors les avait presque exclusivement tirés de l'amphithéâtre ou école incomplète de Toulon.

Demandons-nous maintenant quels étaient les
motifs de cette réprobation attachée au nom et
à la personne de Bruguière? C'est qu'il avait semé
l'épouvante autour de lui en reprochant à la
terreur sa modération. Ne poussons pas plus loin
cette esquisse : des faits ultérieurs viendront
justifier un homme qui, dominé à la vérité par
un caractère indépendant, et tout à la fois domi-
nateur, ne poursuivit jamais personne, pas même
ses ennemis, et qui enfin vécut et mourut pauvre.

3o.

L'armée des ennemis ou des Austro-Sardes, montant de 5o,ooo à 6o,ooo hommes bien approvisionnés de tout ce qui est nécessaire pour faire la guerre avec succès, occupait une suite de positions bien fortifiées et armées de canons, et toutes liées les unes aux autres par de forts retranchements. La gauche, appuyée à la mer, occupait Loano, Finale et Brescia. Le centre était sur des positions enchaînées à Rocca-Barbena, Melogno et Seltepani. Ces points touchaient la droite à l'aide de lignes de corps de troupes occupant Ceva, Mondovi et Coni.

L'armée du roi de Sardaigne s'étendait en arrière des montagnes de San-Bernando et de la Planette jusques et y compris Gazessio. Un ravin escarpé et profondément sillonné séparait les deux armées, excepté sur le point de Loano, en avant duquel l'ennemi avait, pour se couvrir, établi trois grandes et formidables redoutes sur autant de mamelons qui dominaient la petite plaine ou le champ de bataille environnant.

L'armée française, qui allait audacieusement prendre l'offensive, forte d'environ 3a,ooo hommes seulement, mal armés, mal nourris et mal vêtus, formait une ligne qui s'étendait depuis le rocher de Borghetto, baigné par la Méditerranée, jusque sur la cime des montagnes parallèles au mont de la Planette et de San-Bernando.

Les troupes aux ordres de Masséna, composées de deux divisions de la première armée d'Italie, formaient le centre et occupaient les positions de Sucarello de Castel-Vecchio, et s'étendaient par une chaîne de montagnes jusque sur les défilés de Garessio et du Tanaro.

. La droite, aux ordres du général Augereau, comptait 12,000 hommes, arrivés récemment avec lui des Pyrénées. Cette forte et belle division faisait face à Loano. Le général en chef Schérer, ayant à ses côtés les commissaires du gouvernement, s'y établit de sa personne et y commanda pendant toute l'action pour faire croire à l'ennemi que le véritable point d'attaque était Loano, tandis que Masséna au centre était destiné à assurer les succès de la journée.

Le général Serrurier avec une division commandait la gauche de notre armée, qui reçut à temps d'utiles renforts.

C'est ici le cas de nous souvenir des avis de Schérer qui eût voulu que les médecins s'abstinssent de parler de guerre comme de politique, et par conséquent de ne dire qu'un mot des suites de la bataille de Loano. Le résultat fut de nous rendre maîtres de cette place, de celles de Finale, de Vado, de Savone, de leurs vastes territoires, et d'ouvrir à l'armée de la république les portes du Milanez.

Le 2 frimaire an IV (23 novembre 1795), une heure et demie avant qu'il fût jour, l'état-major général partit silencieusement d'Albenga en longeant le rivage, et alla s'établir sur un mamelon fortement retranché en avant de Berghetto, et que Masséna avait emporté d'assaut dans la nuit du 2 au 3 octobre, par le général Victor.

Nous étions encore dans l'obscurité, et le chirurgien en chef rendait compte au général Schérer des dispositions qu'il avait habilement faites pour son service, d'après l'inspection des lieux, quand une fusée s'éleva dans l'air. A ce signal des nôtres, un brick, placé en face de Loano, commença avec une pièce d'artillerie du plus gros calibre une feu continu et qui fit taire une batterie établie sur le rivage et qu'on lui avait opposée. La redoute dans laquelle se trouvaient le général en chef et les commissaires du gouvernement, garnie d'une pièce de trente-six et de deux obusiers, fit également feu, et voilà l'affaire engagée.

Le général Schérer voyant ses sommations repoussées sur plusieurs points qu'il avait fait cerner, annonça qu'il fallait s'attendre à une grande résistance, et c'est ce qui eut effectivement lieu.

Nous fîmes alors observer au chirurgien en chef que son vrai poste était à l'ambulance établie dans la chapelle ou l'oratoire de Borghetto,

où les blessés ne tardèrent pas à arriver en assez
grand nombre. Nous ne traversâmes pas Borghetto sans danger, parce que l'ennemi canon-
nait les maisons et incendiait leur toiture avec
ses obusiers. Tout à coup je vis les yeux de Bruguière se remplir de larmes. « Qu'avez-vous,
mon camarade? — Un fils au milieu du feu...
ou peut-être je n'en ai plus... » Les craintes paternelles ne furent dissipées qu'à la fin du jour,
où l'on sut que le jeune adjoint aux adjudants
généraux était sorti sain et sauf de plusieurs
combats, dans lesquels il avait montré autant
de sang-froid que de courage. Presque aussi
beau que son père, Bruguière, avec autant d'esprit et plus de culture, était destiné à parcourir
une brillante carrière, qui n'a pas été aussi sans
gloire, puisque parvenu de grade en grade à celui
de lieutenant général, il est mort, en 1813, des
blessures qu'il avait reçues à la bataille de Bautzen,
où il commandait une division de cavalerie.

L'affluence des blessés allait en croissant, et
après les premiers soins, quand ils étaient urgents, on les dirigeait sur Albenga. Nous suivions
ce mouvement, quand nous aperçûmes, en entrant dans cette ville et à une portée de fusil en
avant de nous, un officier général enveloppé dans
son manteau, puis nous le vîmes arrêté devant
la maison qu'habitait Masséna et dans laquelle

on le fit entrer. Nous ne savions que croire ;
cependant l'auteur de ces Mémoires faisait observer que le général commandant le centre de
l'armée était au moment de l'attaque à trois
lieues du point où nous nous trouvions ; enfin
nous sûmes que le blessé était le général de
brigade Charlet, et nous gagnâmes l'entresol
dans lequel on venait de le déposer.

Une balle de fusil de calibre avait percé la portion écailleuse du temporal et s'était logée dans
le cerveau. Le général, plongé dans un assoupis-
sement complet, ne donnait aucun signe de
sensibilité. Cet état nous parut dû aux oscilla-
tions ou mouvements de transport, car dès que
le chirurgien en chef se livra à des investiga-
tions, et chercha avec l'indicateur à reconnaître
la profondeur de la blessure, le général se ré-
veilla et se mit à parler. « M. Bruguière, dit-il,
avez-vous eu des nouvelles de votre fils, qui était
bien près de moi quand j'ai été frappé ? Il a
quitté votre profession pour la mienne qui est
bien chanceuse. — J'ai cherché, général, à connaître le sort de mon fils ; mais M. D. G., que
vous voyez, m'a entraîné ici, où j'ai en effet des
devoirs sacrés à remplir. Nous allons faire une
consultation à laquelle nous appellerons le chirurgien de première classe Grosbois, sujet digne
de la plus haute confiance. » La consultation eut

lieu, et le résultat fut que le général était menacé d'une mort très-prochaine, ce qui arriva au bout de vingt-quatre ou trente-six heures.

La bataille gagnée et l'ennemi complétement en fuite, nous reçûmes l'ordre de suivre le mouvement du grand quartier-général, et, le 3 au soir, nous étions à Loano, où nos troupes étaient entrées le matin.

Nous trouvâmes dans cette place environ six cents blessés autrichiens et cent cinquante fiévreux dans des maisons éparses, car les vastes et beaux hôpitaux que nous avions contribué à former avaient été convertis par l'ennemi en casernes.

Nous nous occupâmes de suite (par *nous*, j'entends ici le citoyen Bruguière et l'auteur de ces Mémoires); nous nous occupâmes des blessés et fiévreux autrichiens abandonnés avec le même zèle que s'ils eussent été nos compatriotes, et j'eus lieu d'admirer la sensibilité vive et soutenue qu'inspiraient à mon collègue, car il m'appelait ainsi, les malheurs inséparables de la guerre.

Nous reprîmes le vaste et beau couvent dont il est parlé page 377, pour y placer nos propres blessés et nos fiévreux, et nous réunîmes ceux de l'ennemi dans l'édifice avantageusement situé, bien approprié, voisin du couvent, et qui avait servi d'hôpital militaire aux Espagnols pendant la guerre de la succession.

Le 6, le grand quartier-général était établi à Finale, où nous l'avions suivi.

. Le général Schérer ayant invité les officiers de santé en chef à lui soumettre leurs idées et leurs besoins, nous eûmes l'honneur 1° de lui annoncer que nous avions trouvé à Finale-Marina, Finale-Borgo et la ligne intermédiaire, 250 Autrichiens blessés ou fiévreux pêle-mêle, abandonnés et dans le plus affreux dénûment, 2° Nous demandâmes que l'on rétablît de suite notre ancienne ligne d'hôpitaux avec des modifications que nous indiquerions prochainement. 3° Enfin nous déclarions que sans les ordres supérieurs les plus positifs, on ne nous accorderait que très-difficilement, ou peut-être on nous priverait par des lenteurs calculées, du personnel et du matériel indispensables que nous demandions et ne pouvions obtenir que de Nice.

Nous quittions le général en chef quand il rappela l'auteur de ces Mémoires : « Faites-moi, D.G..., lui dit-il, un rapport concis, clair et net des besoins de l'armée. Bruguière est fort occupé de ses blessés, chargez-vous de cette besogne. Les commissaires du gouvernement approuveront définitivement tout ce que vous aurez trouvé bon. »

Trois jours après l'ordre que je venais de recevoir, je remis au général Schérer, en mon propre et privé nom, le rapport suivant :

« Au grand quartier-général de Finale, le 9 frimaire an IV de la république (30 novembre 1795).

« Citoyen général en chef,

« Au moment où vous venez de reprendre par une victoire éclatante toutes les positions que nous occupions il y a six mois dans la Rivière ou province au couchant de Gênes, nous venons, en conformité de vos ordres du 6 du mois courant, vous soumettre un plan propre à assurer un bon service de santé dans la division de droite, qui forme aujourd'hui la presque totalité de l'armée.

« Il faut d'abord essentiellement éviter l'encombrement, et par suite la mortalité dont les hôpitaux de la division offrirent, l'an passé, l'affligeant spectacle à peu près dans la même saison que celle où nous allons entrer.

« Il est temps aussi de mettre fin à ces évacuations qui affaiblissent journellement et finiraient par détruire l'armée. Nous n'avons cessé d'élever la voix contre cet énorme et peut-être criminel abus ; et cependant nous avons eu la douleur d'apprendre que la Durance ne sert plus de barrière aux évacuations des hôpitaux de l'armée d'Italie, et que l'on établit aujourd'hui, et à grands frais, des hôpitaux militaires au milieu des murs d'Avignon (1).

« Nous vous proposons en conséquence d'ordonner qu'il soit, de suite, établi :

A Savone, un hôpital de 200 lits ;
A Spoturno, un dépôt de 30 lits ;
A Finale-Marina, un hôpital de 200 lits ;
A Loano, un hôpital de 250 lits ;
A Albenga, un hôpital de 100 lits ;
A Alassio ou Languilla, un hôpital de 100 lits ;
A Diano, un dépôt de 50 à 75 lits ;
A Ormea, un hôpital de 100 lits ;
A la Piève, idem de 100 lits ;
A Borgo-Maro, un dépôt de 50 à 75 lits ;
A Oneille, des hôpitaux de 500 lits ;
A Riva-di-Taja, un dépôt de 50 à 75 lits ;
A San-Rème, un hôpital de 100 lits ;
A Vingtimilia, un dépôt de 50 lits ;
A Menton et Carnolet réunis, des hôpitaux de 500 lits ;
A la Turbie, un dépôt de 50 à 75 lits ;

«Tous les établissements indiqués ci-dessus sont

____

(1) Voyez page 304.

calculés pour recevoir commodément de trente
à trente-cinq mille hommes.

« Depuis ce premier travail, qui se bornait à
prévoir les besoins de la division de droite, vous
nous avez ordonné, général, et avant-hier soir,
d'embrasser l'ensemble de l'armée, et c'est ce que
nous allons faire.

«Nous conseillons donc, 1° de ne donner aucun
agrandissement aux hôpitaux de Nice, de Villefranche et Saint-Paul.

« 2° De supprimer comme inutiles les établissements suivants :

L'hôpital n° 2 de Marseille, de 300 lits ;

    Idem   n° 2 d'Aix, de 300 lits ;
    Idem   d'Aubagne, de 125 lits ;
    Idem   de Cuers, de 100 lits ;
    Idem   de Figanières, de 100 lits ;
    Idem   de Trans, de 100 lits ;
    Idem   de la Valette, de 125 lits ;
    Idem   de Solliers, de 100 lits ;
    Idem   de Treste, de 50 lits ;
    Idem   de Tourves, de 100 lits ;
    Idem   de Brignolles, de 50 lits ;
    Idem   de Draguignan, de 75 lits ;
    Idem   de Fayence, de 75 lits ;
    Idem   n° 2 ou Cordeliers de Grasse, de 75 lits;
    Idem   de Tourette, de 75 lits ;
    Idem   n° 2 de Vence, de 75 lits ;

« Les fournitures de ces établissements supprimés suffiront amplement pour les hôpitaux de la division de droite, et les officiers de santé et d'administration, beaucoup trop multipliés au delà du Var, seront licenciés ou conservés selon les besoins du service.

« Nous devons, général, avoir l'honneur de vous prévenir que le projet que nous mettons sous vos yeux éprouvera de grandes contradictions, parce qu'il blesse beaucoup d'intérêts ; mais nous avons dû nous élever au-dessus de ces considérations.

«Comme l'autorité de nos commissaires du gouvernement en mission s'étend sur les départements de la 8ᵉ division militaire, cela pourra aplanir beaucoup de difficultés.

«Le médecin en chef des hôpitaux d'Antibes, détaché au grand quartier-général,

« *Signé :* R. D. G. »

On allait s'occuper quelques jours dans la capitale de la bataille de Loano, et partout et toujours on s'occupe de ce qui se passe à Paris.

Parmi les hommes que la réaction thermidorienne prolongée avait frappés et éloignés de l'armée d'Italie, le plus important d'entre eux, celui qui était destiné à remplir le monde du

bruit de son nom, le général Bonaparte, sorti
de la retraite studieuse qu'il s'était imposée, avait
battu, le 13 vendémiaire, les sections de Paris.
Placé bientôt à la tête de l'armée de l'intérieur, il
éleva ses regards plus haut, et profitant de son
immense influence militaire, il reprit le plan
d'invasion de l'Italie, qu'il avait proposé d'exécuter un an auparavant.

Également maltraité par la réaction, Chauvet,
toujours l'ami inséparable du général Bonaparte
et le confident de ses projets, était devenu secrétaire général du ministère de la guerre, pendant
qu'Aubert du Bayet était à la tête de ce département. Dès la fin de vendémiaire, Chauvet
avait écrit à l'auteur de ces Mémoires : «Je viens
de te faire appeler à Paris, et quand tu y seras
arrivé, il est convenu avec le général Bonaparte que tu seras nommé médecin en chef
de l'armée de l'intérieur qu'il commande transi-
toirement et en attendant un poste mille fois
plus important, etc...» L'ordre dont il est
question m'arriva le 27 brumaire à Albenga,
et je le communiquai de suite à l'ordonnateur
par interim, Aubernon, qui me remit, le 30,
l'ordre ou arrêté suivant :

« Au quartier-général d'Albenga, ce 3o brumaire an IV de la république une et indivisible
(21 novembre 1795).

«Le Représentant du Peuple, commissaire du
gouvernement près l'armée d'Italie et des Alpes :

« Vu la lettre ministérielle qui ordonne au
citoyen D.G... de se rendre à l'hôpital militaire de Paris ;

«Considérant qu'au moment où l'armée d'Italie
va continuer ses victoires et repousser l'armée
austro-sarde, il importe d'assurer et d'organiser
des hôpitaux, et que les talents et l'activité du
citoyen D.G... sont d'une nécessité à ne pouvoir s'en passer dans ce moment ;

« Arrête :

«Que le citoyen D.G..., médecin en chef de
la division de droite de cette armée, y continuera ses fonctions et ne pourra la quitter
qu'après l'expédition qui va avoir lieu.

« Charge le commissaire ordonnateur de la division, de l'expédition du présent arrêté, dont
copie sera envoyée au conseil de santé à Paris.

« *Signé* : F. J. Ritter. »

Je retourne à Finale, que j'ai laissé à la date
du 9 frimaire, jour où le major génois Vacca
donna aux commissaires du gouvernement et à
l'état-major un splendide dîner, auquel le citoyen

Bruguière et moi fûmes invités, ce qui n'était pas tout à fait indifférent, vu la détresse qui nous poursuivait tous.

Vers la fin du dîner et alors qu'on en était à des libations très-répétées, on entendit un grand bruit dans le vestibule qui précédait la salle à manger. L'un des aides-de-camp du général en chef vint lui dire à l'oreille : C'est un prisonnier de guerre qui se plaint douloureusement et réclame justice. « Avec le bon plaisir du citoyen Ritter, dit le général Schérer, faites entrer le plaignant. » On vit alors paraître un jeune caporal ou sergent du régiment de Nadasti, de la plus noble figure, étouffant de colère et de honte. Après qu'il eut, en sanglotant, exposé ses griefs, le général nous dit, pour ceux qui ne savaient pas l'allemand : « Ce beau et brave garçon a été laissé par ses chefs à l'hôpital, pour y prendre soin de ses compatriotes malades. Le bâton dont vous lui voyez les fragments entre les mains, a déplu à nos soldats de garde à l'hôpital, et ils l'ont cassé avec violence ; voici de quoi il est question. — *Le représentant Ritter :* Mais ce bâton-là, tout bâton qu'il soit, est une chose respectable dans son genre, c'est l'insigne ou la marque distinctive d'un grade : on a donc à tort et brutalement insulté ce jeune homme d'honneur. Je vous prie, mon cher Schérer, d'ordonner

au commandant de la place Dupuis que les dé-
linquants soient punis avec sévérité; » ce qui fut
fait... « Avance, camarade, dit le général en chef:
ton bâton est encore tout entier, car on va t'en
donner un autre qui sera respecté; et pour te
consoler, voilà un bon verre de bon vin....
trinquons ensemble... Ami, vivent les braves!
Le caporal ou sergent : Oui, vivent les braves et
l'empereur d'Autriche aussi ! — *Schérer* : C'est
le mot d'un bon soldat. »

　Je reçus un matin de très-bonne heure et par
ordonnance un billet du général Ceryoni à
peu près ainsi conçu :

　« Très-cher et honoré docteur, si vous vous
portez bien, tout est bien; la santé, voilà le principal; le reste est même un vain songe, s'il faut
en croire le sage Épicure et son école.

　«Un autre grand homme de l'antiquité, votre
Hippocrate, nous a rappelé avec trop de vérité
que la vie est d'une courte durée : *vita brevis*,
ce qui amène à cette conclusion, qu'il nous faut
constamment chercher à adoucir les maux inséparables de cette même vie.

　« Tant est-il, cher docteur, que je viens de
recevoir *sub paupere tuguria* notre commun et
bon ami Joubert, qui a besoin de vous voir,
non qu'il invoque dans ce moment les secours
de votre art, mais pour rire un peu, car vous

savez que l'austérité de son caractère ne bannit pas constamment chez lui la gaieté ; et quand il s'y livre, c'est avec une grande et naïve expansion.

« Venez donc, cher docteur, passer vingt-quatre heures à Finale-Borgo, pour y dire et entendre des folies mêlées à des choses sérieuses. Si vous nous accordez cette insigne faveur, si vous êtes assez bon et aimable pour quitter un moment, et pour nous, la cour de Finale-Marina et *suprema numina*, soyez prévenu que je vous ai fait hier soir arrêter un logement chez un chanoine, où vous trouverez un bon lit et serez choyé comme vous le méritez.

« Tout à vous.

« CERVONI. »

La suscription de cette lettre portait :

Al magnifico signore Don Don Renato D. G... Proto medico del esercito (inter arcades Adrasto Soterico). Palazzo Borragine (Gallice de la Bourrache) Finale-Marina.

Le magnifique (titre commun à tous les médecins dans plusieurs états d'Italie) partit de suite pour Finale-Borgo. En arrivant sur la grande place, il trouva Cervoni à cheval, en grand tenue, et passant une revue des troupes à ses ordres. L'adjudant-général ou le nouveau général de brigade Joubert, en bonnet de police

31.

et en capote, mêlé aux spectateurs, nous apercevant, se mit à nous dire : Soyez le bienvenu, cher docteur ; vous arrivez à temps pour voir et entendre du curieux. D'abord M. le gouverneur, personnage assez comique, va sortir en cérémonie, pour aller saluer Ritter, qui a promis de le recevoir aujourd'hui, après lui avoir deux fois fait fermer la porte pour lui apprendre qu'il eût dû venir à sa rencontre et hors des murs lors de son entrée à Finale après notre victoire. Quand le gouverneur sera parti, quelques minutes après, vous verrez paraître la gouvernante, jeune femme agréable, très-étourdie, aimant beaucoup la danse, et encore plus éprise de notre ami. Cette dame a témoigné à Cervoni un vif desir de l'écouter haranguant les troupes, *more majorum*, comme il le dit lui-même ; ainsi nous allons entendre des choses certainement très-spirituelles, mais dans le genre héroïco-comique dont il raffole.

Le gouverneur, en traversant la place, s'arrêta devant le général Cervoni et le salua profondément. Il remettait son chapeau sur sa tête, quand Joubert lui dit : Saluez, monsieur le gouverneur, saluez de même nos glorieux drapeaux et les couleurs de la République. Le patricien génois s'exécuta avec une pantomime très-expressive ; mais il paraissait évidemment obéir à la force plutôt que céder à un sentiment affectueux. Le parti démocratique, prêt à surgir dans Gênes et qui faisant trembler la noblesse, avait bien modifié les inimitiés de 1746 et l'aversion générale pour les Autrichiens.

Madame la gouvernante de Finale parut enfin dans le négligé le plus élégant... Tout à coup Cervoni faisant former autour de lui les troupes en cercle, et prenant, l'épée haute, la pose d'un improvisateur, pérora à peu près ainsi :

« Défenseurs de la République, l'amour et la gloire de notre patrie, soldats, recevez les félicitations d'un homme aussi heureux qu'il est orgueilleux de vous commander.

« Une ère nouvelle de prospérités s'ouvre devant nous, et nous allons la devoir à cette constitution que vous avez acceptée sur les hauteurs du mont St.-Jacques, avant d'en descendre, comme un torrent, à la voix de Masséna, pour rompre et chasser nos ennemis devant nous. » Cervoni en était là de son discours, quand un officier d'état-major lui remet l'ordre du jour. « Soldats, se mit-il à dire, on vous recommande d'avoir le plus grand soin de vos armes. Je joins mes prières aux ordres du général en chef, et je vous quitte pour aller vous faire des bons d'huile... »

— *Joubert :* Je vous avais annoncé qu'il y aurait quelque chose de drôle et vous l'avez entendu.

L'heure de notre dîner était fixée à trois heures très-précises. On vit alors arriver chez le général l'un de ses aimables compatriotes tout à fait inattendu, mais sans doute alléché par l'odeur du festin : c'était l'ex-abbé Varesi (1).

Le dîner, dont le menu et l'ordonnance avaient été dictés par un épicurien, fut exécuté par un beau talent comme cuisinier et bien servi par le valet de chambre maître-d'hôtel du général.

Quand le premier sentiment de la faim fut un peu calmé, les convives se mirent gaiement à causer. — *Joubert :* Vous auriez pu ce matin, monsieur l'agent national, entendre comme nous, Cervoni haranguer la garnison à la façon de Tite-Live... — *Varesi :* Mon honoré et cher compatriote se bat, parle et écrit aussi comme César... — *Cervoni :* Doucement, s'il vous plaît : prétendez-vous me payer mon dîner par de semblables exagérations ? Ne voyez-vous pas D. G. qui sourit déja malicieusement, et il est inutile de remettre en scène le *Corbeau* et le *Renard...* — *Joubert :* Moi qui n'ai jamais flatté personne, si ce n'est quelques femmes, je dis de nouveau que Cervoni a très-bien parlé, et qu'il allait continuer quand il s'est interrompu pour annoncer qu'il allait faire des bons d'huile. — *Varesi :* Oui,

---

(1) Voyez les pages 335 et 340.

toujours un mélange de sérieux et de badinage.
L'un de nos compatriotes n'a pas été aussi heureux en offrant à l'acceptation des troupes la constitution. — *Joubert :* Oui, le n° 3, comme on
l'appelait dans les camps.—*R. D. G. :* Je suis un
peu intervenu dans la suite de cette affaire, mais
n'en ai jamais bien su le commencement. —
Joubert : Je vais vous raconter cela au plus juste,
comme témoin, et, bien plus, comme acteur.
Lorsque Chiappa nous arriva l'été dernier avec
sa constitution, il était, le jour destiné à l'acceptation, vêtu d'un gilet à la provençale et d'un
pantalon de nankin. Nous le prévînmes que,
parvenu au haut de la montagne, il regretterait
de n'avoir pas un manteau; ne tenant aucun
compte de nos avertissements, le député-com-
missaire du gouvernement arriva sur le plateau
de St.-Jacques dans le costume que je viens d'in-
diquer. Hissé bientôt sur un cheval et entouré
de troupes, il se mit à crier de toute la force
de ses poumons : Je vous apporte une constitution... — *Un grenadier* avec force : Donnez-
nous des bidons pour aller chercher de l'eau et
des gamelles pour manger la soupe. — *Chiappa :*
O honte! ô désespoir! des bidons et des gamelles! — *Le grenadier :* Qui nous sont plus
nécessaires que des constitutions... — *Chiappa :*
Qu'on arrête ce malveillant, ce traître... qu'on

l'arrête. — *La compagnie de grenadiers* presque tout .entière : Il sera arrêté, il ne le sera pas; oui., non... Je vois le danger d'une insurrection prochaine, et j'aborde Chiappa : Citoyen représentant, une étincelle peut allumer un grand incendie; laissez-moi faire; je vais vous amener le grenadier, mais à condition que vous allez le renvoyer et lui pardonner...— *Chiappa :* Faites, mon cher Joubert, ce que vous voudrez, mes forces m'abandonnent. — *Joubert* continue : Je me présentai devant le front de la compagnie; je fis sentir que l'obéissance était indispensable et promis qu'après avoir présenté les excuses du camarade je le ramènerais : ce qui fut exécuté. —*R. D. G. :* Mon tour est venu d'achever le récit de la journée. Tout courroucé, Chiappa arrive quelques heures après sur la plage d'Alassio ; il reconnaît l'escadre anglaise, veut la faire charger par un régiment de chasseurs à cheval, et, dans son impuissante colère, il tire un coup de pistolet destiné à atteindre des objets qui étaient à trois lieues de distance. Il entra ensuite chez un marquis dont j'ai oublié le nom; peu après il se mit à table, et fut bientôt pris d'une espèce de choléra-morbus. Ce fut alors qu'il me pria instamment d'avertir officiellement tout le monde qu'il avait une mauvaise constitution; ce que je ne manquai pas de dire à tout venant.

Le général Cervoni reçut, pendant que nous étions à table, une invitation de la gouvernante pour passer la soirée chez elle, et nous nous y rendîmes.

Nous trouvâmes la gouvernante en grandissime toilette, entourée d'un cercle très-brillant et de fort bonne humeur. Le gouverneur était plongé dans une joie folle et enchanté au-delà de toute expression de la réception de Ritter. « Oui, messieurs, nous disait-il, le puissant commissaire de votre République m'a comblé de marques de distinction et m'a traité comme un vrai *patrice.* » C'est patricien qu'il eût fallu dire ; en effet, un patricien est un homme né d'une famille noble, tandis que le mot de patrice est le titre d'une dignité si élevée dans l'empire romain, que ceux qui en étaient revêtus venaient immédiatement après les Césars.

« Convenez, monsieur le gouverneur de Finale, » dit le général Cervoni, en prenant le contre-pied de ce qu'était Ritter, « convenez que les suprêmes directeurs de notre République ont bien choisi leur représentant. D'abord il est bel homme. — *Le gouverneur : Bellissimo.* — Bien parlant. — *Eloquentissimo.* — Plein d'aménité. — *Amenissimo.*

« Il n'est pas d'ailleurs difficile de plaire après le baron de Winz. Il a aliéné les esprits de mes administrés par une sorte d'orgueil que nous appelons *superbia brutale*. Le général en chef de Winz ne s'est-il pas avisé plus d'une fois de dater ses ordres : De notre quartier-général et impérial de Vado? — *Varesi* : Vous abordez là, monsieur le gouverneur, une grande question de droit public (*de jure belli et pacis*) ; nos plus grands publicistes sont à peu près d'accord sur ce principe, savoir, que dans les états faibles, et dans les temps d'anarchie, le guerrier qui plante sa tente, qui arbore son drapeau sur un point, devient le maître, et dispose souverainement de tout, dans les intérêts de sa conservation et de ses succès. On disait souvent autrefois en politique : Ceux qui restent neutres ou ne prennent point de parti sont ennemis des puissances belligérantes. D'autres disaient : Qui n'est pas pour moi est contre moi, et ils agissaient en conséquence. La politique moderne a fait un grand pas; elle a eu le talent et le bonheur de créer la neutralité armée, c'est-à-dire d'adopter une position dans laquelle la puissance qui se place hors des débats, tient sur pied des forces de terre ou de mer suffisantes pour faire respecter son territoire, son commerce, ses droits. — *Le gouverneur* : *Si che* les faibles, ceux qui ne peuvent établir cette neutralité armée et protectrice, sont à la disposition des plus forts. Les pauvres

diables ont toujours été à la merci des puissants.
— *La forza*, se mit à dire un ecclésiastique
grave et pensif qui n'avait point encore parlé,
la forza regge il mundo : c'est une des maximes
fondamentales de Thomas Hobbes, le plus dangereux des philosophes du dix-septième siècle,
le précurseur de Spinosa. — L'ex-abbé *Varesi*:
Monsieur l'archiprêtre nous parle d'un écrivain
fort connu, qui a honoré son pays et même son
siècle par ses talents et l'étendue de ses lumières,
mais dont toutes les doctrines audacieuses et
illibérales sont discréditées par l'exagération qu'il
a mise à les soutenir. — *La gouvernante :* Et puis
on dira, messieurs, que M. l'agent national Varesi est un homme léger et de la galanterie la
plus exquise, et on bornera là son éloge ; on ne
parlera pas de son grand savoir. Mais, messieurs,
je vous le demande, ne ferions-nous pas bien de
changer de conversation ? Si le général Cervoni,
qui, par exemple, est si complaisant et possède
un rare talent pour l'improvisation, voulait se
faire entendre, ne serions-nous pas tous bien
reconnaissants ? — *Le général Cervoni:* Parlez,
madame; parlez, souveraine de ces lieux : c'est à
moi de vous obéir. — *La gouvernante :* Hé bien !
si la compagnie l'approuve, je propose, pour
sujet de l'improvisation, la gloire des armes.
— Tout le monde en chœur : On ne peut
mieux, *ottimamente.*

Le général Cervoni accorde une guitare et prélude à l'accompagnement, puis de dire en chantant (*nel genere recitativo ed adagino*) : Divinité qui présidez à nos jeux, Reine de nos cœurs... — *La gouvernante :* Oh! mon Dieu, général, qu'il ne soit pas question de moi, je suis déplacée dans le sujet que vous traitez. — *Le général :* Il est en effet, madame, de plus doux combats et auxquels il vous convient mieux de présider. Ma muse désappointée n'en obéit pas moins encore, et je vais chanter les horreurs de Mars et ses lauriers. — *L'archiprêtre : At nunc horrentia Martis.*

Après avoir improvisé avec beaucoup de chaleur et de goût environ trois cents vers, pourtant sur des lieux communs usités, Cervoni aborda les nouveaux succès de l'armée d'Italie; et quand il eut cité avec de grands éloges les premiers chefs, il rappela les noms de ses amis et de ses émules, St.-Hilaire et Joubert. — Doucement, dit le dernier; je ne veux pas que tu parles de moi. — *Cervoni :* Je passe outre, et tu t'entendras dire que de nouveaux faits d'armes glorieux ajouteront à ta renommée, et que si tu triomphes des rigueurs du destin, tu seras pour nous un autre *Marcellus.* — *L'archiprêtre :*

Aspice, ut insignis spoliis Marcellus opimis
Ingreditur, victorque viros supereminet omnes !

On applaudit avec transport, et l'improvisateur se reposa quelques instants.

Je propose alors, dit la gouvernante, de produire sur la scène le cher docteur. — Général, dit l'auteur de ces Mémoires, je vous prie instamment de ne point vous rendre à cette invitation. — *Cervoni :* Je ne t'écoute pas plus que Joubert ; et il reprend : Tu es notre Iapis, et vous, monsieur l'archiprêtre, venez au secours de ma mémoire ; et celui-ci :

> .... *Phœbo ante alios dilectus Iapyx*
> *Iasides : acri quondam cui captus amore*
> *Ipse suas artes, sua munera lœtus Apollo,*
> *Augurium, citharamque dabat, celeresque sagittas.*
> *Ille, ut depositi proferret fata parentis,*
> *Scire potestates herbarum usumque medendi*
> *Maluit, et mutas agitare inglorius artes.*

Le *général Cervoni :* J'ai plus présent à la mémoire le vieux Érotime de la *Jérusalem délivrée*, donnant ses soins à Godefroi de Bouillon :

> E già l'antico Erotimo, che nacque
> In riva del Po, s'adopra in sua salute :
> Il qual dell' erbe e delle nobil' acque
> Ben conosceva ogni uso, ogni virtute :
> Caro alle muse ancora, ma si compiacque
> Nella gloria minor dell' arti mute :
> Sol curò torre a morte i corpi frali,
> E potea far i nomi anco immortali.

Cervoni : En parodiant et abrégeant Virgile et Le Tasse, je me bornerai à dire de notre ami D. G. : Né sur les bords de l'Orne, il préféra l'art de guérir à tous les autres ; et quoiqu'il eût pu rechercher la gloire des lettres, il concentra sa vie dans l'exercice des arts muets. — *Jdubert :* Madame la gouvernante et messieurs, Cervoni vous trompe sciemment ; n'allez pas croire que le docteur soit muet. — *La gouvernante :* J'en serais bien fâchée pour ma part, parce que j'aurais perdu les galanteries que M. le docteur m'a adressées au bal à Loano, il y a long-temps, et encore aujourd'hui et tout à l'heure.

L'improvisation est terminée, tout le monde se lève à la fois, et on forme des groupes particuliers. Pendant ce temps, on couvre des buffets de rafraîchissements. On dressa un orchestre, et on plaça dans le lieu le plus ostensible une chaise longue destinée pour madame la gouvernante, et près de laquelle on mit un seul fauteuil.

Monsieur le docteur, dit l'archiprêtre à l'auteur de ces Mémoires, Iapis paraît être Antonius Musa, médecin d'Auguste et l'ami d'Horace et de Virgile. C'est au moins ce que me semble avoir parfaitement prouvé le savant évêque de Rochester Atterbury dans une dissertation spéciale. L'Érotime du Tasse est une copie d'Iapis. Restent maintenant deux points à considérer : Musa fut, au rapport de Virgile, un poëte agréable et ingénieux : il put donc illustrer et même immortaliser des noms. Quant à l'expression d'art muet, on peut entendre par là un talent qui procure moins de gloire que la culture des lettres.

On entend à quelque distance battre un rappel, puis sous le vestibule le cri aux armes. La figure du gouverneur s'épanouit. Son Excellence, dit-il, le commissaire du gouvernement Ritter s'approche et me fait l'honneur de me rendre ma visite dans les vingt-quatre heures. Chacun se met en place, et la gouvernante s'étend sur sa chaise longue (1).

Le gouverneur, entouré de ses officiers, alla recevoir le citoyen Ritter au bas de l'escalier, le conduisit dans le salon et le présenta à son épouse. Le député, qui sortait de table, et avait la langue un peu épaisse et pâteuse, prononçait difficilement les *d* et y substituait toujours un *t;* ainsi il disait à la gouvernante : Vous êtes sur votre trône, matame; c'est le lit tes amours.

_____

(1) Une chaise longue est une espèce de lit ou de canapé qui n'a de dossier qu'à l'une de ses extrémités. Ce meuble, assez généralement destiné au repos en santé, fut adopté par les grandes dames alors qu'elles recevaient des personnages d'un ordre supérieur au leur, ce qui les dispensait d'un certain cérémonial, comme de se lever et d'aller au devant d'eux.

Le commissaire du directoire loua la musique, quoiqu'il fût visiblement un peu sourd ; mais il trouva le punch faible : on lui apporta en conséquence un nouveau bol dans lequel le rhum de la Jamaïque se faisait sentir davantage, et le citoyen Ritter en parut satisfait.

Le grand quartier-général de l'armée avait reçu l'ordre de se retirer à Savone, et il y était installé, de même que la tête de l'administration, le 14 frimaire.

Cette ville, défendue par une bonne citadelle et la plus considérable de la rivière du Ponent, n'a plus que douze mille habitants, depuis que son port ensablé n'admettait même plus les bâtiments du commerce.

L'évêque, qui donnait tour à tour, et probablement à son grand déplaisir, à dîner aux généraux austro-sardes et français, nous reçut à une table somptueuse dont sa santé l'éloignait ; mais ses grands-vicaires faisaient très-bien les honneurs.

Nous fûmes témoin d'une conversation assez singulière entre le général en chef et le prélat, petit homme rond, goutteux et d'une physionomie très-déliée.

Le général Schérer : Monseigneur, j'ai l'honneur de vous présenter mon état-major en masse d'abord, puis... et alors il dit un mot de chacun des présentés.

L'Évêque : Excellence, c'est avec un grand
plaisir que je vois une élite aussi intéressante.
Quoique ministre de paix, j'honore et chéris la
gloire des armes et vois dans la victoire les décrets
de la divine Providence. — C'est envisager les
choses, Monseigneur, avec une admirable justesse. — Excellence, quoique je ne me croie pas
obligé de descendre à une apologie, je suis bien
aise de dire que je suis souvent calomnié et que
l'on me fait passer pour un ami du roi de Sardaigne. Voilà tout juste ma position. Ce roi m'a
comblé de bienfaits, car il m'a donné une abbaye
de 12,000 livres de rente, m'accorde de longues
audiences quand je vais à Turin, et enfin m'ad-
met à sa table. — C'est fort bien. — Mais il ne
faut pas, Excellence, conclure de là que je sois
autre chose qu'un homme reconnaissant. — Cela
est naturel. — Mais on a été jusqu'à dire que je
servais d'espion au roi de Sardaigne. Votre Excellence conviendra que le rôle serait trop bas
pour un cavalier. — Bien dit, Monseigneur ;
vous parlez et vous agissez sûrement comme un
vrai gentilhomme. »

M. de Sucy venait d'arriver à Savone, où il
prit prématurément, je pense, le titre d'inten-
dant-général de l'armée. Après l'avoir intimement
connu à Rome, je le trouvai changé du tout au
tout. L'homme de l'imagination la plus riante et

la plus vive, l'ami passionné des arts, le disciple de J.-J., ne respirait plus que réactions politiques. Un langage, un costume et des manières antérieurs de plusieurs années à la révolution, annonçaient des principes qui rappelaient des époques encore plus éloignées. Enfin notre intendant, puisqu'il voulait s'appeler ainsi, était devenu un illuminé du premier ordre.

Presque le même jour, Salicetti, frappé d'un décret d'accusation, arriva à Savone après avoir échappé à mille dangers, et vint de Paris se réfugier au centre de l'armée d'Italie. Il racontait ses dernières aventures avec beaucoup de simplicité. Vingt-quatre heures n'étaient pas encore écoulées depuis que, débarqué à la Piétra dans l'obscurité de la nuit, il avait essuyé plusieurs décharges de mousqueterie d'un fortin sous lequel il lui avait fallu passer à quatre pattes, et les pieds nus, il avait ensuite marché le reste de la nuit, pour arriver plus vite et se soustraire aux regards des nombreuses personnes qui auraient pu le reconnaître. Salicetti n'alla voir personne en arrivant à Savonne, mais il reçut beaucoup de visites assez ostensiblement.

Le citoyen Villar, notre ministre à Gênes, où il se laissait donner de l'Excellence, vint à Savonne au-devant du diamant de la couronne connu sous le nom de Régent et sur le nantissement duquel la sérénissime république des Liguriens prêta une somme énorme d'argent. Le diplomate, apprenant que je partais pour être employé à Paris, me prit à part et me dit : «J'ai, Monsieur, au conseil de santé, quelqu'un de mon nom, tout simplement un frère; disposez de moi, je dispose de lui...» Je n'eus qu'à remercier dans cette circonstance.

Dans un grand dîner de congé ou de départ, Cervoni eut l'attention de m'envoyer d'un travers de table à l'autre, un excellent morceau de poisson : «*Carissime doctor*,» me dit-il en même temps en nasillant et dans le langage usité parmi les capucins, «*si non est satis, memento paupertatis*.» Le général Schérer s'apercevant de la manœuvre, se mit à dire : «Quoique je sois peu latiniste, j'entends que ces messieurs (Cervoni et R. D. G.) se conduisent comme deux goinfres en se concertant pour partager les bons morceaux. »

En quittant Savone pour retourner à Nice, j'allai prendre congé de l'évêque qui m'avait témoigné beaucoup de confiance et de bontés. «Monsieur le docteur, me dit un jour sa Grandeur, nous pouvons nous entendre; j'ai aussi lu Voltaire, J.-J. Rousseau, Helvétius *ed altri*, comme consulteur du saint-office, à la vérité.»

Ritter fut indisposé à la suite d'un grand

dîner donné à Finale-Marina, et toujours par le major Vacca. Quand on fut au dessert, on chanta ; d'abord M. De Sucy entonna avec chaleur le *Réveil du peuple* et développa une sorte de fureur entraînante. A peine eut-il fini que Bruguière, qui préludait entre ses dents, répondit, de sa voix de tonnerre, par le *Chant du départ*, et voilà l'auditoire en suspens entre la réaction et la terreur ; Ritter impatient était près d'éclater, lorsque le général en chef se mit à nous dire : « C'est trop donner aux passions... On n'entendra plus qu'une chanson étrangère à la politique, un peu grivoise, comme cela est permis quand il n'y a pas de femmes, et surtout à l'armée.

Je vous préviens, Messieurs, que j'ai cinquante-deux ans, je chante en conséquence et commence sur l'air des *Trembleurs :*

> Un jour, le bon frère Étienne
> Avec le joyeux Eugène,
> Tous deux la besace pleine,
> Suivis du frère François,
> Allèrent à la galère,
> Et firent si bonne chère,
> Qu'aux dépens du monastère
> Ils s'enivrèrent tous trois.
>
> Ces trois grands coquins de frères
> Perfides dépositaires,

Du souper de leurs confrères,
En prirent jusqu'au menton ;
Puis, ronds comme des futailles,
Du corps battant les murailles,
Escortés de cent canailles,
Ils regagnent la maison.

Le portier qui les voit ivres
Leur demande où sont les vivres :
—Bon, dit l'autre, avec ses livres,
Nous prend-il pour des savants?
Je me passe bien de lire ;
Mais pour chanter, boire et rire
Et tricher la tire-lire,
Oh! pour cela je m'entends.

Au réfectoire on s'assemble :
Vieux dont le ratelier tremble,
Jeunes, vieux et tous ensemble
Ont un égal appétit :
Mais, ô fortune ennemie !
Bien fou celui qui s'y fie :
C'est ainsi que dans la vie
Ce qu'on croit tenir nous fuit.

Arrive frère Pancrace
Faisant piteuse grimace,
Ne trouvant rien à sa place
Ni pour boire ni pour manger :
A son voisin il s'informe
S'il n'est pas venu de Rome
Quelque bref portant réforme
Sur les ordres du diner.

— Bah! répond son camarade,
N'ayez peur qu'on s'y hasarde;
Car je prendrais la cocarde
Et me ferais Prussien.
Qu'on me parle d'abstinence,
Quand j'ai bien rempli ma panse,
J'y consens; mais sans pitance
Je suis fort mauvais chrétien.

Jamais le triste assemblage
De la grêle et des nuages
Ne fit un pareil orage
A celui qui s'éleva,
Quand sur les tristes postères
De ces trois malheureux frères
Le ressentiment des pères
A coups redoublés tomba.

Chacun saisissant son arme
Va partout battant l'alarme;
Mais au milieu du vacarme
Frère Étienne fit un p. t ;
Mais un p. t de telle taille,
Que jamais jour de bataille,
Canon chargé à mitraille
Ne fit un pareil effet.

Après que le frère Étienne
Eut chanté son antienne,
La troupe musicienne
Répond sur le même ton :
Pour compléter la musique
De son pétard élastique,

Chacun guidant le physique,
Répondit en faux-bourdon.

Ainsi finit la mêlée,
Et la troupe épouvantée,
S'enfuyant sur les montées,
Faillit se rompre le cou;
Tandis que le frère Étienne
En riant à perdre haleine,
Et frappant sur sa bedaine,
Amorçait un second coup.

La chanson avait atteint le but que s'était proposé le général en chef, et on se sépara de très-bonne humeur.

Le commissaire du gouvernement ne put cependant pas digérer le *Réveil du peuple* : il fut très-malade toute la nuit, et garda la chambre deux ou trois jours, en observant d'après nos conseils la diète la plus rigoureuse. Un matin, il m'écrit le billet le plus affectueux, qui me fut remis par Fritz d'Altkirch, que Ritter avait retiré à Toulon des chasseurs de la Montagne, et qui depuis ce temps le suivait aux armées comme une espèce d'ordonnance. « Citoyen docteur en chef, me dit ce jeune et bon Alsacien, le représentant vous envoie un harnachement complet pour votre jolie petite jument; la selle a une belle housse, des fontes avec chaperons, un porte-manteau-valise, etc. Le représentant voudrait aussi savoir, si vous seriez sensible à une moitié de cochon, qui vient de Figuières en Espagne, et a plus de six pieds de long sans compter la queue.—Je ne vous comprends pas, mon camarade : comment le représentant vous a-t-il dit cela?—Il a dit comme cela : Informe-toi si le docteur accepterait avec plaisir la moitié d'un cochon.—Ah! j'entends maintenant, et j'accepte avec sensibilité. »

CHAPITRE IX.

Derniers travaux de l'auteur de ces Mémoires à l'armée
d'Italie. — Des prochains changements que l'on annonce,
et de l'esprit public qui domine.

Nos derniers travaux consistèrent 1° à prendre,
en nous rendant à Nice, une connaissance très-
exacte des établissements laissés par les Autrichiens, ainsi que de leur administration et de
leur service de santé.

2° A inspecter, en commun avec MM. l'intendant Sucy, l'ordonnateur Aubernon, l'agent
général Chevalier et le chirurgien en chef Bruguière, nos propres établissements.

3° A discuter les perfectionnements dont ils
étaient susceptibles dans le cas où ils seraient
conservés.

L'augmentation des hôpitaux et dépôts fut
ajournée en attendant des ordres ultérieurs du
gouvernement.

Les hôpitaux établis par les Autrichiens n'a-
vaient de remarquable que leur distribution
bien entendue, des salles où les lits étaient
suffisamment espacés, et les moyens de les
échauffer au besoin très-multipliés. Le mobilier,

trop peu abondant, était grossier sans être pour cela plus durable ou plus solide. Les pharmacies, primitivement bien approvisionnées, avaient été spoliées au moment de la retraite, et on en retrouvait les débris épars dans les officines particulières.

Nous eûmes aussi occasion de reconnaître, en compulsant les cahiers de visites, le nombre des journées et les résultats pratiques, que le corps d'officiers de santé établi sous Joseph II, en 1785, et qui cumulait les professions bien distinctes, dans l'ordre civil, de médecin, de chirurgien et de pharmacien, n'offrait qu'un assemblage d'hommes très-médiocres surveillés par des officiers d'état-major qui manquaient de l'instruction nécessaire pour administrer cette importante partie du service militaire. Nul des officiers de santé dont il est question n'embrassait ou ne voyait d'un peu haut, je ne dirai pas l'ensemble de l'art de guérir, mais était même incapable d'enseigner ou de pratiquer l'une de ses branches avec quelque supériorité.

L'inspection de plusieurs établissements occupés un an ou dix-huit mois auparavant par nos malades fournit à M. de Sucy l'occasion de montrer sa vive sympathie pour les capucins. Non seulement il accueillit les mauvaises raisons qu'ils alléguaient pour nous fermer les portes

de leur couvent, mais il prêtait l'oreille à leurs
insinuations peu charitables d'exploiter les châteaux des patriciens. Notre intendant se mit
tout à coup à dessiner sur son album la tête du
père-gardien où il retrouvait les beaux caractères
qu'a souvent consacrés le pinceau de Guido Reni.
« *R. D. G.* : Pendant le temps, monsieur l'intendant, que vous donnez aux arts et au sentiment,
nous allons nous autres (MM. Aubernon, Bruguière et Chevalier) déterminer le placement des
malades éventuels.—*M. de Sucy* : Vous n'êtes donc
plus sensible aux arts et à cette ferveur?—*R. D.
G.* : Je suis en effet peu sensible à une ferveur
qui pour moi n'est que de l'égoïsme; quant aux
arts du dessin, je les aime encore assez pour vous
louer d'esquisser la belle tête du gardien, et vous
conseiller, l'occasion est belle, de faire, à l'aide
des autres moines, des études de chevriers et
même de boucs.— *M. de Sucy* : La philosophie
du siècle, M. D. G., vous a corrompu; je ne vous
reconnais plus! Auriez-vous perdu toute admiration pour la perfection idéale? — Je n'ai rien
perdu de semblable, car je n'ai jamais donné
dans cette métaphysique. »
Arrivé au grand quartier-général de l'armée,
établi de nouveau à Nice, nous entendîmes dire
tout haut à tout le monde, que le général Bonaparte prendrait très-prochainement le com-

mandement de l'armée, que tout changerait de face.

De nouveaux fournisseurs arrivaient à Nice. C'étaient des spéculateurs lyonnais, nizards et génois. Les derniers surtout avaient fait de merveilleuses affaires avec les assignats, avant et même depuis leur dépréciation.

On manifestait de toutes parts une grande cupidité, sentiment avoué alors avec aussi peu de retenue qu'on avait pris de soin de le cacher ou qu'il était étranger au gouvernement révolutionnaire.

J'allai pour la dernière fois prendre les ordres du général en chef Schérer, ou mieux le remercier des témoignages écrits de sa satisfaction, et que je venais de recevoir. Ritter était chez lui, et la conversation roula sur les prochains changements auxquels on s'attendait. « Je n'ai point caché au directoire, dit Schérer, que les plans sûrement présentés par notre petit homme (le général Bonaparte) ne pouvaient se réaliser qu'avec des moyens si extraordinaires, qu'ils dépassent le possible. Après cela, si le gouvernement pouvait envoyer cent mille combattants en Italie, se procurer un matériel proportionné et donner dix mille hommes à dépenser par mois, c'est une autre affaire.» Ritter approuvait, quand M. de Sucy fut annoncé. La conversation changea de ton, et je pris congé. M. de Sucy me suivit et me dit : « Avant de nous embrasser, je vous dois des remercîments pour les bons soins que vous avez procurés près d'Oneille au sous-lieutenant Bonnefoi-de-Sufren, aide-de-camp de mon ami le marquis de Fonbonne. — *R. D. G. :* Les soins dont vous me parlez, M. l'intendant, indépendamment de votre recommandation, étaient acquis à ce jeune officier à bien des titres. »

Je quittai Nice le 21, et Antibes le 24 nivôse an IV (14 janvier 1796).

FIN DU DEUXIÈME VOLUME.

TABLE DES MATIÈRES

CONTENUES DANS CE SECOND VOLUME.

TROISIÈME PARTIE.

ERRATA.

Pages. Lignes.

45, — 25, dispensando, *lisez* desponsando.
263, — 15, caustique, *lisez* loustique.
336, — 29, Taute, *lisez* tanto.
352, — 12, traitres, *lisez* traître.